DOIS MUNDOS TÃO MEUS

DOIS MUNDOS TÃO MEUS

Luiz Sérgio

Psicografia: Irene Pacheco Machado

6ª edição
1999

Esta edição: do 50º ao 60º milheiro

Sérgio, Luiz (espírito)

Dois mundos tão meus / Luiz Sérgio; psicografado por Irene Pacheco Machado. – 6ª ed. – Brasília: Livraria e Editora Recanto, 1999.

370 p.: il.

1. Espiritismo. 2. Novo Testamento. 3. Desencarnação.

I. Machado, Irene Pacheco. II. Título

CDU 133.9

ISBN 85-86475-14-9

Capa e ilustrações: Maurício Maia Soutinho
Este livro foi psicografado no ano de 1991

SUMÁRIO

MENSAGEM AO LEITOR

Querido leitor,

Estamos de volta, trazendo mais um livro repleto de experiências vividas nesses dois mundos importantes para nossa evolução. Foram momentos vividos junto às aulas, na Espiritualidade, e outros junto aos encarnados, todos alicerce da nossa evolução.

Para trazer até você este livro, vários amigos cooperaram nesses mundos tão nossos, mas que muitos encarnados dizem ignorar.

No teatro vivo, vivemos momentos memoráveis junto à história religiosa, onde encontramos, no Antigo Testamento, muito viva, a Doutrina Espírita. Lá está a nossa Doutrina com a força espiritual de tudo o que vem de Deus.

Entrelaçando o Antigo com o Novo Testamento, buscamos a verdade, e o Cristo no Calvário, com os braços abertos repletos de luz, leva-nos até o Monte Sinai e, como Mestre amigo que é, com desvelo, nos ensina os dez Mandamentos.

Ninguém viveu as Leis de Deus mais do que Jesus e como respeitava as Escrituras! Quando os fariseus e os escribas desejaram atrapalhar Sua caminhada, Ele recitou um trecho do Antigo Testamento, ensinando aos homens a lição que para lutar por um ideal é preciso conhecê-lo em profundidade. Só assim conseguiremos alcançar nosso objetivo.

O conteúdo deste livro muito representa para nós. Foram momentos marcantes e inesquecíveis, quando tivemos a oportunidade de presenciar a luta de um Homem para salvar a Humanidade.

Ao tomar conhecimento deste nosso trabalho, você, leitor, vai pensar muito sobre sua vida e procurar exercitar o amor a Deus e ao próximo, porque, assim como narramos a vida de Jesus, tivemos de narrar a vida do homem pecador e suas peripécias ao desencarnar; a escalada de um espírito, sua luta, suas saudades.

Está em suas mãos este livrinho, contendo fatos ocorridos entre *os dois mundos tão meus*, ou melhor, tão nossos.

Um abraço fraterno do

Luiz Sérgio

Capítulo I

A TRAJETÓRIA DO ESPÍRITO

No painel, a resposta à seguinte indagação:

— O que quer dizer, no *Eclesiástico*, Cap. XVII, versículo 7, que Deus criou o homem de terra, e o formou à Sua imagem?

7 — *Pôs o seu olhar sobre os corações, para lhes fazer ver as maravilhas das suas obras.*

Resposta:

— Quando buscamos a luz de Deus ela nos dá olhos para contemplarmos as criaturas e termos complacência com elas. Cada ser possui dentro de si a luz divina.

No interior da consciência, o homem deve descobrir uma lei que não é ele a dá-la a si mesmo, mas à qual, ao invés, deve obedecer; é a voz que o chama sempre a amar, a fazer o bem e a fugir do mal, quando necessário. O homem tem realmente uma lei escrita por Deus na sua consciência; obedecer é a própria dignidade do homem e segundo esta será julgado.

— Também encontramos em *O Livro dos Espíritos*, Parte III, Cap. I, questão 621:

Onde está escrita a lei de Deus?

"Na consciência."

“Visto que o homem traz na sua consciência a lei de Deus, que necessidade havia de lhe ser ela revelada?”

“Ele a esquecera e a desprezara. Quis então Deus lhe fosse lembrada.”

— Se trazemos na consciência as leis de Deus e elas estão esquecidas por nós, por que não reavivá-las através de uma vida digna? Desse modo, conseguiremos viver em espírito, embora estando encarnados, buscando a verdade, e ela se encontra em Jesus e na Doutrina Espírita.

Diante daquele irmão que explanava sobre a trajetória do ser desde a sua criação, senti-me privilegiado por ter chegado onde cheguei. Desejava fazer uma pergunta, mas não me atrevia. O irmão que estava sentado ao meu lado apertou o botão, perguntando:

— Em que momento o homem recebe na consciência a lei de Deus?

— Todos nós já sabemos que o ser passa pelos reinos da natureza e em cada um vive determinada experiência, adquirindo tendências, mas o mais importante é quando ele recebe o diadema da razão — o livre-arbítrio — momento em que atinge a maioridade espiritual. Era criança e se torna adulto; nesse estágio evolutivo lhe é dado conhecer as leis de Deus e elas são plasmadas na sua consciência. É o homem livre em busca da pureza ou do fracasso, levando no seu templo sagrado o que o Pai lhe ofertou para torná-lo puro e bom. A consciência do homem é o seu tesouro e cabe a ele tirar desse tesouro os valores.

Outra cadeira acendera e mais uma pergunta despontou no painel:

— Por que Deus confia a alguns homens a tarefa de elucidar seus semelhantes sobre Suas leis e estes muitas vezes fracassam?

— Em *O Livro dos Espíritos*, na Parte III, *Das Leis Morais*, encontramos a resposta. Todos os ensinamentos do Cristo estão contidos na Doutrina kardecista.

Várias perguntas foram feitas. Eu ainda não acionara o botão de perguntas. De repente, ouvi alguém me perguntar, bem baixinho:

— O que aconteceu? Por que o silêncio?

Quando olhei quase morri de alegria: vi Karina e Sara, ali, junto à minha cadeira. Tive vontade de abraçá-las, mas me contive, respondendo:

— Porque hoje só quero ouvir.

O painel apresentava, enquanto não vinham as perguntas, esta passagem do *Eclesiástico*, Cap. XX, versículos 5 a 7:

Há quem, estando calado, é tido por sábio; e quem se torna odioso por ser descomedido no falar. Há tal que se cala porque sabe qual é ocasião oportuna. O homem sábio estará em silêncio até certo tempo; mas o leviano e o imprudente não esperam a ocasião.

Virei-me para minhas amigas e dei uma piscadinha, elas compreenderam e aí apertei o meu botão:

— É certo o espírita endeusar certos médiuns?

— Não, porque assim se perderá; o homem é falível, se nós o adorarmos, um só deslize deitará por terra os nossos sonhos. Ao espírita é dada a oportunidade de buscar a verdade e ela se chama Jesus. Se em nosso coração o fanatismo e a idolatria se fizerem presentes expulsaremos Deus, que é Sábio e Bom. Em outras religiões se adora o homem, na Doutrina Espírita aprendemos a nos respeitar e a servir, uns aos outros. Adorar, só a Deus.

Insisti:

— Por que existem tantas destas seitas?

— Isso acontece, porque o homem ainda não conhece Jesus. Em *O Livro dos Espíritos*, na Parte III, Cap. I, a pergunta 625:

Qual o tipo mais perfeito que Deus ofereceu ao homem, para lhe servir de guia e modelo? Resposta: *Jesus. Para o homem, Jesus constitui o tipo da perfeição moral a que a Humanidade pode aspirar na Terra. Deus no-lo oferece como o mais perfeito modelo e a doutrina que ensinou é a expressão mais pura da lei do Senhor, porque, sendo ele o mais puro de quantos têm aparecido na Terra, o Espírito Divino o animava.*

Depois da minha pergunta paramos um pouco para descansar. Fui saindo, sem esperar pelas meninas, mas estava louco para conversar com elas. Ao alcançar o grande pátio, reencontramo-nos num grande e afetuoso abraço.

— Sérgio, estás de férias?

— Não, Karina, estou recebendo aulas aqui na Universidade e nos intervalos pretendo narrar alguns fatos novos sobre os dois mundos tão meus.

— Estávamos com saudade de ti, acrescentou Sara.

— É mesmo, gatinha? E eu, o que digo?

Enquanto conversávamos, eis que reencontramos Conrad, o disciplinado e grande amigo. O jardim me pareceu mais florido; os bosques, as cascatas, tudo parecia cantar de alegria louvando o nosso encontro. Ali ficamos conversando, a recordar nossos trabalhos anteriores. Nisso, a sirene avisou-nos: novas aulas.

Retornamos ao auditório. O irmão Valério explanou sobre o amor, enfatizando que ninguém mais que Jesus exemplificou este sentimento. E no teatro vivo da Universidade Maria de Nazaré nós revíamos Jesus festejando a Páscoa junto aos Seus discípulos. Toda a vida de Jesus fora de abnegado serviço; as conversas de Jesus com Seus discípulos eram pautadas pela calma e pela alegria, pois o Mestre era profundamente respeitado por todos eles.

— Naquele dia, continuou o explanador, Jesus deitou água numa bacia e começou a lavar os pés dos discípulos, e a enxugá-los com a toalha. Deu-lhes um exemplo inesquecível, o exemplo da humildade. Vimos também o momento em que Jesus lavou os pés de Judas e este pensava: "se Jesus assim se humilha, não pode ser o Rei de Israel". E Cristo prossegue na lavagem dos pés. Chegando a Pedro este se recusa e Cristo diz: "se eu não te lavar, não tens parte comigo". Cristo viera não só para lavar os pés dos apóstolos, mas ainda mais o nosso coração, dele tirando todas as imperfeições. Depois de lavar os pés dos discípulos, sentou-Se outra vez e lhes disse: *Entendeis o que eu tenho feito. Vós me chamais Mestre e Senhor, vos lavei os pés, vós deveis lavar os pés uns dos outros. Porque vos dei o exemplo, como vos fiz, façais vós também. Na verdade vos digo, que não é o servo maior que o seu senhor, nem o enviado maior que aquele que o enviou — João,* Cap. XIII — *O lava-pés.*

' — Cristo queria que Seus discípulos entendessem que, não obstante Ele lhes ter lavado os pés, isso não Lhe diminuía a dignidade. Para que o povo compreendesse o valor do servir, Ele, Cristo, estabelecia o exemplo da humildade. Jesus quis dizer: "Servi-vos uns aos outros pela caridade". Cristo deu prova de que estava disposto a fazer qualquer serviço, por mais humilde que fosse, que os tornasse irmãos uns dos outros. Os que quiserem partilhar de Seus divinos atributos devem seguir-Lhe o exemplo de abnegado ministério. "Eu vos fiz, façais vós também".

Como estávamos vendo no palco, Jesus Se fez o menor dos servos para nos ensinar a humildade. Agora, se desejamos segui-Lo, temos de nos despir do orgulho; a um espírita não são permitidos a vaidade, o egoísmo e o orgulho. Não se concebe um espírita estático, longe da pobreza e da dor. Saberemos se somos bons obreiros se trabalharmos; quem não busca Jesus entre os sofridos não é digno de pronunciar o Seu santo nome. O espírita, para dignificar a Doutrina, tem de se tornar um servidor fiel aos seus irmãos, seja ele digno ou não. Jesus nos ensinou somente a amar e a servir. O homem tem por obrigação crescer moralmente e quem se propõe a crescer tudo faz para servir. Quem desejar fazer perguntas, estamos às ordens.

Um dos presentes levantou a seguinte questão:

— Em *Mateus*, Cap. XXIV, vv. 19 e 20, está escrito:

Ai das mulheres grávidas, e das que têm criança no peito naquele dia! Rogai para que não suceda isto no inverno. Porque, naqueles dias, haverá tribulações, quais não havia desde a criação que Deus fez até agora, nem mais haverá.

— Quando isso acontecerá?

— Já ocorreu, foi no ano 70 d.C., com a morte de mais de um milhão de judeus.

— Qual a simbologia contida em *Lucas*, Cap. I, v. 78?

Pelas entranhas da misericórdia de nosso Deus, graças à qual nos visitou do alto do Sol nascente.

— O sol é o Messias.

Apertei o meu botão, querendo saber o significado expresso no *Gênesis*, Cap. I, v. 29:

E Deus disse: Eis que vos dei todas as ervas, que dão semente sobre a terra, e todas as árvores que encerram em si mesmas a semente do seu gênero, para que vos sirvam de alimento.

— Neste versículo está implícita a idade de ouro, o estado de inocência, no qual homens e animais viviam em paz. A referência à alimentação vegetariana dos primeiros habitantes daqui da Terra mostra-nos a ausência de toda e qualquer violência.

Karina fez a sua pergunta:

— O que significa esta passagem do *Gênesis*, Cap. II, v. 7?

O Senhor Deus formou, pois o homem do barro da terra e insuflou em seu rosto um sopro de vida, e o homem tornou-se alma (pessoa) *vivente.*

— Não se trata de um ensinamento científico relativamente à origem do corpo humano. O texto quer afirmar somente que o homem é obra divina e que seu espírito procede diretamente de Deus. Todos nós sabemos que Deus, como o Grande Arquiteto deste universo divino, moldou a forma do homem e lhe deu o sopro da vida. Mas mesmo já possuindo uma forma divina, precisou o espírito percorrer a estrada da evolução, e foi esta chama adormecida no reino mineral, depois no vegetal, depois no animal, que chegou no ponto que Deus previu: hominal. E estava pronta a escultura que Deus esculpiu, como Pai de todos nós.

Iluminou-se novamente o painel de perguntas:

— De onde Deus tirou os fluidos que compõem o corpo do homem?

— Do fluido cósmico universal. Cada ser assimila em seu perispírito o fluido específico do planeta que vai habitar, porisso, desconhecendo a sua origem, ninguém tem o poder de destruir a obra de Deus.

Outra pergunta:

Gênesis, Cap. V, vv. 23 e 24:

E todo tempo da vida de Henoc foi de trezentos e sessenta e cinco anos. E andou com Deus e Deus o levou.

— Muitos julgam que Henoc foi levado para o reino de Deus vestido da indumentária carnal; é tradição que Henoc não tenha morrido. Os poucos dados conhecidos deste patriarca fizeram dele um protótipo de piedade hebraica, mas ninguém pode viver no mundo espiritual com um corpo cujas necessidades biológicas são outras.

Aqui cessaram as perguntas e nosso instrutor fez a prece para encerrar a aula. Ao meu lado, encontrava-se um jovem de seus vinte e seis anos, alto, bonito, mas o seu olhar era tão triste que tentei tornar-me seu amigo.

— São muito boas estas aulas, falei.

Ele sorriu.

— Excelentes.

— Qual o seu nome? perguntei.

— Hilário.

— Gozado, sua aparência é de jovem mas com um nome antigo.

— Herdei do meu pai.

— Faz muito tempo que o irmão estuda na Universidade?

— É a primeira vez que aqui venho. E você?

— Antes, deixe que me apresente: Luiz Sérgio, seu criado. Estou pela quinta vez neste departamento. Sempre volto para buscar informações, digo que é minha terapia.

Ali ficamos conversando e Hilário, a certa altura, comentou:

— Sabe, Luiz, para mim foi uma bênção chegar até aqui, às vezes nem acredito. Como a gente luta para aceitar a "morte"! Ela se nos apresenta às vezes terrível.

Enquanto Hilário falava, eu pensava: "quase todos os espíritos desencarnados perturbam-se com sua passagem para a pátria espiritual". Aí eu lhe fiz uma proposta:

— Hilário, pretendo escrever um livro sobre a vida após vida, por isso estou assistindo a muitas aulas, para ficar em condição de narrar a dor, a alegria e as experiências do recém-desencarnado.

Hilário sorriu, de modo enigmático.

— Vamos, amigo, até o instrutor para que ele nos oriente, ele mandou nos chamar.

Nisso, Karina e Sara se aproximaram.

— Boa tarde, Hilário, como estamos de aula? indagou Karina.

— Muito bem. Agora vou com o Luiz até o instrutor.

— Se desejar uma amiga, estou às ordens, completou Sara.

— Antes, preciso falar com o professor.

E, assim, ganhamos os amplos jardins da Universidade, onde brincávamos como se crianças fôssemos. Contemplando todo aquele lugar, tive a certeza de que Deus existe, porque só Ele seria capaz de construir tal esplendor. Despedi-me das minhas amigas e busquei nosso instrutor.

— Irmão, encontrei um amigo, Hilário; e ele poderá juntar-se a nós?

— Sim. Hilário já está escalado para o trabalho que logo irá realizar e poderá acompanhá-lo.

— Quando começaremos?

— Sérgio, na hora que desejares. Espero sejam proveitosas as lições que serão colhidas das lembranças dos desencarnados. Não se esqueça de levar Karina, Sara e Olegário.

Já ia sair correndo, mas voltei. Cumprimentei-o, comovido, dando-lhe um abraço de gratidão. Quando na porta, ele me chamou:

— Sérgio, mesmo assim, não deixe de assistir às aulas.

— Sim, irmão, com todo prazer. Um abraço.

Dali saí à procura dos meus amigos e fui informado de que já se encontravam no salão de terapia, junto com a doutora Clarisse. Cheguei um pouco afobado. Eles me olharam com aquele olhar de equilíbrio. Eu me sentei para orar a Jesus:

"Mestre querido, ajude-me a Lhe buscar na alegria e na dor. Como Irmão mais velho, não me deixe cair pelas estradas da vida, por fraqueza ou preguiça. Segure minhas mãos e me conduza pelos prados verdejantes do jardim do Pai. Querido Mestre, tire dos meus olhos a venda da imperfeição e faça de mim um instrumento do Senhor. Assim seja."

No salão de terapia, fomos recebendo várias aulas. A Espiritualidade Maior tomava as devidas precauções, pois teríamos de reviver alguns pontos das nossas próprias vidas.

Doutora Clarisse falou-nos da força mental. Ensinou-nos a fortalecer nossa vontade, mostrando-nos que forças positivas vibram em torno de nós e que devemos aproveitá-las; que cada ser possui auras que captam e dispersam fluidos. E que um ser equilibrado não armazenaria em si mesmo fluidos negativos nem dispersaria em demasia as suas reservas. Irmã Clarisse ainda nos falou do trabalho sob nossa responsabilidade: iríamos acompanhar um irmão que logo deixaria o corpo carnal e, ao mesmo tempo, fazer o relato das experiências de um desencarnante.

— E se um de nós se sentir mal ao contato com uma situação idêntica a que passou?

— Vocês freqüentam as aulas de Evangelho para adquirir equilíbrio. Não creio que um de vocês vá fracassar.

— Obrigado, irmã, pela confiança em nós depositada.

Irmã Clarisse elucidou-nos sobre vários assuntos e depois nos despedimos. No jardim, comentei com Hilário:

— Irmão, queira Deus sejamos vitoriosos.

— Por que teme, Luiz? perguntou Sara.

— Porque sou ainda tão imperfeito...

— Coitadinho... falou Karina.

Retornamos à aula e agora quem lá estava era a nossa querida irmã Corina. Fitei-a, embevecido, recordando minhas primeiras aulas. Quem é Corina? muitos perguntarão. Corina é um pseudônimo, foi considerada grande médium brasileira. No tempo em que estava encarnada, conhecia muito bem a Universidade de Maria. Quando assim pensava, ela me endereçou um belo olhar de carinho. Iniciaram as perguntas:

— Explique-nos qual o significado dos versículos 4 e 6 do Cap. IX do *Gênesis*:

Excetuo-vos somente a carne misturada com sangue, da qual eu vos defendo que não comais. Todo o que derrama o sangue humano será castigado com a efusão do seu próprio sangue. Porque o homem foi feito à imagem de Deus.

— Querendo Deus advertir o povo para o horror do derramamento de sangue humano, proibiu não só comer a carne de animais, mas disse que puniria todos os que desejassem derramar sangue. Era crença ser o sangue a sede da vida, daí a proibição de alimentar-se dele ou derramá-lo. Disse Deus: *crescei e multiplicai-vos*. Quando matamos alguém, tiramos-lhe a oportunidade de vida terrena, e assim também com relação aos animais. Não esqueçamos que no corpo de cada um deles existe uma chama eterna, crescendo em direção ao Pai. Assassiná-los é prova de falta de amor ao próximo. Os animais são nossos irmãos pequenos.

Outra pergunta:

— Por isso os espíritos aconselham a não matar os animais?

— Sim. Quando estudamos as Escrituras, deparamos com a sapiência de Deus. Ele criou o ser e o Seu desejo é o crescimento de cada um. Entretanto, o homem destrói os seus irmãos, sejam do reino vegetal ou mesmo do reino animal. Hoje fala-se muito em ecologia, mas mesmo assim a violência contra a natureza é terrível. O homem exaure as suas reservas energéticas: polui os rios, queima as matas; destrói o próprio homem com armas terríveis, com drogas, com prisões, com violências. E os coitados dos animais, poucos os defendem. Esquece o homem que eles fazem parte das nossas vidas, porque são irmãos nossos em evolução.

— Irmã, fale-nos sobre a água fluidificada.

— Ela é capaz de revitalizar os órgãos físicos debilitados e restabelecer as funções orgânicas comprometidas. Sendo um elemento energético, se bem utilizada, serve para transmitir fluidos salutares ao organismo humano. A água magnetizada é um poderoso remédio.

— Irmã Corina, por que a cura espiritual muitas vezes não alcança todos aqueles que a buscam?

— Cada caso tem sua peculiaridade. Um médium com Jesus jamais afastará o doente de um tratamento com a Medicina tradicional. A cura espiritual só se torna possível quando o paciente tem merecimento. Os espíritos, muitas vezes, não podem atuar na matéria, e não nos esqueçamos de que o corpo carnal pertence ao mundo físico.

Corina ainda abordou vários assuntos e, quando encerrou a aula, fui o último a sair. Fiz isso de propósito, queria falar com Corina ou com João. Busquei-a, mas ela já estava entrando em outro auditório para as demais aulas. Já estava desistindo de encontrá-la quando irmão João cumprimentou-me:

— Luiz, como está?

Abracei-o.

— Querido irmão, estava com saudade! Quase não o vejo mais...

— Agora o irmãozinho se encontra em turmas mais adiantadas, não esqueça que faço parte das turmas primárias.

— Sendo o irmão grande conhecedor do Evangelho, o que nos diz de algumas seitas que colocam Cristo como um ser ultrapassado?

— Jesus, Luiz, previu tudo o que está acontecendo no plano físico. Ele nos advertiu em *Mateus*, Cap. XXIV, versículo 11:

Muitos falsos profetas se levantarão e seduzirão a muitos.

— E eles estão aí. Falam mal das Escrituras, do Cristo e de Allan Kardec. Só eles são os santos. Entretanto, é fácil reconhecê-los: gostam de ser endeusados, porque não possuem conhecimentos morais nem intelectuais. Todos os que atacam não têm o que revelar. Assim fizeram os fariseus hipócritas. Muitos dos que se dizem espíritas, e buscam esses falsos profetas, assim o fazem porque desconhecem a Doutrina, e é bom que se esclareça: espiritismo não é Doutrina Espírita. Doutrina Espírita é o espiritismo explicado. Aquele que se diz espírita, mas busca outras crenças, está à procura da verdade, certo, mas por que não diz: sou espiritualista, ao invés de: sou espírita? O espírita já venceu a curiosidade, já se encontra encarando a razão face a face, já possui a fé raciocinada, enfim, crê que é uma alma, por estar encarnado, e à medida que for evoluindo poderá viver em espírito, mesmo prisioneiro na carne. Alguns, que se dizem espíritas, correm atrás de adivinhos, de *gurus*, de milagreiros, para vender ou comprar casas, segurar maridos fujões, enfim, misturam coisas espirituais com fatos materiais. Quem é espírita deve ter um comportamento espírita e não ficar preocupado com as coisas da matéria; viver como espírito encarnado, mas ter atitudes de um filho de Deus. Luiz, vão aumentar os seguidores dos falsos profetas, e sabe por quê? Eles pregam sua doutrina de ganhos e vantagens e Cristo ensina o homem a ganhar o céu, tendo, para isso, de muito renunciar na terra. Dizem que Cristo está ultrapassado, assim como Allan Kardec, mas estes dois filhos de Deus estão bem vivos na História. Quantos falsos profetas pela terra já passaram e ninguém mais os recorda! Podem atacar o Cristo e desrespeitar o Codificador, mas isso é como jogar pedras nas estrelas.

— Irmão, essas criaturas abusam da ignorância daqueles que as buscam...

— Não chega a ser abuso. Quem procura doutrinas diferentes, fáceis de serem vividas, é porque possui alma doente, que não quer buscar a verdade, e Cristo disse: "só a verdade os salvará".

— Mesmo dentro da Doutrina está ocorrendo um grande interesse por rituais de outras seitas.

— Não se esqueça, Luiz, de que os homens passam, mas a Doutrina permanecerá. Dizem os nossos livros espirituais que Jesus, quando percebeu que nem os Seus apóstolos O estavam compreendendo — tanto é que discutiam entre si qual seria considerado o maior no reino de Deus — aconselhou-os a se instruírem. Os apóstolos compreenderam que só amando e se instruindo é que se libertariam. Disse mais: *Se alguém quiser ser o primeiro, será o derradeiro de todos e o servo de todos.* E esses pregadores de novas doutrinas não possuem elevação suficiente para serem servos de todos, pois só querem os primeiros lugares. Diante da honraria, vai-se embora a humildade. Para ocupar um elevado cargo diante dos homens, o Alto escolhe o obreiro que tenha elevação suficiente para não se deixar levar pela vaidade. Um trabalhador do Senhor coopera com Ele e jamais exalta a si mesmo, como fazem os que hoje enganam a muitos adeptos das seitas que criam. Esteja certo de que a obra divina, Sérgio, não se detém por causa dos ataques desses homens. Vai avante, com mais força.

— Por que Deus não dá um basta nesses falsos profetas?

— O fato de uma pessoa não se conformar com as nossas idéias e opiniões não justifica proibir-lhe de opinar e estes homens sempre atacam as idéias dos grandes filhos de Deus. O que precisam aqueles que se dizem espíritas é fazer do seu local de trabalho um tabernáculo de verdades e fé. Uma Casa bem alicerçada não será atingida por alguns dos seus freqüentadores que não tiverem fé. Recordemos, Sérgio, as palavras de Jesus: *Se tivermos fé como um grão de mostarda, diremos a este monte passa daqui para acolá, e há de passar* (*Mateus,* Cap. XVII, v.

20). Se a Casa espírita aproveita todos os ensinamentos provenientes de Deus para o seu aprimoramento, crescerá rapidamente, num desenvolvimento vigoroso. Ainda que pequena, a Casa crescerá em poder divino igual à semente de mostarda e os obstáculos amontoados em seu caminho, conquanto pareçam intransponíveis, desaparecerão pela força da fé, do amor e da caridade. Nada é impossível, quando trabalhamos para Deus. É obrigação dos seareiros da Doutrina ajudar os homens, e na Casa que vive o Evangelho de Jesus dificilmente os seus freqüentadores correrão em busca de doutrinas novas; a Doutrina Espírita lhes basta pelas verdades nela contidas.

— Mais uma pergunta, irmão João: e quanto aos que freqüentam a Casa espírita e vivem correndo atrás dos falsos profetas?

— Deixe que corram, a Verdade triunfará sempre. Um dia terão de retornar, nem que seja sem o corpo carnal.

— Irmão, na Doutrina o homem tem de renunciar e transformar as suas imperfeições em virtudes. Porém, em outras filosofias, o homem pouco tem de fazer; alguns espíritos fazem por eles ou, com a força mental, tudo conseguem, até o emprego do seu colega...

— Ao se revelar com tão pouco caráter, o homem, que busca os espíritos para fazer mal ao próximo, um dia, acreditamos, será tocado pela luz do Cristo e terá reavivadas as leis de Deus na sua consciência e elas atuarão sobre ele, fazendo com que procure a verdade. Precisamos, Sérgio, crer uns nos outros e tudo fazer para ajudar quem precisa.

— Um abraço, amigo. Onde poderei encontrá-lo? Preciso tanto do irmão...

Retribuindo-me o abraço, acrescentou:

— Busque-me sempre que quiser. Estarei neste salão ou na sala dez. Até mais ver.

— Felicidades, irmão.

Ao virar-me, esbarrei com Karina.

— Sérgio, estamos prosperando. Já recebemos ordem para descer ao mundo físico.

— Nem sei se quero mais. Acho que ficarei por aqui, só assistindo às aulas. Existe coisa mais linda do que esta Universidade?

— Existe, sim, a nossa consciência, principalmente quando nos propomos a trabalhar para Jesus.

— Está bem, não precisa apelar.

Rimos e lá fomos nós, juntar-nos aos outros.

Capítulo II

A TRANSIÇÃO VIDA-MORTE

Ao chegar à sala azul, todos já estavam à nossa espera, principalmente o encarregado deste trabalho que ora realizamos.

— Alô, irmãos. Desculpe se nos atrasamos.

— Luiz, vamos apresentar-lhe seus novos companheiros: irmãos Paulino, Ribeiro e Rosa.

Senti um imenso carinho por eles.

O instrutor falou-nos:

— O doutor Paulino e o doutor Ribeiro passarão as orientações para o grupo. Desejo muita paz a todos.

O irmão Ribeiro despediu-se do orientador e oramos para agradecer o novo trabalho.

— Precisamos estar ligados com Jesus para bem servir aos nossos semelhantes — falou Ribeiro. Agora partiremos para o plano físico.

Olhei para Karina e Sara, indagando:

— Vocês sabem o que vamos fazer?

Karina me respondeu:

— Calma, Sérgio, logo saberemos.

E, assim, já no plano físico, buscamos uma Casa espírita, onde fomos recebidos por Cinara. Verifiquei que o pátio físico daquele Centro era bem menor que o espiritual, contornado por uma cerca toda florida. O jardim extra-físico apresentava-se lindíssimo, onde não faltavam miosótis, camélias, amores-perfeitos, hortênsias. Nele, duas guaritas — não como as da terra — mais parecendo chalés, cujos telhados estavam todos adornados de madressilvas. No interior desses chalés, uma recepcionista anotava os dados de cada espírito que desejasse adentrar o Centro; a guarita da direita atendia os espíritos doentes, a da esquerda, os visitantes, os trabalhadores da Casa, enfim, os espíritos que ali fossem ajudar. Percebi que todos os espíritos doentes que se encontravam na fila haviam sido trazidos por algum trabalhador de Jesus. Ninguém viera para derrubar médiuns ou obsediá-los. Os irmãos que ali trabalhavam poderiam ser chamados de apóstolos da Caridade, tal a humildade de que eram revestidos. Aproveitei e perguntei ao encarregado do chalé dos doentes:

— Ninguém entra na Casa sem passar por vocês?

— Não, ninguém.

— E no dia de tratamento de desobsessão?

— Principalmente nesse dia, todos os que passam por aqui têm de ser cadastrados.

— E se o cara não desejar ser tratado, só aqui chegando como acompanhante?

— Desde que o irmão é cadastrado já se inicia o seu tratamento, mesmo que ele não deseje freqüentar a Casa.

— No dia de desobsessão, quantos aqui trabalham?

— Só mais três irmãos.

— E vocês dão conta?

— Sim, a disciplina alivia o fardo.

Quem chega numa Casa espírita não imagina o trabalho dos mensageiros do Cristo. Desde o pátio inicia-se a proteção divina. Por isso as Casas espíritas não devem promover festas, bingos, rifas, jantares, enfim, recreações festivas em suas dependências, pois elas são hospitais de Deus. Fiquei olhando aquele belo pátio florido; os meus companheiros já haviam entrado, mas não me preocupei com isso. Aqui tentarei desenhar o pátio espiritual desta Casa amiga:

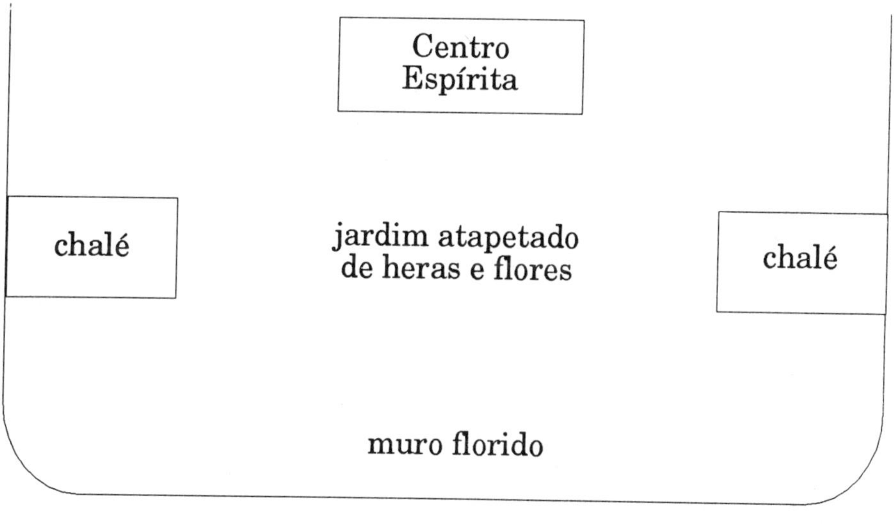

O doutor Paulino me esperava na porta do Centro.

— Luiz Sérgio, vamos até o setor encarregado da distribuição de tarefas. Lá seremos informados sobre o que teremos de fazer.

— Irmão, desculpe eu me destacar do grupo, mas gostaria de dar aos meus leitores uma idéia, nem que seja mínima, da grande proteção de uma Casa espírita.

Ele me sorriu, e me senti feliz por ter-me compreendido. À medida que conhecia as dependências daquela Casa amiga, era saudado com carinho por seus trabalhadores. Juntamo-nos aos outros e ficamos sabendo do trabalho que teríamos de realizar. Uma equipe de socorro, que já conhecíamos desde o livro *Lírios Colhidos*[1], somou-se ao nosso grupo; só que não seria orientada pelo doutor Albuquerque, com quem trabalháramos naquela ocasião, mas pelos doutores Paulino e Ribeiro.

— Vamos de novo acompanhar a desencarnação? perguntei.

— Sim, deste nosso irmão. Vimos buscá-lo.

E nos forneceu a ficha: Lauro, vinte e um anos...

Calei-me, e depois de várias medidas tomadas pela equipe, eu, Sara, Karina e Hilário fomos designados para buscar o jovem. Ao chegar à sua casa, oramos a Jesus por aquele lar. Seus habitantes dormiam e acordavam sem pronunciar o nome de Deus ou o de Jesus. Família completamente indiferente aos valores do espírito. Julgavam eles que fossem ficar no plano físico eternamente. A mãe, embora dedicada ao lar, não se importava em transmitir valores espirituais aos filhos. Estes bebiam, fumavam, e, freqüentemente, amanheciam na rua. Era uma casa em que só se pensava nas coisas materiais. Todos tinham de vencer na vida — desejavam eles, mas ninguém pensava em Deus. Analisei Lauro: um rapagão bonito, que me pareceu inteligente, mas completamente indiferente às coisas do espírito. Naquele dia ele amanheceu doente. Chamou a mãe e se queixou:

— Não estou bem, sinto um cansaço, uma sensação estranha...

---

1. N.E. — 12º livro da série Luiz Sérgio

A mãe o medicou. Nós, impassíveis, não podíamos interferir. Lauro se vestiu e logo estava no trabalho. Assim, decorreu uma semana sem que eu nada perguntasse, mas doía-me ver aquela família tão distante dos valores espirituais. Era só consumir, consumir, e ninguém se lembrava de Deus. Naquele sábado a equipe chegou à casa de Lauro; ele ainda se encontrava na rua farreando. Quando entrou no seu quarto, parecia ofegante. Foi até a cozinha e tomou um analgésico. O mal-estar agravara-se. A equipe, com seus aparelhos, aguardava o momento. Lauro voltou para o quarto que dividia com o irmão Artur. Foi quando Lauro sentiu uma dor terrível no peito e gritou. Artur acordou e logo lhe prestou auxílio, despertando a casa toda. Olhei a equipe do nosso irmão Paulino: ela já socorria Lauro, desamarrando o laço fluídico. Ele estava desencarnando, deixando o corpo físico ainda jovem, mas deixando. Perguntei ao doutor Ribeiro:

— Não temos condição de ajudá-lo?

— Não, Luiz, nosso irmãozinho Lauro tem de partir agora. Não se esqueça de que todos os encarnados estão de passagem pelo plano físico. Poucos, entretanto, têm conhecimento disso.

A família desesperou-se, a mãe sentiu-se mal e o pai nem sabia o que fazer. Acompanhamos o corpo físico de Lauro até o hospital; enquanto isso, os técnicos iam separando os corpos, todavia, por mais que fizessem, o jovem teimava em não deixar o físico. Aproximei-me, querendo auxiliá-lo. Foi quando Rosa, a enfermeira do doutor Paulino, me impediu:

— Ninguém poderá ajudá-lo, Luiz, só ele mesmo.

O perispírito de Lauro mantinha-se junto aos seus corpos físico e duplo etérico; nem um milímetro de separação havia ocorrido. Mesmo assim os técnicos não o deixavam, prestavam todo o auxílio, tentando desligar os pontos energéticos. Por estarmos em estudo, a irmã Rosa, por ordem do doutor Ribeiro, colocou um aparelho na mente de Lauro, através do qual podíamos acompanhar sua viagem por um computador, desde o momento em que experimentou o desconforto. Lauro pensava: "Meu Deus, estou-me sentindo muito mal, o braço está dormente e ao mesmo tempo dói muito. Sinto-me em dois lugares, parece uma vertigem... tenho náuseas, preciso ir ao banheiro, que sensação desagradável... Meu Deus! estou ouvindo um barulho muito estranho, acho que alguém me chama. Ali em baixo há uma vala, vou dar um salto. Meu Deus! Onde estou? Que escuridão. Sinto sede."

O computador interrompeu a imagem, como se tivesse perdido o contato com Lauro. Mas logo em seguida sua mente registrava: "Pensei que estava morrendo, faltou-me o ar e depois apaguei de vez. Pareceu-me que alguém me segurou no momento em que ia cair num buraco escuro. Ouço vozes: "Lauro, sou eu, sua tia Marilda, venha, meu filho, deixe o corpo". "Não quero morrer, tia, estou novo, preciso me casar. Areta espera um filho meu e ninguém sabe ainda. Não posso morrer, não posso!..." gritava Lauro, enquanto já preparavam seu corpo para ser necropsiado.

— Doutor Paulino, ele vai ser cortado ainda ligado ao físico? indaguei.

— Não, meu amigo, temos outra equipe neste local que irá mantê-lo desacordado.

Graças a Deus, vimos Lauro recebendo uma transfusão magnética e nesse instante o computador parou de registrar os seus pensamentos. Só fomos continuar nossa tarefa na capela. Lauro pairava sobre o físico, mas este não o aceitava mais. Ele chorava junto à noiva, à mãe, aos irmãos, ao pai, enfim, a todos os familiares. Ali no cemitério, o comportamento dos seus parentes só mal lhe fazia; cada lágrima e cada revolta traziam-no para bem junto do seu corpo material. Das mentes das pessoas que o amavam e que se encontravam revoltadas, formava-se uma substância leitosa que, pouco a pouco, ia envolvendo o espírito e o corpo físico. Sara, com seu aparelho, ia dissipando aquela estranha energia, mas os cigarros, os assuntos impróprios eram inimigos dos trabalhadores do Senhor. Procurei o computador e de novo a mente de Lauro gritava por socorro, sentia o corpo inerte, mas também recebia os beijos da noiva e dos familiares abraçados àquele corpo frio. Com exceção dos médicos e de Sara, que lutavam pela separação de Lauro, todo o grupo permanecia em oração. Sussurrei a Olegário:

— Precisamos fazer algo, aqui deve haver alguém com sensibilidade para nos captar um pedido de socorro.

Todos partiram em busca desse auxílio e logo alguém iniciou uma oração. Uma senhora miudinha acercou-se da mãe e a advertiu para o mal que estavam fazendo ao espírito:

— Naná, sabe que se vocês não orarem Lauro vai sentir todo o seu enterro?

Naná olhou a mulher e não a reconheceu, mas continuou ouvindo-a:

— Conheço o espiritismo e sei que a nossa revolta muito faz sofrer o espírito, e o seu filho está aí, tentando inutilmente voltar ao corpo físico, sem compreender que os seus órgãos já estão sem vida. Nem Deus pode fazê-los funcionar outra vez, porque Ele não derroga as Suas leis.

Naná saiu para chamar os outros, mas ao voltar aquela senhora já havia desaparecido. Aquele fato me intrigou. Olhei Sara, que me disse, inocentemente:

— Assim trabalha Karina.

Foi quando a enfermeira Rosa, sorrindo, explicou:

— Às vezes torna-se preciso chegar até os encarnados, eles são tão bobinhos!

Nada lhe falei, abracei-a e cobri seus cabelos de beijos. Todo o grupo chorava, porque a família iniciou uma corrente de preces e Lauro, mesmo não querendo sair dali, foi sendo retirado pela equipe do doutor Paulino e do doutor Ribeiro. Nós ainda ficamos, mas em seguida também nos afastamos. Ainda busquei o jardim daquele lugar. Os túmulos me pareciam várias portas de acesso à espiritualidade. Por que o encarnado é tão materialista, quando a verdade está ao seu lado, mostrando a fragilidade do seu corpo físico? Ele não quer enxergar, se quisesse, tentaria auxiliar seu próximo; nesse auxílio encontraria as verdades espirituais e não daria tanto trabalho como dá um ser apegado às coisas materiais. O cemitério era muito bonito, bastante florido. Eu e Olegário tudo observamos e pudemos perceber que existem irmãos que moram ali, outros querem aproveitar-se apenas dos fluidos vitais de algum suicida, consciente ou inconsciente. Enquanto olhávamos aqueles estranhos espíritos, José, o encarregado daquele lugar, nos falou:

— Não se preocupem, um dia eles terão de sair daqui.

— Mas o que eles fazem aqui?

— Gostam de ouvir choros, muitos choram juntos, outros apreciam flores e velas, e ainda há os *vampiros* que buscam os espíritos afins.

— Mas não contam com uma guarda divina aqui?

— Existem várias, mas nos últimos tempos muitos irmãos socorridos preferem ir para os umbrais, rejeitando as colônias de luz.

— Verdade, José?

— Sim, Luiz Sérgio. Recorde, irmão, que a maioria deixou de buscar uma religião, para freqüentar boates, as saunas, os motéis e outros lugares não recomendáveis. Ainda chamam os que acreditam em Deus de caretas e fanáticos.

Nisso, olhamos um grupo de espíritos jovens muito sujos, que estavam buscando um outro que havia desencarnado naquele dia com *overdose*. Um quadro de se lamentar. Falei a José:

— Deve ser muito triste trabalhar aqui, não é mesmo, irmão?

— Não, é um trabalho igual aos outros, temos muita fé em Deus de que um dia o homem, quando chegar nesta estação e o seu corpo físico for depositado neste armário, logo ressurgirá do outro lado, pois em cada cova existe uma porta que nos leva para a nossa verdadeira morada: o plano espiritual.

Pensei, olhando aqueles túmulos: "benditas as portas e mais benditas ainda as mãos que abrem todas elas, sem deixar ninguém preso no vale da morte. Eu o bendigo, Jesus, por todos os Seus ensinamentos, e o mais importante quando deitou o corpo (perispiritual) que lhe serviu no túmulo para nos ensinar que todos nós podemos ser salvos se abrirmos a porta do coração e ganharmos os jardins da espiritualidade, buscando o Pai amado. Como foram benditos os Seus ensinamentos, Jesus! Pena que o homem raramente os busque. Mas eu O amo, agradecido."

seu corpo físico for depositado neste armário, logo ressurgirá do outro lado, pois em cada cova existe uma porta que nos leva para a nossa verdadeira morada: o plano espiritual.

Pensei, olhando aquelas tumulos: "Benditas as portas e mais benditas ainda as mãos que abrem todas elas, sem deixar ninguém preso no vale da morte. Foi o bendito Jesus, por todos os Seus ensinamentos, e o mais importante quando deixou o corpo (perispiritual) que lhe serviu de túmulo para nos ensinar que todos nós podemos ser salvos se abrirmos a porta do coração e entendermos a grandeza da espiritualidade, buscando o Pai amado. Como foram benditos os Seus ensinamentos, Jesus! Feliz quem verdadeiramente os busque. Meu Deus, agradecido."

Capítulo III

A AQUISIÇÃO DA ROUPA ESPIRITUAL

Deslocamo-nos da "estação da morte" para o Centro espírita e qual não foi a minha surpresa quando passei pela enfermaria e vi Lauro, assim como outros irmãos. Perguntei a Clotilde o porquê de Lauro ali se encontrar e ela me disse:

— Hoje temos nesta Casa um trabalho de cura perispiritual, que presta auxílio aos recém-desencarnados.

— Por que ele precisa dos fluidos dos médiuns?

— Porque está muito traumatizado com o súbito desencarne e a todo momento deseja correr para perto dos pais.

— A que horas inicia-se o grupo?

— Às dezessete horas.

— Obrigado, Clotilde. Espero dar uma chegada até esse grupo.

Recebemos muitas elucidações e oramos a Deus em agradecimento. Falei ao doutor Murillo sobre o grupo que ia ser tratado e ele nos permitiu chegarmos lá. Eu não via a hora de visitarmos a sala mediúnica. No momento determinado, que alegria! Aqueles médiuns possuíam a disciplina divina, todos oravam em silêncio, enquanto enfermeiros limpavam o ambiente. À frente de cada médium foi colocado um minúsculo aparelho, mais parecendo um ventilador, com suas pás sempre em movimento. À medida que os médiuns mexiam-se na cadeira, os aparelhos oscilavam e, pacientemente, os técnicos os consertavam. Enquanto durou o estudo teórico o aparelho trabalhou como se purificasse o ar que o médium respirava.

Quando se iniciaram os trabalhos práticos, do aparelho partiam luzes em direção às rodas energéticas do duplo etérico e estas rodas tinham cores variadas. As luzes davam sustentação às rodas, porque da aura espiritual havia cessado a ligação até os centros de força do perispírito. Aqueles médiuns iriam trabalhar com os fluidos do físico, e não com os fluidos espirituais, ocorrendo um desnível dos corpos. Aí, os técnicos e os médicos fizeram a ligação médiuns — doentes. Gostaria de frisar: doentes, espíritos recém-desencarnados em busca de auxílio, os quais não podemos confundir com obsessores.

Cada médium dava assistência a um irmão, deitado em sua maca. Uns dormiam, outros a tudo observavam. O médico que dava assistência a Lauro tocou o seu corpo perispiritual e, como bom conhecedor do assunto, foi desembaraçando alguns fios que se encontravam no perispírito, que me pareceram machucados. O cordão mestre, bem mais volumoso, recordou-me o cordão umbilical. Ele foi levado até o corpo físico do médium e como se ligado ao chacra umbilical. No mesmo instante a cor verde os envolveu. Lauro cerrou os olhos e Sara imediatamente captou, através de aparelhos, as suas sensações. De súbito, ele se recordou de toda a sua vida encarnada. Com aquele contato, Lauro, por alguns instantes, sentiu-se momentaneamente de volta ao seu corpo físico. Ainda pude observar que os outros fios estavam sendo ligados aos outros chacras. O médium, imóvel naquela mesa, prestava real auxílio à espiritualidade, trabalhando em silêncio, mas o seu espírito disciplinado, ligado ao Alto, ofereceu o seu corpo por alguns minutos para o tratamento de um recém-desencarnado.

Prestava atenção naqueles cordões envolvidos pelas luzes de cada roda energética e, à medida que eram tratados, voltavam ao corpo perispiritual de Lauro, fundindo-se aos centros de força. Era o carretel chefe que de novo recebia os seus fios e os guardava para que no futuro eles pudessem novamente voltar a ser ligados a outro corpo material para o reencarne do espírito.

Lauro assemelhava-se a alguém que guardava os elementos necessários para uma futura vida física, vitorioso, porque nenhum deles se encontrava lesado. O cordão referente ao chacra umbilical foi o último a ser desligado do médium e, quando isso ocorreu, o mentor do trabalho ministrou passes reequilibrantes no humilde trabalhador de Jesus. Deu-se o desligamento dos aparelhos e aqueles médiuns, disciplinados e serenos, em nenhum momento levaram a preocupação aos seus dirigentes. Observava agora os irmãos recém-chegados ao mundo espiritual bem mais refeitos e lhes desejei muita paz na nova vida. Depois do desligamento médiuns-espíritos, os dirigentes fizeram a prece final e nós, agradecidos, dali saímos.

— Luiz, por que muitos médiuns não aceitam este trabalho, julgando que nada estão fazendo? indagou Sara.

— Falta de humildade, só isso.

Olegário ainda perguntou mais sobre a mediunidade do futuro, mas deixo de escrever sobre o assunto, para não torná-lo repetitivo. Há muito venho alertando os espíritas para o perigo dos médiuns sem educação mediúnica.

Chegamos ao salão, os doutores Murillo e Joaquim Ribeiro despediram-se do nosso grupo, dizendo que ali estariam sempre, esperando-nos para novos trabalhos. Agradecidos, retiramo-nos. Só o doutor Paulino voltou com a nossa turma para o plano espiritual. Alcançamos a Universidade; descansei um pouco e logo corri para o meu sexto curso. Esbarrei em Hilário que, sorrindo, falou-me:

— Como sempre, com medo da sala de aula desaparecer, Luiz?

— Tem razão, amigo. Todas as vezes que fico longe daqui parece-me uma ausência sem fim.

— Isso é que é gostar de estudar.

— Não, Hilário, não é isso. À medida que crescem meus trabalhos, torna-se necessário que eu cresça também. E nada melhor do que o Evangelho para nos tornar melhores.

Minha cadeira me esperava e com que prazer acomodei-me!... Corina e João saudaram-me com um olhar de amor. Fiquei ali, quietinho. Todos os meus amigos não compreenderam o porquê do meu silêncio. É que eu estava sendo beneficiado com a paz daquele lugar. Hilário iniciou as questões:

— Qual o significado desta passagem, em *Êxodo*, Cap. XXVIII, v. 30?

No racional do juízo porás Urim *e os* Thummin*, os quais estarão sobre o peito de Aarão, quando ele entrar na presença do Senhor, e trará sempre sobre o seu peito o juízo dos filhos de Israel na presença do Senhor.*

Resposta:

— Aarão, como excelente médium, precisava ter no peito — "coração" — luz e integridade, representadas nas duas pedras de cor e forma diferentes das que ele levava penduradas no pescoço.

Outra pergunta, feita por Sara:

— Ainda em *Êxodo*, Cap. XXXIII, v. 20:

Não podes ver a minha face, porque o homem não pode ver-me e viver.

Resposta:

— Moisés desejava a visão de Deus, fato impossível para um espírito que ainda precisa reencarnar. Mesmo sendo um mensageiro de Deus, Moisés não possuía a pureza, só ela permite que Deus Se manifeste para os homens.

Perguntei:

— Em *Levítico*, Cap. IV, v. 3:

Se o sacerdote, que foi ungido, pecar, fazendo pecar o povo, ofereça ao Senhor pelo seu pecado um novilho sem defeito.

Resposta:

— Se o sacerdote leva o povo ao erro, culpado é, assim como o povo de quem ele é representante.

Depois de muitas questões respondidas, foi encerrada a aula. Saí devagar, ao lado de Sara.

— O que vamos fazer agora, Luiz?

Nem cheguei a responder, o doutor Paulino já nos esperava para irmos até Lauro. Pensei: "nem acabamos de chegar e já temos de partir, pois Lauro foi levado para um dos imensos hospitais de socorro".

Paulino falou:

— Vocês terão duas horas para descanso e depois, ao estudo.

— Estudo, irmão? perguntei.

— Sim. O que imagina que estamos fazendo? Quando o aluno atinge a sexta etapa da Universidade tem de fazer esta matéria que estamos iniciando: acompanhar um recém-desencarnado na sua luta pela sobrevivência do espírito.

— Não me diga, amigo! Sempre desejei escrever algo assim. Tinha até iniciado um livro onde sou o personagem principal. Confesso que não me senti muito bem em narrar os fatos vividos por mim.

— Não deve ser fácil, falou Olegário.

Paulino disse-me ainda:

— Vai ser de real valor a sua narração, pois o irmão tem o poder de conquistar adeptos de todas as crenças.

— O irmão acha isso bom para a Doutrina?

— Para a Doutrina nem tanto, mas para os leitores sim, pois através de seus livros muitos tomam conhecimento dos fatos espirituais.

— Mas, senhor, eu quero ser um trabalhador da Doutrina.

— E já o é, contudo poucos tornam-se verdadeiros espíritas apenas lendo os seus livros ou os de outros espíritos.

Fiz uma cara triste, mas ele foi bem explícito:

— Luiz, seria pretensão demais de alguns espíritos e médiuns julgar que com suas mensagens poderiam renovar a mentalidade de todos os seus leitores. Quero que saiba que os seus livros são muito bem protegidos pela Espiritualidade Maior devido à grande penetração deles entre os encarnados, por isso nós aproveitamos para elucidá-los. Para que alguém possa tornar-se um bom espírita, o seu livro é a isca, mas o banquete só se dará com as obras básicas da codificação kardequiana[2], juntamente com as dos grandes filósofos da Doutrina. Os leitores, ao lerem alguns livros, tornam-se admiradores dos espíritos que os escrevem e dos médiuns que os recebem, porém isso não basta para elucidar as almas. Elas têm de buscar muito mais. Hoje existem vários médiuns e espíritos trabalhando no livro espírita. Mas isso não é tudo. Os iniciantes espíritas devem ler esses livros, mas depois buscar, principalmente em *O Livro dos Espíri-*

---

2. O Livro dos Espíritos, O Evangelho Segundo o Espiritismo, O Livro dos Médiuns, A Gênese, O Céu e o Inferno.

tos, a essência da Doutrina. Vocês, que hoje trabalham nos livros espíritas, estão levando o orvalho e a brisa, mas só os livros básicos são o adubo e a terra que têm a capacidade de fazer germinar a semente da árvore da sabedoria. Ficou triste, Luiz Sérgio?

— Eu não, irmão! Faço e escrevo o que os mentores me ensinam. Jamais tive a pretensão de me fazer endeusado, assim como a médium que comigo trabalha.

— Irmão, nada mais deprimente para a Doutrina do que o fanático, aquele pseudo-espírita que vive endeusando médiuns e espíritos.

— Por que as Casas espíritas não fazem uma campanha dos livros básicos, levando os iniciantes a descobri-los?

— Porque muitos preferem decorar orelhas de vários livros, a interessar-se por um estudo sério. Em muitas Casas espíritas o estudo das obras básicas não é obrigatório, porque a nossa Doutrina é de liberdade. Agora, devemos, sim, fazer com que todos os freqüentadores, antes de chegarem a uma reunião mediúnica, tomem conhecimento de que só se educa uma mediunidade estudando-se as obras básicas, principalmente *O Livro dos Espíritos*, que se torna fácil de ser manuseado da maneira com que o irmão Lázaro ensina os freqüentadores da Casa de Maria.

— Poderia o amigo ou o irmão Lázaro ensinar o método aos meus leitores? Acho que eles gostariam de aprender a manusear o livro que é considerado pela espiritualidade como o decálogo dos espíritos, o fermento divino.

— Sim, Luiz, estou às suas ordens, falou o nosso Lázaro José, que acabara de chegar. Esperamos que seus leitores tornem-se adeptos fiéis da leitura dos livros doutrinários, principalmente *O Livro dos Espíritos* e *O Livro dos Médiuns*.

— Temos duas horas de folga, poderia passar para os leitores os seus conhecimentos?

— Certamente.

Assim, o querido irmão levou-nos até uma pequena sala de aula e lá, antes de iniciar a explicação, abriu o Antigo Testamento no *Salmo* CXVIII:

Bem-aventurados os que se conservam sem mácula no caminho, os que andam na lei do Senhor. Bem-aventurados os que estudam os seus testemunhos, os que de todo coração o buscam.

Antes, Lázaro explicou-nos que este Salmo é o mais longo, sendo ele composto de oito dísticos. Todos os dísticos de cada estrofe começam, no texto hebraico, por uma letra alfabética, e cada um contém um dos termos usados para designar a lei mosaica, testemunho, preceito, ordem, vontade, promessa, palavra, juízo, querer etc. Perguntei:

— Noto que todos os espíritos da Universidade gostam do Antigo Testamento e no plano físico muitos espíritos não o aceitam. Como neste trecho, todo ele marca a era de Moisés.

— O espírita que prega contra as Escrituras o faz porque não as compreende e outros as temem, mas a partir do momento em que nós nos convencemos de que a Doutrina Espírita é Cristo em ação, buscamos nas Escrituras a confirmação das verdades da Doutrina. Os fenômenos estão na Bíblia, as explicações nos livros básicos.

— Irmão, perguntou Karina, hoje sabemos que conhecidos médiuns estão pregando a modernização da Doutrina.

— É, minha irmã, também modernizaram o Cristianismo, mas o Evangelho de Jesus permaneceu inalterado, porque os homens passam, mas a verdade está grafada no Universo, e não é um pecador que vai apagá-la.

— Irmão Lázaro, perguntou Hilário, o que o senhor acha do espírita acender vela, buscar o misticismo de outras seitas? Dizem que é para tornar a Doutrina mais fraterna...

— Não somos contra os rituais inerentes a certas religiões, porque cada consciência é livre para escolher. O importante é que cada crente busque o lugar que lhe é afim. O que não se deve fazer é misturar os ensinos. Ou se é católico, ou se é espírita; um espírita-católico, ou um católico-espírita não dá certo, irá sempre coxear, porque não possui firmeza na fé. Sempre digo que espiritismo não é Doutrina Espírita. A Doutrina é o espiritismo explicado. No início, o espiritismo já existia nas aparições, nos feiticeiros, enfim, na expulsão dos trevosos. Quando Jesus subiu o Tabor, Ele tornou sem efeito a proibição de Moisés:

Não vos dirijais aos mágicos, nem consulteis os adivinhos, para que não suceda que este comércio vos corrompa. Eu sou o Senhor, vosso Deus (*Levítico*, Cap. XIX, v. 31);

Se qualquer homem, ou mulher, tem espírito de Piton, ou espírito de adivinho, sejam punidos de morte, ambos sejam apedrejados, e o seu sangue recaia sobre eles (*Levítico*, Cap. XX, v. 27);

...nem se ache entre vós quem pretenda purificar seu filho, ou filha, fazendo-os passar pelo fogo: nem quem consulte adivinhos, ou observe sonhos e agouros, nem quem seja feiticeiro, ou encantador, nem que consulte Piton ou adivinhos, nem quem indague dos mortos a verdade. Porque todas estas coisas abomina o Senhor, e por semelhantes maldades exterminará Ele estes povos à tua entrada (*Deuteronômio*, Cap. XVIII, vv. 10-12).

— Ele conversou com os chamados "mortos", mas em uma comunicação disciplinada. Depois, o mesmo Jesus nos prometeu o Consolador e ele chegou graças à fé de Allan Kardec. Os que se dizem espíritas, mas vivem correndo de um Centro para o outro e nas horas vagas abusam dos espíritos, deveriam decidir onde ficar e procurar respeitar a crença do seu próximo.

— Irmão, falou Sara, muitos julgam difícil vivenciar a Doutrina Espírita, por quê?

— Porque nela, irmãzinha, Cristo nos ensina o amor duplo — amar a Deus sobre todas as coisas e ao próximo como a nós mesmos, sendo esta a causa dos egoístas dizerem que os espíritos das Casas espíritas não os ajudam. De certo modo, eles estão certos, pois não estamos capacitados a fazer feitiçaria para arranjar emprego, vender imóveis, casar filhos, segurar maridos. Somos trabalhadores de Jesus tentando dizer aos encarnados: tornem-se melhores, deixem a carcaça física na terra e respeitem o seu próximo, sejam cumpridores do dever, não ultrapassem o ponto que ameaça a felicidade ou a tranqüilidade do seu semelhante. O espírita vive na terra, usufrui de tudo o que ela lhe dá, mas não é um escravo da matéria. Se um espírito, para ajudar o encarnado, atira pedra nos outros e o ensina a vencê-los, fuja dele, pois não é um bom espírito. Os bons espíritos estão vindo à terra para ensinar ao homem o amor; somente este sentimento mata em nós o inimigo da evolução — o amor-próprio, que nos faz seres egoístas e avaros. Precisa o homem burilar os sentimentos, só assim ele será transportado fora de si mesmo e não sentirá as asperezas do caminho. Ele se conservará na matéria, mas junto aos ensinos espirituais voará até Deus e olhará a todos os irmãos e, sendo assim, não precisará de amuletos nem das superstições para vencer na vida física. Na hora do testemunho, achará o remédio em Jesus e dirá ao Pai: "afasta de mim este cálice", e saberá que logo a água cristalina do Evangelho lhe molhará os lábios ressequidos.

— Irmão, a Doutrina tenta melhorar o homem, mas não a vida física? inquiriu Olegário.

— Sim, os espíritos que labutam nas Casas espíritas têm por dever ensinar ao homem a mansuetude. Se Cristo nos chamou de amigos e não de servos, por que queremos apenas dominar, e não amar o próximo? O homem veio à terra para aprender a ser bom, manso e humilde e não para uma viagem de lazer, levando vantagem e mais vantagem sobre o seu semelhante.

— Agora, gostaríamos que nos ensinasse a manusear *O Livro dos Espíritos*.

— Irmão, é tão primário esse método... Deseja mesmo passá-lo para seus leitores?

— Sim. Muitos me escrevem, dizendo que não estudam *O Livro dos Espíritos* por achá-lo muito difícil.

— Está bem, amigos, vou tentar simplificar a leitura desta jóia da Doutrina. Primeiro, vamos fazer seis marcadores de livro. Em cada um deles será escrito: Introdução, Parte Primeira, Parte Segunda, Parte Terceira, Parte Quarta, Conclusão. Já feitos os marcadores, inicia-se o estudo pela Introdução. Não vamos esquecer que a Introdução é a chave que abre o nosso intelecto para guardar os ensinos dos espíritos, precisando um estudo mais apurado. A Introdução tem dezessete itens. A parte primeira é composta de quatro capítulos; a segunda, de onze capítulos; a terceira, de doze capítulos; a parte quarta, de dois capítulos e a conclusão de nove itens. Ao ler a Introdução, vamos tomando conhecimento dos ensinamentos espíritas. No segundo item da Introdução, deparamo-nos com a palavra *alma*. Busquemos a explicação na Parte 2ª, Cap. II, e, para facilitá-la, lá está o nosso marcador. Vamos encontrar a explicação na pergunta 134:

Que é a alma?

"Um espírito encarnado".

Continuamos lendo a Introdução e lá deparamos com o *fluido vital*. Busquemos o marcador, ele nos auxiliará a encontrar o estudo sobre fluido vital, que se encontra na Parte 1ª, Cap. IV. Quero aqui frisar que esta aula necessita de um bom instrutor, humilde e estudioso. E assim vamos estudando a Introdução; quando a terminarmos precisamos voltar a estudá-la. Só depois de sabermos manusear o livro é que poderemos nos beneficiar de todo o seu conteúdo. Prosseguindo o estudo, deparamo-nos com a mediunidade. Aí vamos estudar sobre mesas girantes, buscando os livros dos grandes filósofos da Doutrina. Aqui o orientador tem de procurar em *O Livro dos Médiuns* a explicação para o assunto, não esquecendo de também consultar a Parte 2ª de *O Livro dos Espíritos* e também a Conclusão.

— Dessa maneira torna-se bem interessante e fácil o estudo, não é mesmo?

— Sim. Em *O Livro dos Espíritos* está a chave para que um bom estudioso vá abrindo, lentamente, porta por porta; e aí, depois de um estudo sério, o aprendiz espírita não precisará buscar a simbologia de outras crenças, pois estará alimentado com os ensinamentos divinos.

— Obrigado, irmão. Sinto deixá-lo, mas dispomos de poucas horas de folga.

— Que Deus acompanhe o grupo e que todas as lições sejam proveitosas. Quando desejar, estarei sempre aqui preparando minhas aulas.

Fitei aquele espírito disciplinador e dei graças a Deus por um dia tê-lo conhecido. Com ele aprendi a respeitar as obras básicas.

— Luiz, você gosta muito do irmão Lázaro, não?

— Admiro muito todos os espíritos que lutam pela melhoria do próximo, e ele é um dos mais dedicados. Aonde iremos, Olegário?

Quem me respondeu foi Sara:

— Estamos sendo esperados no hospital transitório, onde Lauro recebe os primeiros cuidados.

Nada falei até chegarmos. Para penetrarmos no hospital, tivemos de obedecer várias regras, inclusive mudarmos de roupa, reequilibrar-nos, enfim, estar em condição de trabalho. No quarto, Lauro parecia dormir. Observei sua casa mental: ora estava ligada ao físico e, assim sendo, escutava todo o desespero daqueles que ficaram, participando dos acontecimentos terráqueos, ora dormia, como se desligado de tudo. O corpo físico decompunha-se no túmulo e ele, mesmo no plano espiritual, às vezes corria até lá, sofrendo um choque emocional.

— Que poder tem a mente! falei.

— A casa mental é uma antena parabólica, captando imagens dos lugares mais distantes — explicou-nos a doutora Salette, que o assistia.

— Isso é benéfico para o espírito?

— Não. Quando o homem desencarna deve fixar sua mente no lugar onde se encontra.

A avó de Lauro, alisando seu cabelo, falou:

— Seja benvindo, meu menino querido.

Tive de conter o riso, porque Lauro, abrindo os olhos devagarinho, dizia:

— Eu não morri, eu não quero morrer. A senhora é uma alma do outro mundo, eu a amo, mas os mortos devem ficar nos seus devidos lugares.

Ela continuava a acariciá-lo, mas ele, morrendo de medo, ia encolhendo-se no leito. A doutora Sallete intercedeu:

— Lauro, você já se encontra na Pátria-Mãe. Não queira fugir dos fatos concretos. Por que tenta ignorar esta realidade tão palpável?

— A senhora acha fácil deixar de existir, transformar-se somente em lembranças e saudades?

— Mas todos nós passamos ou teremos de passar por tal situação. Apegar-se aos sonhos irreais é doença, e esta doença é terrível, chama-se fraqueza.

— O que faço?

Sallete respondeu:

— Procure curar-se para conhecer as belezas deste novo mundo, onde o seu espírito se encontra. Lá no plano físico ficou o corpo perecível, mas aqui na espiritualidade abriga-se seu espírito imortal, e junto a ele as suas imperfeições. Enfrente a realidade, estamos aqui para ajudá-lo. Estes são seus novos amigos — e nos apresentou Lauro.

Ele nos olhou, pensando: "mas eu não faço questão alguma de conhecer ninguém". Dito isso, fechou os olhos, parecendo dormir. Abri por acaso o Antigo Testamento e caiu em *Jó*, Cap. VII, v. 7:

Lembra-te de que a minha vida é um sopro, e de que os meus olhos não tornarão a ver a felicidade.

Ficamos mais algumas horas com Lauro, que fingia nos ignorar.

— O nosso trabalho com esse garotão não vai ser fácil, ponderou Sara.

— Que nada! Logo ele se enturma aqui, no plano espiritual.

Nisso, fomos convidados a sair. Eu pedi para ficar a sós com Lauro e fui atendido. Os outros saíram. Ele continuava a fingir que dormia. Eu fui lendo as Escrituras; lia e fazia os comentários. Detive-me em *Sabedoria*, Cap. I, vv. 12-13:

Não procureis ansiosos a morte com os desvios da vossa vida, nem proporcioneis a ruína com as obras de vossas mãos. Deus não fez a morte nem se alegra que pereçam os vivos.

Se toda indignação faleceu diante da morte, é porque o homem não busca a fé em Deus. Só a sua bondade infinda tem o poder da vida, sendo este o motivo de ninguém morrer.

Lauro abriu os olhos e me falou:

— Então, por que Ele separa as criaturas?

— Deus não separa ninguém. Nosso corpo físico morre, porque o homem, devido à sua imperfeição, não teve capacidade de confeccionar um corpo melhor. No dia em que ele evoluir terá um corpo menos sofrido e mais forte.

— Qual é a sua? O que deseja de mim? indagou Lauro, agora recostado na cama.

— Meu nome é Luiz Sérgio, desencarnei aos vinte e três anos de idade. O que você está passando eu também já passei, mas não cobri a cabeça, fugindo da realidade. Isso é tolice demais.

— O que faço para viver aqui?

— Primeiro, levante-se da cama. Vamos unir-nos aos outros e procurar viver.

Refletiu alguns instantes e, ao se levantar, Lauro constatou que estava vestido de camisolão.

— Não posso me levantar, veja como estou vestido... E depois, nem sei onde está a minha outra roupa.

— Primeiro você mentaliza sua antiga roupa e se verá vestido.

Lauro tentou, tentou, mas que nada! Roupa, que era bom, não aparecia. Nisso, Castanheira surgiu e nos falou:

— Ainda é cedo, Luiz, para ele materializar os seus antigos objetos. Leve-o até o Departamento das Fábricas e peça uma roupa para ele.

— E se ele não tiver bônus-hora[3] para adquiri-las?

— Aí ele tem de se acostumar e passear com seu camisolão, que aliás não é feio, falou, sorrindo.

---

3. N.E. — Consultar o livro *Nosso Lar*, editado pela FEB, escrito por André Luiz e psicografado por Francisco Cândido Xavier, Capítulo 13 — *No Gabinete do Ministro*.

Lauro lhe endereçou "aquele" olhar.

— Castanheira, ele tem a sua antiga roupa. Não pode vesti-la?

— Pode.

— Onde ela está?

— Na lavanderia. Mas só ele é que pode apanhá-la.

— Obrigado, amigo.

Assim, eu e Lauro fomos em busca de sua antiga roupa, com a qual fora enterrado. Na lavanderia, a irmã Joaquina recebeu-nos com muito carinho. Quando inquiri sobre a roupa de Lauro, informou-me que só ele poderia tirá-la do armário. Olhei a lavanderia e recordei os cemitérios — o caixão era o guarda-roupa não só do corpo físico, como da roupa física. Tive um estalo:

— Irmã Joaquina, o que faço para o Lauro conseguir sua antiga roupa?

Ela me chamou em particular, levando-me até o guarda-roupa número trezentos e trinta e seis. Ao abri-lo, quase caí de susto: o terno azul-marinho de Lauro era um depósito de sujeiras, germes e teia de aranha.

— Irmã, esta roupa não serve mais!

— Engana-se, Luiz, esta não é das piores. Não está na hora do seu amigo limpar seu antigo traje.

— Quê? Limpar?

— Sim, Luiz. Ele terá de vir aqui e, mesmo vendo-a neste estado, poderá imaginá-la nova, como ele a usou; se não o conseguir, vai usá-la em péssimo estado.

— Como posso ajudá-lo, irmã?

— Dizendo-lhe que a humildade é a tecelã de Deus. Com ela muito realizamos.

— Obrigado, muito obrigado.

Quando cheguei perto de Lauro, ele se encontrava furioso.

— Cadê a minha roupa?

— Calma, irmão, nada feito. Se desejar evoluir, fique calmo e dê graças a Deus pelo camisolão.

— Não! falou, empurrando-me, saindo em busca de sua roupa.

A irmã Joaquina e Cirilo, outro irmão, tentaram impedi-lo, mas ele, furioso, queria porque queria as suas belas roupas físicas. A irmã o levou até o seu guarda-roupa, mas antes lhe pôs a par de toda a verdade. Ele nem a ouvia. Quando abriu o armário, não suportou o quadro e caiu desmaiado. Saímos a socorrê-lo. Pedi desculpas à irmã e a Cirilo e levei Lauro de volta ao seu quarto. Lá, o doutor Alexandre informou-me de que eu teria de tentar diariamente tirá-lo do hospital. E eu que julgava ter errado, levando-o até a lavanderia... Despedi-me de Lauro e, quando já ia saindo, ele me chamou:

— Luiz, não me deixe, volte logo. Preciso tanto de amigos!... Os que tinha não morreram comigo.

— Ninguém morre. Você nunca morreu.

— Sei disso e confesso que prefiro a morte a viver o que estou vivendo.

Tive vontade de tirar Lauro dali e deixá-lo passar umas boas horas no umbral, quem sabe assim ele iria dar valor ao socorro espiritual.

— Até logo, amigo, e calma, muita calma.

Na porta deparei-me com os outros e Sara, toda feliz, foi logo me apresentando Santinha, uma bonita velhinha.

— Veja, Luiz , Santinha mudou de roupa com tamanha facilidade que me tornou muito feliz.

— Ela também desencarnou há pouco?

— Sim, no mesmo dia de Lauro, mas é uma mulher incrível, tão desprendida!...

Reparei Santinha: muito bem arrumada, mesmo vestida com simplicidade, cobrindo-lhe o ombro um bonito chale.

— Sara, Lauro só deu trabalho, comentei.

Enquanto conversávamos, a irmã Santinha orava a Jesus.

— Espírita? perguntei.

— Sim, praticante.

Nisso, Olegário, com cara de velório, falou-me:

— Não só o seu Lauro deu trabalho. Não conseguimos nem vestir o irmão Gonçalo, que está nu na enfermaria quatro.

Não pude conter o riso:

— Nu, Olegário?

— Sim. Ele rejeita o camisolão e não tem condição de plasmar a roupa da viagem.

— Então não sou eu só o que nada conseguiu. E você, Heloísa, também teve de ajudar alguém?

— Sim, estou com Olegário.

— Quê? Só eu estou sozinho com o Lauro? A Karina e a Sara protegem a Santinha, vocês dois com o Gonçalo, e o papai aqui sozinho?

— Imagine... E eu, onde fico? falou Cirilo. Fui designado para lhe fazer companhia.

— Ainda bem, e confesso que gostei muito de você.

— E agora, o que vamos fazer?

Karina falou:

— Acompanhar Santinha, para que conheça o mundo espiritual. Primeiro, vamos levá-la ao Jardim da Saudade.

E, assim, Santinha, junto a nós, chegou ao jardim. Com que emoção abraçou seus familiares que também tinham ido vê-la! O que me impressionou em Santinha foi a sua confiança no mundo espiritual. Enquanto ela falava com seus familiares eu a observava e pude constatar o grande conhecimento daquela irmã, pois a vi consolar um dos parentes que havia deixado no plano físico um filho pequeno.

— Irmão, não fique preocupado com aqueles que ficaram, eles precisam descobrir Deus. O mal do homem físico é julgar-se superior ao próximo. No dia em que todos se considerarem iguais uns aos outros, a paz irá reinar.

Depois desse encontro, Santinha despediu-se dos parentes e juntou-se a nós. Fui logo perguntando:

— Como foi sua última encarnação?

Muito solícita e desembaraçada, foi narrando:

— Eu, meu marido Celso e meus três filhos, Maria Rita, Eugênia e Laerte, vivíamos felizes, como qualquer família da classe média. Maria Rita é médica; Laerte, dentista, e Eugênia, engenheira. Todos já casados. Celso não professava a Doutrina Espírita, assim como meus filhos, único ponto de discórdia na família. Todos me chamavam de fanática, mas, mesmo os contrariando, não faltava à costurinha do Centro e à entrega de alimentos à população carente. Quando aniversariava, transformava todo o dinheiro que ganhasse em roupas para as gestantes pobres. Quantas vezes tive de deixá-los, enfurecidos, mas mesmo assim não esquecia de levar minha participação ao grupo. Um dia me senti muito mal, chegando a desmaiar. Os médicos constataram problema cardíaco. Então a família logo me proibiu de trabalhar no Centro. Mais uma vez lutei contra tudo e todos, e o meu ideal espírita ninguém conseguiu destruir. Vivia minha vida de antes, levando sempre o auxílio ao meu próximo. Certa noite, lá pelas duas horas da madrugada, acordei sufocada; levei as mãos à garganta e me senti como se estivesse partida ao meio. Um barulho infernal, como se fosse um ciclone, me projetava para fora da veste física e me vi pairando no ar. Buscava, desesperada, algo em que segurar. Aí, minha fé me salvou, senti que Jesus me segurava a mão. Uma claridade me deu boas-vindas. Abri mais os olhos, como se desejando enxergar melhor, mas nada via, a não ser uma luz intensa. Nisso, avistei meu velho pai Sebastião. Abracei-me a ele, tentando compreender o que se passava:

— Papai, então desencarnei? O que faço?

— Primeiro, liberte-se do antigo corpo e busque socorro.

— Ocorreu, então, uma nova sucção, como se de repente eu me projetasse em um novo vácuo, só que nesse instante fui adormecendo devagar. Pensei: "estou morrendo, os espíritos estão errados, a morte existe". Não sei quanto tempo se passou, quando voltei a mim estava deitada em simples maca, de onde podia assistir ao meu funeral. Uma jovem enfermeira me dava assistência.

— Por que tenho de ficar deitada? Não posso aproximar-me dos meus familiares? perguntei.

— Poder a irmã pode, mas não é prudente, vamos esperar mais um tempo.

— Pude ver meu corpo ali, todo florido — continuou Santinha — vestido com meu belo traje azul, tendo no ombro este chale espanhol, presente de minha avó. Sorri, contente, agradecida à minha família. O que me entristeceu foi que ela não respeitou minha crença, chamaram padre e acenderam velas. Mas o todo me agradou. Sem perguntar à enfermeira, coloquei-me de pé e passei a analisar o corpo que eu deixava. Orei a Deus, agradecendo-O por ter um dia confiado em mim e me colocado junto a tantas pessoas que passaram pela minha vida, principalmente meus familiares. Notei algo estranho: um fio verde ainda me mantinha ligada àquele corpo inerte. Tentei desvencilhar-me, mas que nada! Ele parecia um pedaço do meu novo corpo, ou melhor, do corpo que hoje me serve. Comecei a orar a Jesus, pedindo esclarecimento, quando percebi que a equipe do desencarne ainda recolhia, do meu corpo físico, os elementos que me mantiveram no plano material. Aproximei-me do doutor Alexandre e lhe perguntei:

— Até quando, senhor, ainda ficarei presa a este corpo?

— Irmã, já não estás presa.

— Como não estou? E esse cordão que parte de mim até o corpo físico?

— Se olhares bem, verás que não é um cordão, mas vários deles. Mas também se olhares atentamente, perceberás que já não estão todos mais ligados.

— Fixei-os com atenção e pude notar que ele tinha razão, aqueles cordões coloridos faziam parte do corpo que eu ocupava agora, mas ainda buscavam o corpo inerte.

— Por que essa estranha atração?

— Não te esqueças de que eles viveram muitos anos juntos e, quando separados, demoram ainda um bom tempo para se verem distantes.

— Confesso que não estava compreendendo, quando a enfermeira me explicou:

— Recorde, irmã, que o umbigo do bebê leva de três a quatro dias, ou mais, para cair. Esses fios não são mais do que o cordão umbilical. O que se torna preciso é que a irmã os esqueça.

— Cerrei meus olhos e coloquei o coração nas mãos de Jesus. Não foi agradável o meu velório, achei-o até inútil, mas diz o Departamento do Desencarne que tornam-se necessárias essas horas após a "morte", antes de ser colocado o corpo no túmulo. A enfermeira, vendo-me cansada, levou-me de volta à maca e adormeci outra vez, só acordando numa Casa espírita, cuja enfermaria estava lotada de pessoas iguais a mim, recém-desencarnadas. Indaguei a um encarregado:

— Onde estou?

— Numa Casa socorrista.

Logo iniciou-se o trabalho mediúnico: leitura de livro doutrinário, depois o Evangelho. Novamente me levaram até junto do médium que iria prestar-me assistência. Colocada bem às suas costas, comecei a receber uma energia diferente no meu corpo perispiritual. Tive uma vontade louca de falar, dizer alguma coisa, contar àquele grupo espírita o que estava acontecendo. Porém, para surpresa minha, do duplo etérico do médium saiu uma luz que me pareceu cauterizar aqueles fios que eu havia visto buscando o meu corpo físico. Abri bem os olhos e percebi que os fluidos daqueles corpos encarnados levavam os fios energéticos do meu corpo a buscar um abrigo no próprio corpo. Assemelhava-se a uma espiral de fios, levados pela energia física. Quando encarnada, não conheci um grupo igual àquele, mas eu o louvei, agradecida a Deus, porque no momento em que os cordões voltaram à sua casa de origem — o meu perispírito — senti grande paz interior e me vi distante, muito distante, da sensação da carne. Antes, todos os minutos, por mais que eu forçasse a mente a esquecer o físico, eu sentia falta de ar e um pouco de desespero. Fitei o médium que me socorreu e orei por ele, principalmente quando a maca me levou de volta à enfermaria. Eu era agora outra mulher, completamente livre da matéria. Aquele grupo mediúnico muito havia ajudado meu espírito.

Santinha explicou-nos, então, como se processou a volta dos fios ao corpo. Tentarei reproduzir para seu melhor entendimento, leitor:

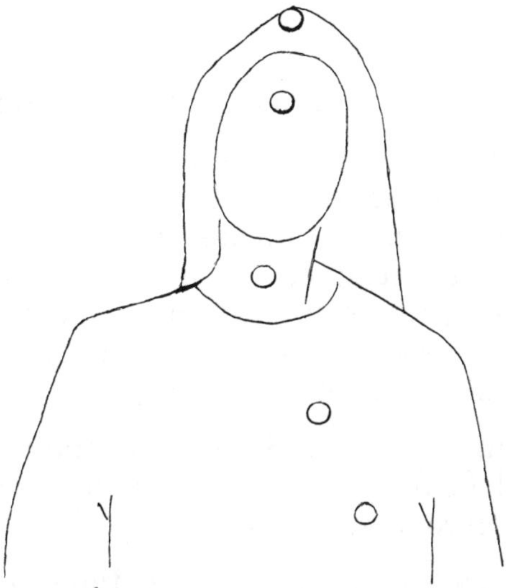

os fios, antes assim,

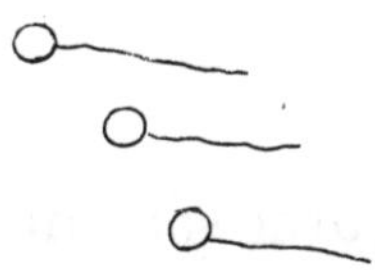

foram-se enrolando dessa forma,

fortalecendo os campos de força antes enfraquecidos pela separação corpo espiritual-corpo físico.

Continuou Santinha:

— Dali fui transportada para este hospital, onde Sara e Karina vieram buscar-me.

Olegário falou:

— E você, como se viu novamente com suas roupas?

— Aqui eu explico, falou Karina. Quando convidamos Santinha a sair do leito, ela o fez com muita naturalidade, perguntando: "posso acompanhá-las vestida assim, com esta camisola?" Falamos que não. Antes, iríamos até a lavanderia para que trocasse suas roupas. Quando lá chegamos, mostramos o armário e ela, com muita naturalidade, abriu-o e logo se apresentou vestida. Suas roupas estavam limpas!

— Nós nem a vimos — falou Sara. Santinha retirou-as de seu armário com tal facilidade, como se já conhecesse o seu guarda-roupa, de número oitenta e nove.

— O que a levou a buscar suas roupas tão naturalmente, enquanto outros espíritos só encontram sujeiras no armário? indaguei.

Ela, sorrindo, respondeu:

— Quando abri o armário, procurei somente as minhas vestes e não o passado. Ao chegar à lavanderia, eu só desejava seguir Karina e Sara; "preciso trabalhar, chega de ficar parada", pensava. Minhas roupas não eram o ponto importante, a importância encontrava-se nas irmãs que acreditavam em mim, se minhas roupas estivessem feias, eu nem me assustaria. Tudo para mim corre normalmente, principalmente as coisas fúteis.

— Irmã, posso beijá-la?

— Como não, Luiz, mas quero dois beijos. Sempre desejei conhecê-lo.

— E agora, para onde vamos? perguntei a Karina.

Cirilo respondeu-me:

— Vamos ao Departamento do Trabalho para que Santinha seja encaminhada a alguma ocupação.

— Como temos algumas horas para o descanso, vejo vocês mais tarde. Até já, falei, retirando-me.

Capítulo IV

CARIDADE, O CAMINHO

Aproveitei o momento de folga para retornar à Universidade mais uma vez, onde Corina, a irmã querida, elucidava vários espíritos. O estudo era do *Êxodo*, Cap. XXXIII, versículos 18 a 20 e 23:

Moisés disse: Mostra-me a tua glória. O Senhor respondeu: Eu te mostrarei todo o bem, e pronunciarei o nome do Senhor diante de ti; e me compadecerei de quem eu quiser. E acrescentou: Não poderás ver a minha face porque o homem não pode ver-me e viver.

Resposta:

Moisés desejava a visão do que Deus é, impossível a um homem sujeito ainda a reencarnações reparadoras. Deus atende-o em parte, concedendo-lhe a mediunidade da vidência. Era o homem vendo outros homens; Deus não é visível ainda ao homem impuro.

Painel: *Êxodo*, Cap. XIX, versículo 6:

Sereis para mim um reino sacerdotal e uma nação santa. Estas são as palavras que dirás aos filhos de Israel.

Resposta:

O povo eleito é chamado reino sacerdotal; nação santa são todas as que se consagram a Deus.

Painel: *Êxodo*, Cap. XX — *O Decálogo* (Os Dez Mandamentos)

Resposta:

Os mandamentos são leis naturais, inscritas pelo Criador no coração do homem, antes que a proclamasse no Sinai e escrevesse nas tábuas de pedra. Cada ser tem na consciência o Decálogo, pois Deus o colocou junto ao ser para que ele jamais d'Ele se afastasse. Todos nós sabemos que um dia fomos criados simples e inocentes. Tivemos início no mineral; passamos, depois, pelos reinos vegetal, animal e hominal, enfim, vencemos várias etapas. Quando deixamos o reino animal, atingimos a maioridade e recebemos o diploma do livre-arbítrio. Convidados fomos, então, a conhecer nossa origem. Viajamos por todo o Universo, tendo por passaporte as leis de Deus grafadas na nossa consciência. Tínhamos deixado de ser criança e atingíramos a maioridade. Já portadores dos documentos necessários, vimo-nos aptos a trabalhar para o Senhor. Todavia, muitos, diante do esplendor divino, deixaram-se levar pelo orgulho, pelo ciúme e pela ganância. Quando percebemos, estávamos nus, éramos demais no *paraíso*, a nossa nudez deixava visíveis as deformações do corpo perispiritual. Buscamos, então, uma veste para ocultá-las. Mais uma vez, Deus, bondoso, chamou os Seus auxiliares e fomos retirados do *paraíso*. Entretanto, para viver em outro lugar, tivemos de nos vestir de acordo com o ambiente que ia nos abrigar — no nosso caso, a Terra — planeta de provas e expiação, que nos propiciou um corpo carnal sujeito à dor e ao desespero; a inocência se foi e junto a ela a simplicidade, mas em cada consciência, bem guardadas, ficaram as leis de Deus. Muitos logo se despiram das vestes grosseiras e retornaram ao *paraíso*. Outros foram colocando tantos remendos em suas vestes perispirituais, que cada vez fica mais difícil voltar ao *paraíso*, que significa lugares celestes onde não existem dores. O mais cruel criminoso tem latente na sua consciência o

Decálogo. Um dia, quando tomar consciência de que precisa evoluir, verá surgir em seus atos toda a lei de Deus. Ao espírita é dada a oportunidade de mais rapidamente retirar a massa infecta que cobre este tesouro divino, que é a sua consciência. À medida que o homem cresce em sabedoria e evolui moralmente vai limpando sua consciência e buscando nela o sustentáculo de sua vida. Por isso todos nós, um dia, seremos bons, porque fomos criados com amor e este sentimento é a escada da evolução. Podemos notar que o homem, embora tenha pouca cultura acadêmica, à proporção que trabalha para Deus, fica possuidor do dom da palavra. É que da sua consciência partem os raios benéficos dos ensinamentos de Deus. Podemos até renegar as *Escrituras*, dizendo-as ultrapassadas, mal traduzidas ou com algumas inverdades, mas não podemos forçar ninguém a aceitar aquilo que amamos. Não se pode renegar o Decálogo; nenhuma religião tem a coragem de pregar contra ele. Os fanáticos religiosos até alteram certos trechos bíblicos, uns são contra o Antigo Testamento, outros contra o Novo Testamento, principalmente quando se referem à pureza de Maria e ao nascimento de Jesus, mas estes irmãos jamais terão a coragem de dizer que Deus não nos ofertou o Decálogo. Sabem por quê? Porque está gravado, plasmado na nossa consciência e ninguém tem o poder de apagá-lo, principalmente estranhas doutrinas; Deus lá o colocou, através do hálito da vida e do amor às Suas criaturas.

O painel apagou-se, auditório em silêncio; em cada coração um hino de louvor a Deus foi entoado e nos olhos as lágrimas da emoção. Passados alguns instantes, todos foram-se retirando. Olhei para o palco, tudo se aquietara. Saí, rendendo graças a Deus por ser Seu filho. Na porta, a surpresa: nosso grupo também viera para assistir à aula; só Santinha ainda não havia "prestado vestibular", mas esperávamos que logo estivesse junto a nós.

— Pensou que só você aqui se encontrasse? gracejou Sara.

Sorri.

— Não, nem pensei. Confesso gostar tanto da Universidade que nunca penso em outra coisa quando está na hora das minhas aulas; se tivesse pensado teria perguntado se todos viriam. Peço desculpas.

— Basta de conversa, vamos até a enfermaria onde deixei a irmã Santinha esperando por nós, falou Karina.

Chegamos, sem que ela nos visse; lia *O Evangelho Segundo o Espiritismo*, Cap. XIII: *Que a mão esquerda não saiba o que faz a direita*. Aproximei-me.

— Também gosto de buscar em *O Evangelho Segundo o Espiritismo* o bálsamo para o meu espírito.

Ela, sorriu.

— Sabe, Luiz Sérgio, na Casa espírita que freqüentava sempre diziam que o estudo da Doutrina deve ser a única preocupação do espírita. Diziam também que os trabalhos sociais não são necessários em um Centro. Agora, eu pergunto a vocês: por que Allan Kardec e os espíritos preocupam-se tanto em nos convidar a trabalhar para o próximo? Esta passagem é muito linda e foi muito bem analisada por grandes benfeitores do amor fraterno: Vicente de Paula, Cáritas, Irmã Rosália e outros. Será que não é por comodismo que hoje alguns espíritas pregam contra a caridade?

— Irmã Santinha, se a Doutrina se trancafiar nos gabinetes, cairemos nos erros de outras religiões, cujos adeptos só oravam e condenavam quem não pensasse como eles, por isso elas se perderam; a caridade foi esfriando, substituída pelos interesses pessoais, que fizeram com que ficassem distante do povo. Quem desejar fazer isso com a Doutrina Espírita não conseguirá, porque ela não pertence ao homem e, sim, aos espíritos e estes não permitem que risquem a caridade de *O Evangelho Segundo o Espiritismo*, onde eles, os espíritos, advertem aos homens que só por esse caminho consegue-se a salvação. Hoje em dia estão construindo muitos Centros espíritas, mas se eles serão casas amigas, de braços abertos para o povo, não sabemos, torna-se preciso que nos recordemos de Allan Kardec, que busquemos os seus livros e façamos deles a nossa bandeira de fé, principalmente onde nos ensina a caridade. Do contrário, seremos presas de um grande obsessor: o orgulho. Depois, precisamos amar-nos e instruir-nos, se tivermos apenas a teoria, nosso coração será transformado em papel, pois a letra mata, só o espírito vivifica. Devemos lembrar que a Doutrina Espírita é como o ar, a poluição pode atingi-lo em certos lugares, mas em outros ele é puro e necessário, porque é vida. O Centro que não faz caridade é a figueira estéril que Jesus secou, e é fácil reconhecê-lo: suas paredes são frias, seus jardins são tristes e a discórdia ronda seus adeptos.

— Luiz Sérgio, coitados daqueles que buscam essas Casas, onde a caridade é tida como inimiga da Doutrina!

— Irmã, o que realmente importa é se a caridade mora na consciência dos seus freqüentadores. Não é um dirigente de grupo, ou um médium, que irá mudar o modo de pensar de alguém em relação ao pobre. O semelhante atrai o semelhante. Geralmente, nas Casas onde muito se trabalha, os espíritos inferiores não encontram guarida. Feliz do homem que aprender com Jesus a ser amigo e a servir sempre.

Capítulo V

SANTINHA VISITA SUA FAMÍLIA

Conversamos sobre o que vem acontecendo ultimamente: a admiração de alguns espíritas pela filosofia oriental, querendo trazer para a Doutrina seus rituais e outras coisas mais, esquecidos de que a nossa Doutrina ensina ao homem uma filosofia de vida que muito o faz feliz. O bonito da Doutrina está na sua simplicidade. Ela nos ensina a libertarmo-nos de nós mesmos. Todos os estudiosos espíritas têm por obrigação praticar a bondade. Não acredito que alguém, ao ter contato com a verdade doutrinária, permaneça cego, pois cada parágrafo de um livro doutrinário é uma luz clareando nossa consciência. Ficar indiferente a ela é ignorância demais, não creio que exista alguém assim tão duro e tão orgulhoso.

Karina interrompeu nossa conversa:

— Irmãos, vamos até o Departamento Nove, onde Santinha encontrará seu instrutor Galeno, que já está esperando por ela.

Assim, dirigimo-nos até lá. Aquele espírito recebeu-nos com muito carinho, agradecendo ao grupo a atenção dispensada a Santinha. Galeno convidou-nos para irmos até a Crosta, pois Santinha desejava rever a família.

Ao chegarmos ao seu antigo lar, fomos recebidos pelo mentor da casa. Santinha estava emocionada. Ainda no jardim, reclamou:

— Meu Deus, a casa está abandonada, a grama seca, as flores maltratadas!...

Entramos. Uma serviçal limpava o belo salão, pois Santinha possuíra uma luxuosa residência. Celso, o marido, preparava-se para trabalhar, muito bem vestido e perfumado. Passou por nós, quase esbarrando em Santinha. Esta, com o olhar repleto de carinho, falou mesmo sem ser ouvida:

— Celso, como vai? Tem sentido minha falta?

Se antes ele nem se lembrava da esposa, naquele momento falou para a empregada:

— Rosa, hoje acordei pensando na falecida.

— Cruz, doutor Celso! Será que ela está aqui? Por que o senhor não busca mensagens lá no Centro onde ela trabalhava?

— Veja se vou misturar-me com esse povo! Se lá é tão bom, por que não a curou? Só lhe tomava o dinheiro, Santinha vivia fazendo roupa para os pobres. Não, Rosa, não gosto do espiritismo!

— Não sei, não, doutor, mas que existe alma de outro mundo, existe. Esses dias a falecida estava brigando com os cachorros, porque eles estavam estragando o seu jardim.

— Quê, Rosa? Quem lhe disse tal disparate?

— O jardineiro me disse que ela batia tanto nos cachorros com um porrete!...

— Rosa, Rosa, se você e o Pedro não pararem de falar essas bobagens, despeço os dois.

— Desculpe, doutor Celso, não está mais aqui quem falou.

Não pude conter o riso, imaginando Santinha assombrando o jardineiro com um porrete nas mãos. E me aproximei dela, brincando:

— Irmã querida, por que assustou os cachorros?...

— Eu não, Luiz. Hoje é a primeira vez que venho em casa depois do meu desencarne...

Seis meses já se haviam passado. Galeno falou para ela visitar o seu lar, e com que carinho observava cada cômodo. Deteve-se no seu quarto de costura. O semblante de Santinha era de tristeza. Percebi que estava com vontade de fugir para bem longe dali.

— Tudo está como antes? perguntei.

— Não, Sérgio. Operou-se uma mudança, parece-me que alguém está modificando a decoração da casa.

— Vamos agora visitar Maria Rita, sua filha, propôs Galeno.

— Mas antes quero despedir-me de Rosa, ela esteve comigo durante vinte anos.

Quando o fez, Rosa estremeceu.

— Cruzes, dona Santinha, vai pro céu, esqueça essa gente. Eu não tenho culpa do que está acontecendo.

A dignidade de Santinha era tanta, que nem indagou o que ocorria. Mas pensei: "coitada, vai sofrer uma decepção logo, logo." Assim, deixamos a casa da irmã e nos dirigimos à casa de Maria Rita. Esta também morava em uma casa muito bonita. Encontramo-la ainda deitada, enquanto o marido se barbeava. Levantou-se, chegou até a porta do banheiro, indagando:

— Vens hoje almoçar em casa?

— Não, respondeu o marido. Por quê?

— Simplesmente porque preciso falar contigo. Não suporto mais teu fingimento. Não sei por quê; antes era pela velha, agora nada nos obriga a nos mantermos unidos nesse casamento falido.

— Maria Rita, eu não vou-me separar de você. Tenho de fechar um negócio que envolve altíssima quantia e não é um divórcio que vai desviar-me do que estou realizando.

— Mas eu trato de tudo, quero é me separar.

O marido, voltando-se mais uma vez para a esposa, retrucou:

— Não sei por que essa pressa em se separar. Você é livre para os seus namoros. Eu é que deveria estar louco para me separar, pois desde que casamos sou passado pra trás.

— E por que ainda me queres contigo?

— Não sei, acho que é porque me dá sorte...

— Canalha! falou Maria Rita, tentando esbofetear o marido.

Santinha, amparada por Sara, soluçava baixinho. Nisso, ela se aproximou da filha, aconselhando:

— Pelo amor de Deus, minha filha, não jogue fora a oportunidade do casamento. Maria Rita, por favor, lute por sua felicidade espiritual desvencilhando-se da matéria.

Com o abraço da mãe, Maria Rita falou:

— Tenho é pena, porque a mamãe deve estar a par da nossa situação.

— Veja quem me fala: quem nunca acreditou nos espíritos. Agora acha que a mãe sabe que a sua linda filhinha é louca por um caso extra-matrimonial?

— Cala essa boca, imundo! Tu bem sabes por que vivo com Luiz Eduardo. Foi ele quem me socorreu quando te encontrei em outros braços. Naquele dia eu não devia ter evitado o escândalo. Teria te destruído, pois és diabólico. Nesses anos todos me chantageaste, dizendo que ias contar para minha mãe meu relacionamento com Luiz.

Sara tentou retirar Santinha, pois Maria Rita continuava furiosa.

— Se não nos separarmos de comum acordo, vou requerer o divórcio litigioso. Aí, tu vais ver. Todos saberão que o grande empresário é um...

A discussão ganhava proporções cada vez mais "quentes".

Galeno retirou Santinha e todo o grupo, calado, o seguiu.

— Coitada dessa mulher, falei. Não deve ser fácil!...

— Coitada, Sérgio, é da Santinha, que julgava possuir uma família feliz.

— Deseja ainda visitar outros filhos?

— Sim, Karina, vamos à casa da minha caçula, Eugênia.

Encontramos Eugênia rodeada de dois filhos pequenos, um de nove e outro de seis anos. Ela lhes ensinava os deveres escolares. Santinha sorriu feliz, ainda bem que ali tudo nos pareceu sereno. Eugênia, quando terminou aquela tarefa, chamou a serviçal:

— Maria, logo que eu sair tranque bem a casa, se o irresponsável do meu marido aparecer, não abra a porta.

— Por que, mamãe? indagou o filho mais velho.

— Porque seu pai vive bebendo nos bares e isso não é certo.

— Dona Eugênia, o "seu" Paulo é um homem muito bom, precisa é se tratar para deixar de beber, e depois, a senhora não tem paciência, interveio a empregada.

— Não tenho mesmo. Não suporto bêbedo, mas isso eu agradeço aos meus sogros. Lá todos consomem bebida alcoólica socialmente, daí o filho beber.

Nisso, alguém tentava abrir a porta. Santinha correu para perto da filha e esta, como se escutasse a mãe, abriu a porta. Paulo, cambaleante, disse-lhe:

— Desculpe, querida, esta é a última vez que você me vê assim.

Os filhos correram para seus braços, pois o adoravam.

— Meus queridos, o papai está *alto*, mas logo iremos passear.

Eugênia, silenciosa, pensava: "Gozado, acho que a mamãe está aqui, estou sentindo até o seu perfume". Santinha aproximou-se da filha:

— Meu anjo adorado, procure curar o Paulo, leve-o ao Centro. Isso é obsessão, aqui quem está-lhe falando é a sua mãe.

— Mamãe, que saudade, ajude-me a suportar este inferno... sussurrou.

— Dona Eugênia, a senhora está bem? indagou a empregada.

— Estou. Sei que mamãe está aqui me pedindo para levar Paulo ao Centro que ela freqüentava.

— É bom mesmo, dona Eugênia, eu sempre ia lá com sua mãe.

— Veja pra mim, Maria, o que é preciso fazer. Paulo precisa ser curado.

— Hoje mesmo vou lá e a senhora vai ver que tudo vai-se arrumar.

— Se o Paulo não se curar, vou separar-me dele, não suporto ver meus filhos assistindo o que vem ocorrendo.

Santinha olhou para nós.

— Desculpe, amigos, trazê-los aqui, mas eu julgava ter uma família bem estruturada.

Saímos, orando a Deus por Paulo e Eugênia. Tomara que o Centro os cure. Faltava irmos à casa de Laerte. Santinha pediu para não visitá-lo, mas Galeno insistiu:

— Irmã, estamos aqui para ajudar e quase todos os homens possuem uma família complicada.

Santinha pediu desculpas e chegamos à casa de Laerte. Este lia uma revista semanal e discutia sobre política. A esposa e o filho de dois anos me pareciam felizes. Laerte falou:

— Querida, estou preocupado com o papai, depois que a mamãe morreu ele está dando uma de mocinho, sai com garotas e está pensando até em se casar. Veja que absurdo!

— Absurdo, não, ele ainda é jovem, tem só cinqüenta e sete anos.

— E você acha pouco?

— Claro, ele tem o direito de buscar a felicidade. E depois, sua mãe não morreu?

— Espero que não, ela dizia com muita fé que não existe morte. Queira Deus esteja com a razão, que exista um mundo maravilhoso. Será que ela está precisando de velas e missas?

— Acho que não, ela não acendia velas lá em casa... Na sua religião não se usa isso...

— Eu sei, querido, mas vamos buscar quem possa nos dar notícias dela.

Santinha alisou o cabelo do filho e acariciou a mão da nora, depois beijou o neto. Naquele lar morava a compreensão, mas também ficou sabendo que só ela era viúva, o Celso já se encontrava *em outra*.

Antes de sair dali, abrimos as *Escrituras* e oramos a Deus. Nossa amiga era a fisionomia da tristeza, suas filhas não eram felizes, em momento algum buscaram a Deus. Lemos o *Salmo* CXIX (CXVIII), versículos 1 a 3:

Bem-aventurados os que se conservam sem mácula no caminho, os que andam na lei do Senhor. Bem-aventurados os que estudam os seus testemunhos, os que de todo coração o buscam. E que, sem praticar a iniqüidade, andam em seus caminhos.

Capítulo VI

A MUDANÇA OPERADA EM LAURO

Quem fica chora de saudade e quem volta para o mundo espiritual começa de repente a descobrir os segredos de família e com que saudade busca os que ficaram! Ao fazê-lo, constata muitas vezes que aqueles que julgava santos não eram tão puros como pensava. Ficamos ao lado de Santinha, eu e o seu instrutor.

— Que será de minhas filhas?

— Não se preocupe, elas sairão da tempestade, logo o sol voltará a brilhar, dizia-lhe o instrutor.

— E Celso, que será dele?

— Ao ficar sabendo do sofrimento da filha, deixará a vida que vem levando.

Galeno, com carinho de pai, dava a Santinha o remédio da tranqüilidade e do equilíbrio. Ao chegarmos ao pátio da Universidade, despedimo-nos. Eu não sabia para onde me dirigir, quando Karina e Sara me chamaram:

— Luiz, para onde vai?

— Vou esperar o início das aulas. Quando saio de um sufoco procuro a fonte de Maria.

— Se você dispõe de tempo, vamos até a enfermaria, ver como Lauro se encontra.

— Com todo prazer, eu as acompanho.

Descemos à enfermaria, onde o nosso doente ainda permanecia deitado, olhos cerrados. Karina chamou-o pelo nome. Ele abriu um dos olhos e depois os fechou, fingindo dormir.

— Estamos aqui para levá-lo à Crosta — falou Sara. Se deseja ficar dormindo, bom sono, e até um dia.

O irmão pulou da cama, dizendo:

— Calma, gente, o que desejam?

— Simplesmente, que se prepare para descer à crosta da Terra. Amanhã iremos rever os seus familiares.

— Por que amanhã, se posso ir hoje?

— O irmão pode, mas nós não, acabamos de chegar de lá e precisamos refazer nossas energias.

— Hoje você vai preparar-se para trocar o camisolão e depois viajar conosco, completou Sara.

— Oba! Que beleza! Logo estarei no plano físico, quero rever todos os meus amigos. Quantos dias posso ficar no plano?

— Quantos desejar.

— Nem acredito! Quem vai levar-me para trocar de roupa?

— O Luiz Sérgio. Até lá, abra as *Escrituras* e ore bastante. É a sua ascensão ao plano espiritual. É como tirar a primeira carteira de trabalho.

Lauro sorriu, não via a hora de participar da vida espiritual. Levei-o ao Departamento das Fábricas. Lá o nosso irmão buscou o armário trezentos e trinta e seis e retirou sua roupa com tanta firmeza que até estranhei.

— O que deu nele?

— Simplesmente, já não está pensando somente no desencarne, agora iniciou-se uma mudança na sua casa mental — esclareceu o encarregado do setor.

Já vestido, percebi que ele se encontrava muito nervoso. Convidei-o ao passe e um espírito prontificou-se a ministrá-lo; ficamos sabendo que era o seu mentor, Antero. Com desvelo muito grande, ele transmitiu o passe que logo o reequilibrou.

— Irmão Lauro, partiremos em direção à crosta da Terra, para o que é preciso muita serenidade. Lembre sempre que tudo o que você deixou na terra a ela pertence. Assim, ninguém pode reclamar seus direitos, temos só deveres para com aqueles que ficaram.

Lauro fitava Galeno com carinho, enquanto este o elucidava para a descida ao plano físico. Sorri, pois o garotão se enfeitava todo, só pensando na namorada Areta. Sara e Karina ainda o advertiram para as decepções que os encarnados nos causam. Mas ele se encontrava radiante. Desse modo, logo estávamos no plano físico. Entramos numa Casa espírita, onde nos preparamos para chegar à casa de Lauro.

Encontramos sua mãe chorando, reclamando saudades do filho. Já se haviam passado três meses. Ele abraçou Catarina, sua mãe; esta só pensava em se suicidar para se juntar a ele. Lauro lhe dizia tanta coisa, que ela parou de chorar como se pressentisse sua presença. Pensou:

"Meu Deus, meu filho está aqui ao meu lado, apareça pelo amor de Deus!"

Lauro, virando-se para nós, indagou:

— O que faço para me fazer visível para ela?

Tive vontade de rir, mas observei:

— Lauro, só nos tornamos visíveis quando existe por perto um bom médium de ectoplasmia, o ectoplasma é que torna visível o nosso atual corpo perispiritual.

— Mas eu quero que ela me veja!...

— Recorde-se do que lhe falei: temos deveres, e não direitos — interveio o mentor.

Lauro ia chorar, abraçando à mãe, mas foi afastado para não se emocionar. Visitou seu quarto, olhou suas roupas e desejou colocar um tênis, camiseta e calça jeans. Contudo, por mais que tentasse, não conseguia. Então Galeno, percebendo sua impaciência, tentou acalmá-lo:

— Para mudar de vestimenta torna-se preciso exercícios e méritos. Somente cursando aulas específicas o menino terá condição de possuir algumas roupas.

— Explique-me, por favor.

— Quando voltarmos ao plano espiritual, o irmãozinho irá aprender a trabalhar com sua casa mental e aí tudo será mais fácil.

— Irmão, nem meu relógio posso usar?

— Não, ele pertence à terra. Ao partir, você renasceu num mundo onde precisa aprender a viver.

Lauro olhava saudosamente suas roupas, seus sapatos, seus pertences. Falei à Karina:

— Não se deve dizer para os familiares se desfazerem dos pertences daqueles que partiram; muitas vezes o espírito não tem ainda desprendimento para tanto e sofrerá ao buscar em seu lar aquilo que deixou e não mais encontrar. O certo é esperar no mínimo seis meses, para assim proceder.

Lauro tocava os objetos que compuseram sua vida e tive a certeza de que só pouco a pouco o espírito desencarnado vai-se desligando do plano físico. Tudo tem seu tempo e quem ultrapassá-lo sofrerá decepções e tristezas. Depois de observar tudo em seu quarto, Lauro sorriu, contente: a família ainda não o havia esquecido. Aproximou-se de Galeno e pediu:

— Quero ver Areta, meu filho já deve estar quase nascendo.

Dali saímos, direto para a casa da jovem. Quando lá chegamos, ela estava ao lado do namorado Flávio. Lauro não se conteve e partiu para cima dele.

— Larga minha mulher, ela espera um filho meu!

Seguramo-lo. O mentor insistiu:

— Recorde-se de que o que é da terra a ela pertence, Lauro. Hoje não mais fazemos parte do seu movimento, vivemos em outro plano.

— E meu filho?

Nisso, Areta pensou: "Estou toda arrepiada, até parece que Lauro está aqui. Que bobagem, desde que abortei vivo escutando coisas, acho que é remorso".

— Abortou? Por que, Areta? Por que matou nosso filho? falava, como se ela pudesse escutá-lo.

"Nem quero pensar nisso. Como podia criar uma criança?"

Lauro caiu exausto numa cadeira. Areta, esquecendo-se de tudo, sentada no colo do namorado, o beijava muito. Lauro, furioso, tentou estrangulá-la.

— Sua vadia mentirosa! Jurou-me amor eterno e hoje o que está fazendo, me traindo!

O instrutor interveio:

— Não, ela não o trai, busca apenas viver como encarnada e, como tal, tem o direito de ligar-se a um companheiro. Agora, você precisa é conscientizar-se de que vive em outro plano.

Lauro olhou firmemente para Areta e foi-se retirando. Eu o segui.

— Irmãozinho, não fique triste. Viúvos somos nós, os que ficam logo são consolados.

— Por que vocês me trouxeram? Eu nunca deveria ter saído do hospital! Quero ir embora, voltar para o plano espiritual.

— Espere, vamos ver seu irmão.

E, assim, chegamos a um barzinho onde Artur consumia vodka como se água fosse. Lauro correu até ele, mas este, muito deprimido, pensava: "Meus pais só pensam em Lauro; para eles eu não existo nem procuram saber se estou vivo. Sou um infeliz."

— Luiz Sérgio, o que faço? perguntou Lauro.

— Primeiro entre de vez no mundo espiritual, esqueça a namorada, a motoca, as roupas bonitas, arregace as mangas e parta para o trabalho. Depois procure seus pais e os esclareça para a injustiça que estão fazendo com o filho que ficou. Faça sua mãe preocupar-se com o Artur, fazendo-o sentir-se amado. Você, Lauro, precisa fazer alguma coisa. Não somos nós que iremos fazê-lo. Você tem de chegar ao seu lar e despertar os corações que hoje, repletos de saudade, estão praticando injustiças com seu irmão.

— Eu não tenho culpa, Luiz.

— Sabemos disso. Infelizmente, isso acontece com freqüência. Os pais, com a separação de um de seus filhos, esquecem de amar os que ficaram e estes, muitas vezes, entregam-se aos vícios para chamar atenção.

Lauro amparou-se em meu ombro e com carinho pediu:

— Ajude-me, por favor.

Galeno disse-lhe:

— Voltemos até seu lar, vamos tentar despertar sua mãe para a realidade da vida. Ela tem o remédio para Artur.

Quando lá estávamos, eis que Artur chegou: olhos vidrados, cambaleante. Catarina lançou-lhe um olhar de rancor, jogando-lhe palavras duras:

— Por que não foi você quem morreu? Deus é injusto, tira os bons e deixa os maus. Seu pobre irmão era um santo; mas você, é um viciado.

— Não enche! falou Artur, jogando-se no leito onde as lágrimas eram suas companheiras.

— Pelo amor de Deus, mamãe, cuide do Artur, ele é seu filho também e merece ser amado; não me louve tanto, ele precisa de você, sussurrou Lauro junto à sua mãe.

Totalmente indiferente, ela não o ouvia. Esperamos a noite chegar e quando Catarina desprendeu-se do corpo físico, Lauro enlaçou-a num abraço e implorou por Artur; todo o nosso grupo orientou Catarina para a cura do filho. Ao acordar, correu até o quarto de Artur. Ele dormia. Afagou seus cabelos e o abraçou.

— Meu filho, eu adoro você, não me faça sofrer mais.

Artur nem acreditava no que ela dizia e continuou fingindo dormir. Catarina soluçava dizendo o quanto amava o filho. E naquele dia Artur foi cuidado como se fosse um bebê. Ele gostou tanto que nos dias subseqüentes nem passou no barzinho, correndo para casa onde a mãe lhe preparava sempre o prato que ele mais gostava.

Convidados a voltar ao hospital, saímos. Lauro crescera, não era mais um garotão de vinte e dois anos, agora conhecia a dor e tudo iria fazer pela felicidade de todos.

Capítulo VII

OCUPAÇÃO PARA LAURO

No hospital, Lauro foi socorrido na enfermaria cinco, onde os enfermeiros o reequilibraram. Encontrei-o no quarto, muito abatido, olhar perdido no tempo, chorando baixinho.

— Luiz, como os encarnados se esquecem logo dos que viajam, não é mesmo? desabafou.

— Isso é ótimo, irmão. Pior seria se ficassem chorando a vida inteira.

— Mas não me conformo. Areta abortou um filho meu, somente porque não teve coragem de assumi-lo sozinha.

— Lauro, esqueça os que ficaram. A vida corre tão ligeira, que não importa onde estejamos, se no plano físico ou no espiritual. Levante-se dessa cama e vamos arrumar um emprego.

— Não, Luiz, eu estou ainda doente e o que sinto é terrível: a dor moral.

— Desculpe-me, amigo, mas se você ficar aí fugindo dos fatos, quando desejar correr atrás da oportunidade ela se encontrará bem longe. Ingresse de uma vez na vida espiritual e procure esquecer-se daquilo que não mais lhe pertence: as coisas do plano físico.

— Está bem, vou pensar mais um pouco. Amanhã lhe darei a resposta, falou, cobrindo a cabeça com o lençol.

Pedi licença e Galeno sorriu, agradecendo minha ajuda. Logo dei entrada na sala de aula e ali no teatro vivo da espiritualidade senti-me reconfortado. Alguém indagou sobre o *Deuteronômio*, Cap. VI, vv. 4 a 7:

Ouve, ó Israel, o Senhor nosso Deus é o único Senhor. Amarás ao Senhor teu Deus de todo o teu coração e de toda a tua alma, e com toda a tua força. E estas palavras que eu hoje te ordeno estarão gravadas no teu coração e tu as ensinarás a teus filhos, e a meditarás sentado em tua casa, e andando pelo caminho, e estando no leito, e ao levantar-se.

Resposta:

Todas as religiões têm por dever a unicidade em Deus e a obrigação moral de amá-Lo com todo o seu fervor. Estes versículos eram o início de uma das orações preferidas dos hebreus. Nenhum livro do Antigo Testamento insiste tanto como este sobre o dever de o homem amar a Deus. Jesus Cristo sempre o citou para promulgar a Sua lei de amor a Deus (*Mateus*, Cap. XXII, v. 37). Os hebreus criam num só Deus, ao passo que os cananeus eram todos idólatras.

Muitas outras perguntas foram feitas e mais uma vez reforçada em mim a certeza de que as leis de Deus estão grafadas em cada consciência e que o homem somente toma conhecimento delas à medida que vai ficando caridoso, lavando-se com a água da bondade e se perfumando com os esclarecimentos evangélicos.

Ainda em *Deuteronômio*, Cap. VIII, v. 3:

Ele te humilhou, fez com que sentisses fome e deu-te por sustento o maná que nem tu nem teus pais conheciam, para te mostrar que o homem não vive só de pão, mas de toda palavra que sai da boca de Deus.

A resposta é muito clara: mesmo que venha a faltar ao homem o pão material, Deus saberá como prover o seu sustento. Portanto, o homem não vive somente a vida corpórea, não deve cuidar somente da existência física, deixando-se arrastar para caminhos diversos da lei divina. Ele tem de se conscientizar de que é seu dever respeitar os mandamentos de Deus, os quais são vida para o corpo e para a alma.

Passei os olhos pela platéia e me senti feliz por um dia ter chegado até ali. A aula era toda sobre as leis de Deus. Depois prosseguiu explicando os prodígios:

Deuteronômio, Cap. XI, v. 13:

Se vós portanto obedecerdes aos mandamentos, que eu hoje prescrevo, de amar o Senhor vosso Deus, e de o servir de todo o coração e de toda a vossa alma, darei à vossa terra as chuvas em tempo certo.

Perguntaram: Que são prodígios?

Os prodígios são fatos que despertam o estupor, porque são incomuns ou porque não se lhes conhece a causa. E o milagre é um fato real, ocorre por mercê dos fluidos da natureza. O milagre se dá porque os fluidos magnéticos são manipulados e empregados para o fim proposto. Os prodígios geralmente fogem do controle, ou não se submetem a ele. Se buscasse a verdade, o homem seria menos infeliz. Seu sofrimento é conseqüência de sua pouca fé. A vaidade é uma cisterna onde o homem, por não buscar Deus, se afunda de cabeça. Se se empenhasse em descobri-Lo, não temeria os vales da morte e os percalços da vida.

Gostaria de permanecer mais tempo na aula, mas Lauro me aguardava. Ele precisava procurar serviço. Na tela ainda pude observar o Cap. XXII, v. 23, do *Deuteronômio*:

Se um homem tiver desposado uma donzela virgem e, achando-a alguém na cidade, a deflorar...

Resposta:

A pena capital ordinária entre os hebreus era a lapidação. O réu era morto a pedradas, depois amarrado por certo tempo a um poste, como objeto de execração e ao mesmo tempo de advertência e de terror para o povo.

Pena que eu não pude permanecer no recinto para este novo assunto, mas prometo buscá-lo em uma nova aula. Até lá, leiam os versículos seguintes: 24, 25, 26.

Capítulo VIII

ENSINAMENTOS BÍBLICOS

À saída, esbarrei em Karina e Sara.

— Para onde vão as meninas, donas do meu coração?

— Para o bosque dos namorados. Há muito não lhe digo que o amo, respondeu Karina.

— E eu, onde fico? perguntou Sara.

— Meu coração é de mãe, cabe todas as mulheres do mundo.

— E você, Luiz, aonde vai? perguntou Sara.

— Estou de folga, mas pretendo ir até o plano físico prestar ajuda ao Departamento do Desencarne. Ultimamente só vou à Crosta com uma das equipes de socorro aos desencarnados.

— É mesmo, Luiz, você vive correndo muito, não sente falta do descanso? indagou Karina.

— Não, sinto-me feliz em ajudar o recém-desencarnado, acompanhá-lo na sua recuperação e depois auxiliá-lo a viver no plano espiritual; e ainda aproveito as aulas da Universidade de Maria.

Sara, sorrindo, perguntou-me:

— E como encontra tempo para desenvolver tantos médiuns por todo esse Brasil?

— Não é atribuição minha desenvolver médiuns, se existe alguém dizendo que estou fazendo esse trabalho, está brincando com as verdades espíritas. No momento, estou empenhado em cumprir a minha tarefa com os livros, uma programação elaborada pelo plano superior antes mesmo do meu desencarne.

— E não lhe assusta tantos médiuns por esse Brasil a fora dizendo lhe receber?

— Entristece-me muito porque enquanto um médium está colocando meu nome em mensagens que não são minhas, outro espírito que tem a missão de trabalhar com aquele médium está sendo colocado de lado.

— O que você aconselha aos médiuns iniciantes? perguntou Karina.

— Que evitem identificar as mensagens recebidas; se o fizerem, que coloquem o nome de espíritos desconhecidos, muitas vezes eles é que estão lhes dizendo: não queiram receber André Luiz, Emmanuel ou Joanna de Ângelis, porque estes espíritos são extremamente ocupados e estão cumprindo suas tarefas junto aos seus médiuns afins, enquanto existem muitos espíritos preparados para trabalhar com os novos médiuns.

— Luiz, isso o preocupa, não é mesmo?

— Mais que isso, Sara, deixa-me bastante apreensivo. Tenho a tarefa de levar até os leitores o esclarecimento doutrinário, já existindo uma programação prévia elaborada pelo Departamento da Psicografia, e não é certo o que vem ocorrendo em alguns Centros: eu estar trabalhando no desenvolvimento mediúnico, o que não é verdadeiro. Hoje estou exercendo minhas atividades nos dois mundos tão meus e me falta tempo para ficar pulando de galho em galho. Eu não sou macaco!...

Elas riram a valer.

— Bem, meninas, agora vamos até o plano físico, quero rever os amigos. Querem acompanhar-me?

— Como não, com todo prazer, respondeu Karina. Vamos de comboio ou através de nossas próprias forças mentais?

— Prefiro o comboio, e você, Sara?

— Eu vou como vocês forem.

— Inteligente, a menina!

Saímos em busca do comboio. Atravessamos várias praças, todas floridas e belas, até chegarmos à estação quatro, onde nos dirigimos ao chefe e lhe pedimos permissão para descermos ao plano físico. Antes, apresentamos-lhe nossa carteirinha de trabalho nos livros espíritas. Encaminhados ao departamento nove, recebemos um passe especial e elucidações sobre o plano físico. Sorri, pensando: "mas nós não precisamos..." O irmão respondeu:

— Precisam, sim, o plano físico está repleto de surpresas e nós devemos orar e vigiar para não cairmos em tentação.

— Desculpe, amigo, às vezes sou um cara meio bobo.

Depois do passe, dirigimo-nos à sala de espera, repleta de espíritos que iam até a crosta da Terra rever parentes ou recebê-los na passagem para o plano espiritual. Observei-os. Aqueles que iriam à terra rever parentes me pareceram bem perturbados, nervosos e apreensivos. Os que iam buscar os parentes recém-desencarnados ou que ainda iriam desencarnar pareciam tranqüilos e seguros de si. Perguntei a Gerizim, o irmão que encaminhava os viajantes para o vagão:

— Por que a diferença?

— Uns ainda sentem o cheiro da terra; outros estão bem longe dela e a tarefa que os espera é tão gratificante que nem lhes altera o espírito.

Nisso, tocou o sinal. Gerizim deu-nos um bilhete e nos indicou o portão de embarque. Já sentado, percebi que o nosso vagão estava lotado. Pensei: "será que todos aqui trabalham nos livros espíritas?"

Perguntei a uma irmã:

— Os que estão aqui vão visitar os parentes?

— Não. Todos nós, deste vagão, trabalhamos nos livros espíritas ou nos Centros espíritas.

— Qual o seu nome, irmã?

— Caly.

— Muito prazer, o meu é Luiz Sérgio.

Ela sorriu, parecendo já me conhecer. Cerrei os olhos e logo já nos encontrávamos no pátio de um Centro espírita. Qual não foi o meu assombro: na hora em que o comboio aterrissou, vários espíritos maltrapilhos tentaram entrar à força, disputando desesperadamente um lugar no comboio. A saída de emergência foi a nossa salvação, com aqueles irmãos sofridos batendo no comboio, pedindo para serem transportados.

— Eles serão socorridos? perguntei a Caly.

— Muitos sim, outros não.

— Por que, irmã? Não é mais fácil levá-los? Eles precisam de banho e alimento.

— Não, Luiz Sérgio, precisam elucidar-se primeiro, para depois buscarem socorro. A maioria só deseja viajar, fazer turismo, só isso.

— Que danadinhos!... Trabalho, que é bom, nada, não é?

— Isso mesmo. Eles brincam com a própria sorte.

— Até logo mais, irmã, e bom trabalho.

— Até, irmão Luiz.

Olhei o comboio por fora e não deixei de sorrir: parecia uma lagarta. Assim era o seu formato:

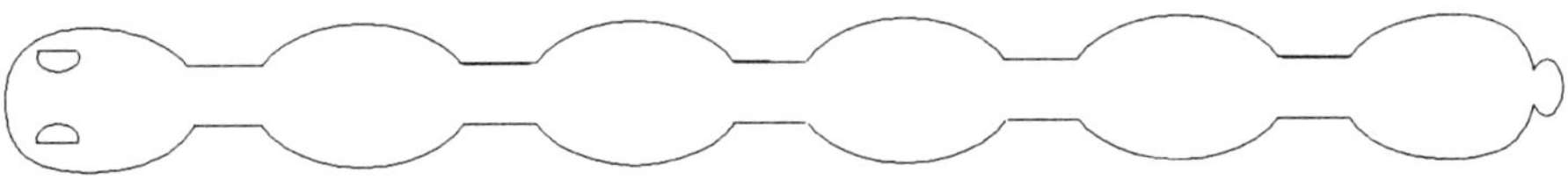

seis vagões

Fiz-lhe continência. Abraçado com Sara e Karina, rumei até a diretoria do Centro. Lá, os socorristas estavam planejando um auxílio a recém-desencarnados. Juntamo-nos a eles e partimos para o local onde águas turbulentas eram o reflexo da revolta da natureza contra a sua violação. Os socorristas cercaram o local do acidente e espíritos capacitados intuíam os encarnados que prestavam auxílio. Por mais que os encarregados fizessem, os encarnados pareciam surdos e mudos, nada percebiam. Até que foi suspenso o socorro. Voltamos à Casa espírita.

— Vou falar com o irmão Augusto e pedir o auxílio do seu grupo, falei à Karina.

Assim o fiz. Doutor Augusto colocou seus médiuns à disposição dos socorristas. Eu, Sara e Karina nos ligamos àquele grupo e junto à equipe de socorro demos assistência aos desencarnados. O dirigente do grupo mediúnico ligou os médiuns com o local do acidente e, em seguida, ao passar por detrás de cada médium, ativava os seus canais energéticos. E nós, embora nos encontrássemos no Centro, tínhamos condição de chegar até o corpo do desencarnado. Os espíritos cujos corpos já haviam sido resgatados ainda permaneciam às margens do rio esperando os amigos, pois relutavam em sair dali sem os outros. Com os fluidos do grupo mediúnico, estes espíritos como que adormeceram e socorridos foram. Aí, fui escalado para uma operação mais difícil: fazer vir à tona um corpo preso nos detritos das águas. Para isso, servi-me dos fluidos de um médium que ligado foi ao irmão afogado. Para minha surpresa, o espírito se encontrava grudado ao seu corpo, sem nenhum sofrimento, como se a espiritualidade superior o mantivesse num balão de oxigênio divino. No momento em que o desembaracei dos cipós, folhas e galhos, julguei que o corpo viesse à tona, mas não. O garoto não queria que ninguém visse seu corpo inerte, pois temia o sofrimento dos pais e dos amigos. Ele chorava, junto ao seu corpo, retendo-o nas águas. Acerquei-me do garoto e lhe fiz ver o erro em que estava incorrendo: o sofrimento dos pais era maior, muito maior, se não o vissem. Enquanto isso, doutor Augusto com o seu grupo de médiuns dava a sustentação para todos nós. Eu, Karina e Sara, mesmo já desligados do grupo mediúnico, ali ficamos junto ao garoto convidando-o a deixar o local, mas ele não desejava ser encontrado. O corpo, mesmo já livre das amarras, estava ainda no fundo do rio, simplesmente porque o seu dono não queria que ele fosse encontrado. Perguntei ao jovem o porquê de tal proceder. Ele, cabisbaixo, respondeu:

— Porque não quero voltar para casa, não quero que meus pais sofram. Não sei o que aconteceu.

— Pois sente-se aqui e vamos conversar. Está olhando aquele corpo? É seu, portanto, você tem dois corpos. Este aqui é o seu corpo perispiritual, o corpo verdadeiro; aquele ali é uma veste perecível. Repare bem, você foi expulso dela. Agora só é preciso que se separe totalmente. Sua cabeça retém um cordão leitoso junto a você, e todos os outros pontos energéticos estão também mantendo vivo esse ponto. Neste momento, o seu desprendimento e a sua fé irão me ajudar e, juntos, expulsaremos os fluidos vitais que estão alojados nessa região do corpo.

— Mas eu não quero morrer.

— Engana-se, amigo, você ficando aqui é que vai morrer. Se não se despir logo vai começar a sofrer.

Ele começou a chorar.

— O que faço? Como posso sair?

— Vamos até o corpo físico, respondi.

E assim fizemos. Ele se aproximou do corpo e lhe falei:

— Pense: eu me desligo, eu me desligo...

Falou três vezes. Na terceira, ele ficou pairado sobre o corpo e vimos os fios energéticos se romperem, deixando o corpo físico e este, livre, vir à tona pronto a ser encontrado pelos encarnados. Amparei-o, junto a Maria, Karina e Sara. Dali saímos com o jovem dormindo, ou melhor, desmaiado. Ao chegarmos à Casa espírita, uma equipe de socorristas já nos esperava. Olhei aquele corpo de menino e falei comigo mesmo: que felicidade no dia em que na Terra não mais existirem as lágrimas. Karina, aproximando-se de mim, interrogou:

— Luiz, e agora, para onde vamos?

— Dar uma voltinha. O que acha?

— E buscaremos mais trabalho? perguntou Sara.

Nisso, o doutor Augusto, que ia entrando, nos falou:

— Se estão à procura de serviço, hoje no nosso grupo o que não falta é trabalho, pois o que mais vêm ocorrendo no plano físico são os desencarnes violentos e a nossa equipe ficaria feliz em tê-los ao nosso lado.

— Obrigado, irmão, mas temos de voltar, estamos aqui de passagem, vimos rever os amigos.

Ele nos sorriu, retirando-se. Sara falou-me:

— Sérgio, então voltemos para a Universidade.

— Sim, o aprendizado nos espera. Desta vez não precisaremos voltar de comboio, usaremos nossa própria força mental.

Ao chegarmos, separamo-nos. Sara e Karina tiveram outros afazeres e eu busquei a minha sala de aula. Ali, olhando o teatro vivo, pensava: "meu Deus, que bom seria se no plano físico existisse uma faculdade da fé, onde os homens se interessassem em aprender as Escrituras. Um lugar onde não se falasse em religião, e sim das coisas de Deus. Acredito que o homem sofra muito porque conhece pouco de Deus". Olhei a platéia atenta, que ia fazendo as perguntas:

Zacarias, Cap. III, versículo 8:

Ouve, ó Josué, sumo sacerdote, tu e teus colegas que habitam junto de ti, porque são homens que simbolizam o futuro, eis que farei vir o meu servo Oriente.

Resposta:

É o Cristo, o enviado do Pai. Servo Oriente: no hebraico, servo quer dizer o rebento, renovo, palavras que indicam o Mestre.

— Por que a Visão do Candelabro, em *Zacarias*, Cap. IV, v. 2?

Vejo um candelabro todo de ouro, que tem uma lâmpada no alto do seu tronco principal, sete lâmpadas sobre seus braços e sete canais para as lâmpadas que estavam no alto do candelabro.

Resposta:

Candelabro: o Evangelho, templo da Doutrina do Cristo. As sete lâmpadas representam a divisão do Novo Testamento. As quatro primeiras lâmpadas, os quatro evangelistas; a quinta, o Ato dos Apóstolos; a sexta, as epístolas; a sétima, o Apocalipse. A luz do alto: o Messias, que tão bem viveu as Escrituras.

Zacarias, Cap. V: *Visão do livro volante*:

Voltei-me, levantei os olhos e pus-me a olhar, e eis que vi um livro que voava.

Resposta:

Um livro que voa, o qual tem vinte côvados de comprimento e dez de largura. Os volumes antigos eram feitos de faixas de couro ou outro material flexível, unidos em sentido longitudinal e envoltos em torno de uma haste. O livro que voa simboliza o esquecimento do homem para com as Escrituras e as alterações nelas colocadas por algumas religiões. Mas ai daquele que alterar as palavras nele contidas. Todos os homens serão julgados pelo que está escrito nesse livro; e todo o que o falsear será da mesma sorte julgado pelo que esse livro contém.

Zacarias, Cap. IX, versículos 8 e 9:

O rei manso e pacífico. Salta de alegria, ó filho de Sião, enche de júbilo, ó filha de Jerusalém. Eis que o teu rei virá a ti justo e salvador; ele é pobre, e vem montado sobre uma jumenta e sobre o potrinho da jumenta.

Resposta:

Escuta Jerusalém para que acolha seu rei que vem montado num jumento. Profecia que se realizou com Jesus.

Zacarias, Cap. X, versículo 4:

De Judá sairá o ângulo, dele a estaca, dele o arco de guerra dele todos os opressores.

Resposta:

Cristo: pedra angular. Estaca: Seus discípulos. O arco de guerra: a traição de Judas. Os opressores: Anás, Caifás, Pilatos, e Herodes.

Desliguei a minha cadeira e saí pesaroso, porque não dispunha de mais tempo, outros trabalhos me esperavam. Reencontrei meus amigos no jardim e fomos até o Salão Nobre receber instruções e orar. Ao sairmos de lá, Sara perguntou-me:

— Gostou da aula?

— Excelente. Estamos chegando ao Novo Testamento e fico deslumbrado com a mediunidade de Zacarias. As religiões teimam em não aceitar a Doutrina Espírita, quando ela está contida nas Escrituras.

Saímos do salão de conferências, falando das Escrituras, quando encontramos doutor Joaquim e doutor Paulino. Perguntamos por Lauro e eles nos falaram:

— Vocês podem levá-lo para o Departamento do Trabalho, já está na hora dele ter uma ocupação.

Agradecemos e ainda perguntamos:

— E os garotos que socorremos, como estão?

— Recuperando-se lentamente.

Despedimo-nos e ganhamos a enfermaria de Lauro. Encontramo-lo no jardim, lendo.

— Olá, amigo.

— Pensei que vocês me tivessem esquecido.

— Até que seria ótimo, porque você não quer se desvencilhar da terra!

— Não diga isso, Luiz Sérgio, estava só esperando-os para me orientarem sobre o que devo fazer. Só isso.

— Apronte-se e vamos buscar ocupação, falou Karina.

Num relance, Lauro levantou-se e logo estava de volta; junto a ele, Sofia, que pediu o olhássemos com carinho. Despedimo-nos dela e ganhamos os bosques. O Lauro, embevecido, a tudo admirava, sempre dizendo:

— Nunca imaginei que o céu fosse tão lindo!

— Deixa dessa de céu, irmão, estamos no umbral.

— O que é umbral?

— Uma zona de sofrimento.

— De sofrimento? Mas como não sofro?

— Você não sofre, mas existem muitos que estão sofrendo por aqui.

— Verdade?

— Sérgio, acho bom mostrar ao Lauro o que acontece com os espíritos que não desejam ser socorridos, falou-me Karina.

— É mesmo. Para começar, vamos até a "estação da morte".

— Mas acabamos de chegar da crosta da Terra e já vamos regressar? perguntou Sara.

— Preciso se faz que Lauro se inteire de tudo o que acontece no mundo dos espíritos.

Voltamos a viajar de comboio junto ao Lauro, que a tudo examinava. Aproximando-se de mim ele falou:

— Luiz, eu não quero ir até minha casa.

— Por que, garoto?

— Não agüento ver minha mãe chorar nem defrontar os problemas de família.

— Não, não iremos até sua casa, só se você assim o desejar. Iremos acompanhar uma irmã que está sendo esperada pelos seus familiares.

Calado, ou melhor, apreensivo, ele nos acompanhou até a casa de Carlota. Esta irmã, de seus sessenta anos, estava desligando-se da matéria física. Lá encontramos uma outra equipe do desencarne, não a do doutor Albuquerque, mas a do doutor Joaquim Ribeiro; este, junto a alguns familiares de Carlota, preparavam-na para a separação. Contudo a nossa irmã, vaidosa, orgulhosa e egoísta, só pensava nas jóias e nos bens que teria de deixar para a família e se apegava à vida física com tanta garra, que por mais que o doutor Ribeiro fizesse não ocorria o desligamento.

— Por que espera tanto, irmão? perguntei.

— Porque não é bom para esta alma ser trazida para o nosso plano tão apegada aos bens terrenos.

Passamos algumas horas ali, orando pela irmã Carlota. Quando ela teve uma crise forte, insuficiência respiratória, o doutor Ribeiro quis desatar o laço, mas o espírito de Carlota não dava condição de ser afastado totalmente do corpo material. Lauro a tudo assistia, muito atento. Uma médica da equipe segurou com força o corpo físico de Carlota e projetou a luz mental no cérebro encarnado da irmã e ela pareceu sofrer um desmaio. A equipe aproveitou e tentou separá-la, mas ela possuía uma força estranha que não a deixava desligar-se do corpo físico e percebi que uma energia roxa e amarela era a causa dessa atração espírito — corpo físico; essa cor agia como intermediária, retendo o espírito de Carlota junto ao seu corpo físico já desligado. A equipe tentou de várias maneiras e nada da irmã ouvir os familiares e os médicos, ela não queria morrer. A casa, as roupas, as jóias, os amigos, tudo era motivo para que Carlota renegasse a ajuda. Doutor Ribeiro deu por terminada a tarefa, entregando-a para outra equipe, a de socorro.

— Irmão, o que será dela? perguntei a José.

— Muito sofrerá. Ela tem de se separar definitivamente do corpo físico, que não lhe pertence mais, porém está relutante.

— Posso fazer alguma coisa?

— Tecnicamente impossível, nada mais temos a fazer.

— Posso tentar?

— Pode.

Segurei a mão de Carlota, beijando-a. Ela me sorriu.

— Mocinho, estou morrendo, mas não quero.

— Irmãzinha, não existe morte, um dia também tive de largar o corpo de carne, mas não morri, apenas mudei de casa.

— Quê? Você, morto?

— Não, sou um irmão que deseja levá-la para conhecer um país de sonhos, colônias de luzes. Vamos, Carlota, dê um salto bem forte e deixe para trás a dor. Vamos mergulhar nas águas da vida eterna.

— Deixe-me em paz! Você deseja é se apoderar dos meus bens. Não vou deixar para genros, filhos e netos o que com sacrifício guardei a vida toda. Saia daqui, eu não vou morrer!

Gritava tanto que José tentou acalmá-la. Notamos que ela se esforçava para voltar ao físico. Mesmo sentindo muita falta de ar, relutava em ser socorrida. Lauro, aproximando-se, perguntou-me:

— Vai ser enterrada viva?

— Viva, não. Ela já está desencarnada, mas o seu egoísmo, a sua vaidade e o seu orgulho não a deixam voar para Deus.

O corpo foi levado para a capela e lá Carlota tudo fazia para se livrar das flores; não gostava delas, achava que era desperdício ganhar flores, pois estas são muito frágeis. Aquele espírito, ali junto ao físico, representava o sofrimento dos egoístas. Nada podíamos fazer, pois ficava cada vez mais furiosa. E várias equipes esforçavam-se para retirá-la. Parece que o orgulho e o egoísmo possuem uma garra tão forte que se prendem ao físico, não deixando o espírito voar. Chegou a hora de enterrar Carlota. Quanto mais os filhos e o marido choravam, mais ela se revoltava, porque eles não a viam. José falou energicamente com ela:

— Irmã, pelo amor de Deus, está aproximando-se o seu enterro, deixe esta veste e venha para os braços de Jesus.

— Eu não acredito nEle, só em Deus, e o meu Deus vai me salvar!

José continuou:

— Irmã, a terra vai lhe corroer o espírito se não aceitar nossa ajuda.

— Saiam daqui, não lhes darei nada! Sou rica, muito rica, detesto pobre e vocês não passam de uns pobretões!

Olhei para minhas roupas e sorri.

— Que irmã orgulhosa, hem? falou Karina.

Nisso, vimos o corpo físico de Carlota baixar à sepultura levando o seu espírito, que se debatia na vala.

— Meu Deus, o que podemos fazer?

— Nada, falou Pulchério, o chefe daquela equipe. Agora ela terá dificuldade em sair dali. Fizemos de tudo.

— Não compreendi. Por que a equipe não a tira de lá?

— Na terra existem elementos fluídicos que, ao contato com a maior energia — a do espírito — agarram-se a este, o que torna difícil a separação. Estes fluidos que a terra contém são tão poderosos que deles nascem o alimento, as flores, as matas. Todavia, o espírito não foi criado para este contato, mas, infelizmente, o homem torna tão material a sua vida que se transforma em escravo da terra e quando seu corpo vai nela repousar, o espírito também a busca.

Saímos dali, ouvindo os gritos de Carlota.

— Até quando ela ficará presa do egoísmo? perguntei a Hilário.

— Um bom grupo mediúnico poderá ajudá-la.

Deu um estalo na minha cabeça.

— Ótimo, conheço alguém que dá assistência aos desencarnados. Vamos até lá pedir ajuda.

Bem recebidos por Nary, Dayal e Onor, informamos do que se tratava e imediatamente eles nos colocaram em contato com um dos grupos mediúnicos da Casa. Detalhei o caso e o doutor Sallem mandou que nós nos preparássemos para o trabalho, que se realizaria na segunda-feira. Aguardamos com ansiedade o momento de aliviar Carlota. Cedo já nos encontrávamos na sala mediúnica em total silêncio, orando muito. Os médiuns foram chegando; antes, ocupavam as duas cadeiras preparadas pela espiritualidade, onde suas auras eram limpas e seus corpos nivelados. Posso chamar estas cadeiras de pronto-socorro do equilíbrio. Presenciei irmãos ali chegando bastante desequilibrados e logo se sentindo bem melhor. Foi feito um estudo do Evangelho entrelaçado com os ensinamentos do Antigo Testamento, um trabalho de pesquisa muito proveitoso para o crescimento daqueles médiuns.

Chegada a hora da prece, emocionados ficamos com as palavras proferidas por um espírito que naquele dia iria dirigir os trabalhos. Total silêncio. Os médiuns nem se moviam nas cadeiras, braços sobre a mesa, posição estática. Os dirigentes encarnado e desencarnado passavam por detrás dos médiuns e estes, assistidos por uma equipe de técnicos espirituais, com conhecimento, tinham regulados os centros de força de seu perispírito e estes emitiam mais carga para as rodas energéticas do duplo que atuavam sobre os órgãos físicos e destes partiam, em direção ao túmulo de Carlota, os fluidos manipulados pelos técnicos. Estes fluidos, direcionados aos corpos de Carlota, levavam seu espírito a uma situação incômoda, lutando para se libertar, agora não só do seu corpo físico como também dos corpos físico, duplo e perispiritual do médium, como se estes também lhe pertencessem. Carlota deu um grito estridente e os técnicos aproveitaram para irem retirando-a, mas isso só se deu quando chegou ao término o trabalho do grupo. Ela se sentia enterrada, colada ao seu físico, mas por mais que desejasse livrar-se dele, existia sobre ela e o corpo de carne uma atração chamada egoísmo, vaidade, orgulho, avareza. Cada médium daquele grupo cooperou para separar os fios do amor próprio que mantinham Carlota ali naquela vala chamada túmulo. Nem acreditei quando seu corpo perispiritual se projetou com imensa velocidade para fora do túmulo. Os técnicos ali ainda ficaram, mas ela levada foi por outra equipe para o pronto-socorro da Casa espírita que a estava socorrendo. Os médiuns receberam passes e também a equipe da Casa recebeu um tratamento especial; à medida que iam desligando-se de Carlota, eram banhados por uma projeção de luz dos mentores da Casa, aumentando a luminosidade da aura espiritual de cada um e esta partia em direção dos centros de força no perispírito que, como um grande regente, ia harmonizando as rodas energéticas do duplo. Este, em harmonia, mantinha os corpos nivelados e o espírito equilibrado. Terminado o trabalho, foram feitas muitas preces. Senti-me muito feliz, porque ali na nossa frente um grupo mediúnico se comportava da maneira que os livros básicos nos ensinam. Em nenhum momento se ouviram gritos, sussurros ou lágrimas. E como eles, os médiuns, tiveram contato com a dor!...

Agradecemos aos dirigentes do grupo e nos retiramos. Karina falou-me:

— Luiz, será que um dia teremos muitos grupos como este?

— Espero que sim. Não se concebe que, em pleno ano de 1991, ainda existam grupos que se dizem espíritas, mas continuam a proceder como na era primitiva, onde os espíritos dominavam os médiuns. Com a Codificação isso mudou, hoje o médium deve ser um grande conhecedor de si mesmo, para buscar sua força e com ela conviver com os que já se encontram no plano espiritual. Por isso é que Kardec pede: *amai-vos e instruí-vos*. Sem amor e sem conhecimento o médium torna-se um fantoche da sua mediunidade.

Sara falou-me:

— As Casas espíritas precisam elucidar seus aprendizes para que estes não se percam no mar do ridículo, falando da Doutrina a todo instante com pessoas que não desejam ouvi-los, e vendo espíritos em todo lugar. Feliz daquele que chega no espiritismo e se torna um bom espírita.

Capítulo IX

NOVAS ROUPAS PARA LAURO

Impressionou-me bastante aquele trabalho mediúnico, principalmente porque existem ainda muitos Centros espíritas que desconhecem o valor do médium doador. Mesmo hoje quando a Terra enfrenta tantos desencarnes violentos, existem pessoas que teimam em não aceitar a vida após vida. Um grupo mediúnico é de real valor para os técnicos da desencarnação.

— Sérgio, está na hora de voltarmos, disse Sara, chamando-me à realidade.

— É mesmo, minha princesa, o dever nos espera.

Assim, mais uma vez, estávamos de volta à Universidade. Depois de alojados em nossas cadeiras, procurei concentrar-me na aula. A turma perguntava sobre *Zacarias*, Cap. XI, versículo 13:

O Senhor disse-me: Arroja ao oleiro esse dinheiro, essa bela soma pela qual aprecia. Tomai as trinta moedas de prata e lançai-as na casa do Senhor para o oleiro.

Resposta:

Essa profecia realizou-se literalmente. Com efeito, os falsos pastores de Israel, para recompensar Judas por tê-los ajudado a desempenhar esse pastoreio, desembolsaram trinta siclos, deram-nos a Judas, como preço de Jesus, mas Judas, desesperado, lançou no Templo as trinta moedas, preço da traição, que foram empregados na compra do campo do oleiro.

Pergunta sobre *Zacarias*, Cap. XIII, versículo 2:

Naquele dia, diz o Senhor dos exércitos, exterminarei dos países os nomes dos ídolos e deles não haverá mais memória e também removerei da terra os profetas e o espírito imundo.

Resposta:

Na era messiânica não só desaparecerão os ídolos, mas também os falsos profetas. Quando o homem buscar a Deus, ninguém mais endeusará os ídolos e os falsos profetas serão eliminados.

Em *Malaquias*, Cap. III, versículo 1:

Eis que envio o meu mensageiro, que preparará o caminho diante da minha face. E de repente virá o Senhor que vós buscais e o anjo do testamento que desejais, virá ao seu templo.

Resposta:

O meu anjo mensageiro é Cristo e *o anjo do testamento* aplica-se a João Batista, precursor de Jesus.

Pergunta:

— Ainda em *Malaquias*, Cap. IV, versículo 2:

Mas para vós que temeis meu nome nascerá o sol da justiça trazendo salvação nas suas asas; saireis e saltareis como bezerros soltos da estrebaria .

Resposta:

Sol da Justiça é Jesus Cristo, a *luz do Paraíso,* a luz do mundo.

Neste momento, todo o palco se iluminou. Refletores de luz davam ao ambiente um efeito maravilhoso. Todo o Antigo Testamento era projetado no palco. Eu me detive em Elias, que reencarnou posteriormente como João Batista, e no grande companheiro de Elias — Eliseu — que em sua última encarnação foi uma figura conhecida e combatida na Doutrina Espírita e, por amor ao seu mentor, copiou-lhe o nome. A música linda, muito linda, dava ao auditório a certeza de que todos nós somos filhos de Deus. A oração sentida de João e Corina foi fechando, pouco a pouco, o livro do Antigo Testamento. Quando chegamos ao término do Antigo Testamento, notamos que cada página representara um ato no grande teatro vivo da Universidade Maria de Nazaré.

Enquanto cantávamos um belo hino, vimos surgir outro palco e nele escrito: Novo Testamento.

Fomos os últimos a sair. Encontrava-me deveras emocionado. Ainda olhei para trás e percebi que a legenda *Novo Testamento* era formada por jovens, cada um era uma letra, portanto o teatro já estava de novo operando.

o O o

— Queridos, disse Karina, agora vamos até Lauro, precisamos saber se ele está bem.

Lauro nos recebeu sorridente. Junto a ele, também Olegário nos esperava.

— Lauro se encontra ansioso para iniciar-se no trabalho, disse Olegário.

— Ele já recebeu alta? perguntei.

— Sim, já recebi, interveio Lauro.

— Que bom, amigo. Então você está disposto a fazer parte desta Colônia de trabalho?

— Sim. Sei que terei de abdicar de vários antigos vícios, mas sei também que só posso fazer parte da sociedade espiritual se esquecer as coisas terráqueas.

— Bravo! Vamo-nos despedir para reiniciarmos a trajetória de um espírito no mundo espiritual.

Na saída, passamos pelo refeitório, onde estava sendo servida uma refeição igualzinha à do plano físico. Olhei-a, admirado.

— Deseja almoçar? indagou-me Karina.

— Não, sou muito grato pela sua gentileza, respondi ironicamente.

Lauro, de pronto, falou:

— Acho conveniente me despedir do alimento e não me preocupar com ele.

— Calma, falou Olegário, não ponha a perder todo o seu conhecimento. Quando você se libertou do corpo físico, foi trazido para cá a fim de se recuperar, mas agora não precisa da alimentação grosseira para se sentir equilibrado.

— Desculpe, mas ao ver o refeitório onde por muito tempo me alimentei, senti fome.

— Você é quem sabe. Querendo, pode ficar aqui por mais alguns dias, mas será que vale a pena perder ótimas oportunidades de trabalho, somente por um prato de comida?

— Claro que não, vamos embora.

Fomos levando aquele amigo — um recém-chegado do plano físico — pelas ruas e praças; ele não perdia um só detalhe do que via.

— Como se chama esta cidade?

— Colônia Verdade e Luz, revelou-lhe Karina.

— Por que vim para cá?

— Isso nós não sabemos.

Lauro não acreditava no que estava vendo, tocou os bancos da praça, como para saber de que eram feitos. Olegário interrompeu sua contemplação, convidando-o para o almoço. O estômago é fogo... O semblante do nosso amigo se iluminou, chegou a lamber os lábios. Não pude me conter:

— Faminto, hem, irmão? Vamos com calma, o estômago também precisa ser educado.

Todos rimos e fomos seguindo Olegário, até um pequeno bangalô florido, onde fomos carinhosamente recebidos por Antunes e Graça. Olegário conversou a sós com eles, que nos convidaram a sentar à mesa. Antunes fez bela prece de agradecimento e, em seguida, foi servido um caldo suculento e frutas deliciosas. Lauro comeu com um apetite feroz. Quando percebeu que pouco havíamos comido, ficou meio encabulado, mas já era tarde. Ficamos, ainda, conversando algum tempo e, ao sairmos, Lauro indagou:

— Por que aqui fora a alimentação é outra?

— Porque quem trabalha na Colônia não precisa tanto da alimentação quanto da que se fartava no plano físico. Aqui aprendemos a absorver do ar os princípios vitais da atmosfera, que nos alimentam; aliás, em poucas casas ainda há a necessidade do alimento. Retiramos também da água elementos de que ainda carecemos.

Lauro ficou calado, senti-o preocupado.

— Luiz Sérgio, como devem sofrer aqueles que são viciados em comida, droga, cigarro e álcool, não é mesmo?

— Simplesmente não vivem aqui, tornam-se andarilhos do plano físico, mendigos espirituais.

— Meu Deus, que tristeza!

Fomos levando Lauro até o Departamento do Trabalho, onde recebeu a incumbência de auxiliar os mensageiros no socorro aos umbrais.

Curioso, perguntou a Sara:

— É um bom trabalho?

— Excelente. Todos os serviços são bons, desde que o façamos com amor.

Ficou acertado que no próximo dia dezesseis ele se apresentaria para iniciar o serviço.

Ao sairmos, Lauro inquiriu:

— Luiz, que faço para mudar de roupa? Desde que cheguei do plano físico estou ora de terno, ora de camisolão.

— Muito fácil, vamos até as oficinas ver se as operárias têm condição de lhe ceder uma muda de roupa.

— Explique-me como isso se opera.

— Vamos até lá, falou Olegário.

Seguimos até a oficina três e fomos recebidos por Joanita. Olegário apresentou Lauro, dizendo do seu desejo de conseguir uma muda de roupa, pois iniciaria seu trabalho nos próximos dias. Ela entrou de novo na oficina, voltando com Lavínia , que nos cumprimentou, dizendo a Lauro:

— Irmão Lauro, você tem direito ao vestuário padrão, mas na medida da sua dedicação ao serviço do Cristo, vestirá o que melhor desejar. Hoje só podemos oferecer-lhe o traje dos operários de Jesus.

Lauro sorriu, feliz.

— Irmã, Deus lhe pague, quero ver-me livre desta roupa, que me recorda a despedida do plano físico.

Com que carinho Lauro segurou o pacote de roupas! Olhei o irmão e como recordei meu passado! Tudo se repete, tudo...

— Como posso pagá-la? argüiu Lauro.

— Não se preocupe, interveio Lavínia, o vestuário e a alimentação o irmão recebe dos encarregados desta Colônia.

Lauro pareceu rejuvenescido. Eu o abracei com muito amor e lhe disse:

— Desejo a você todo o bem que venho recebendo de Deus.

Choramos de emoção.

Capítulo X

LAURO CONHECE O UMBRAL

Lauro nem parecia aquele jovem que, quando encarnado, só pensava em coisas materiais. Pensei: "como podemos compreender que o homem no corpo físico viva tão distante das verdades e fuja até das elucidações da vida após vida? Em quase todos os lares físicos, mesmo naqueles que se dizem espíritas, ainda moram a vaidade, o egoísmo e o apego às coisas materiais. A vida transcorre bem distante das verdades espirituais. Os pais, muitos deles, ensinam os filhos a brigar, a derrubar qualquer um para vencerem na vida, quando o único caminho da salvação é o do amor".

Estava perdido em meus pensamentos, quando ouvi a voz carinhosa de Karina, trazendo-me à realidade.

— Sérgio, com quem sonhas?

— Com você, querida.

No Departamento de Pessoal, Lauro entrou para a entrevista. Ficamos no jardim, onde as flores perfumadas nos faziam companhia. O nosso irmão demorou poucos minutos; ao voltar, trazia no olhar a chama da esperança. Nada lhe perguntamos e ele parecia ter gostado da nossa atitude, pois permaneceu calado.

Olegário nos falou:

— Agora, vamos até a Casa de Maria para organizarmos nossa caravana.

Chegando perto de Lauro, perguntei:

— Preocupado?

— Não! Assombrado. Nunca pensei que por detrás do túmulo houvesse vida e uma vida tão organizada.

— É mesmo, amigo, a disciplina é Jesus em ação.

A Casa de Maria era um bangalô florido onde Florisbela nos recebeu feliz, dirigindo-se a Lauro:

— Seja benvindo, irmão, Deus o abençoe.

— Desceremos ao umbral, irmã Florisbela — falou Olegário. Aqui estamos para receber as elucidações desta Casa e o seu auxílio.

— Sim. Lourenço está com outro grupo, mas logo chegará aqui.

Percebi que o bangalô tinha várias alas nos fundos, parecendo salas de aula.

Florisbela disse a Olegário:

— Preocupa-nos demais os umbrais, estão recebendo caravanas e mais caravanas de espíritos perturbados. Os abnegados mensageiros estão necessitando cada vez mais de auxiliares.

Nisso, Lourenço chegou, saudando-nos:

— Sejam benvindos e Deus nos ajude. Lauro, você vai até o segundo umbral junto a estes seus irmãos. O trabalho o espera, torne-se verdadeiramente um operário de Jesus. Antes, porém, venha comigo, tem de receber um banho reconfortante para tão difícil tarefa.

Ele nos fitou com ternura e docilmente acompanhou Lourenço. Florisbela convidou-nos à oração, após o que saboreamos um delicioso suco de frutas.

Enquanto conversávamos, chegaram duas moças muito bonitas: Mariângela e Lupicínia. Florisbela apresentou-nos, dizendo:

— São minhas sobrinhas, trabalham na indústria do fio e me ajudam nas horas de folga.

Muito graciosas, ficaram conversando conosco e nos deleitaram com músicas e cantos. Quando Lauro voltou, sentimos muito ter de deixar aquela casa, mas o serviço nos esperava. Despedimo-nos, prometendo voltar sempre àquele lugar agradável e muito familiar.

Antes de entrarmos no umbral, paramos às margens de um riacho e oramos ao Senhor, pedindo auxílio. A partir dali, labutamos contra o ar pesado e o vento, que soprava demasiadamente forte. Lauro, assustado, seguia a tudo observando.

Aproximamo-nos de uma cabana, onde fomos recepcionados por Rajadi.

— Sejam benvindos. Recebemos do Departamento do Auxílio a incumbência de colocar dois dos nossos lanceiros à disposição de vocês para ajudá-los nas zonas de sofrimento.

Chamou os dois irmãos: Tilak e Nary, dois jovens, que nos reverenciaram.

Ali ficamos algumas horas, para receber orientação de como agir junto aos sofredores. Depois despedimo-nos de Rajadi e ele nos desejou sucesso.

Caminhávamos já com dificuldade, parecia que adentrávamos uma areia movediça, pois éramos puxados para baixo. Os dois lanceiros nos cercaram com os seus chicotes luminosos e foram nos protegendo. A escuridão estava ficando cada vez mais intensa e os gritos eram horríveis. Olhei para baixo e vi que no solo se encontravam muitos espíritos em total desespero. Lauro estava deveras assustado mas, a seu lado, Olegário transmitia segurança.

E assim íamos caminhando pelo umbral.

Paramos no Chalé do Socorro. Clara e outras irmãs de caridade davam assistência aos recém-libertos. Nem acreditamos quando pisamos solo firme, pois era um pedaço do céu. As dependências do chalé encontravam-se repletas de irmãos desequilibrados. Seus corpos continham crostas de sujeira e suas vestes apresentavam-se em farrapos.

— Sejam benvindos, irmãos em Cristo, disse Clara.

— Irmã, que Deus a abençoe, falamos todos.

Capítulo XI

NO PAINEL, O NOVO TESTAMENTO

Aquele grupo de abnegados espíritos tudo fazia para prestar auxílio aos sofredores: limpando as feridas, acalmando os desesperados ou, ainda, dando banho ou comida aos necessitados.

Pensei: "por que existem tão poucos dedicados obreiros na Doutrina? Torna-se mais fácil ao encarnado pensar que quem morre acaba, ou pensar que do outro lado da vida estamos todos de camisolão, alimentando-nos de brisa, sem nada fazer".

No Chalé do Socorro, cada dependência era um exemplo de trabalho. Na sala de banho, prestimosos servos de Jesus limpavam as chagas doridas dos sofredores. Na cozinha, as queridas irmãs encarregadas preparavam o alimento para os famintos. Comida? irão perguntar. Sim, o espírito, ao deixar o corpo físico, leva na lembrança suas necessidades fisiológicas, e não é de uma hora para outra que irá livrar-se delas. E não esqueçamos que o perispírito é a fôrma do corpo físico. Separado da carne, ele atua de outra maneira, mas não cessam as suas funções somente porque se separou do corpo de carne. Sendo a alimentação mais fluídica, os órgãos trabalham mais equilibradamente, porque não são violentados pelos alimentos pesados. Todavia não podemos nos esquecer de que existem espíritos que se conservam ao lado dos encarnados, obsediando-os, servindo-se da sua alimentação, ingerindo álcool, fumo ou droga. Os socorridos do Chalé de Maria estavam recebendo uma alimentação feita pelos obreiros do Senhor, alimentação quase igual a dos encarnados. As cozinheiras não fecham os olhos e aparece a comida pronta, como alguns imaginam. Não e não! A matéria-prima é das melhores, inclusive para a feitura dos objetos, utensílios, enfim, de tudo o que necessita um ser vivente.

É incalculável o valor dos fluidos, e eles são muito bem manipulados pelos operários de Jesus. A natureza é mãe, seja no plano físico ou no espiritual. É muita pretensão dos encarnados julgarem que só eles desfrutam a riqueza divina e que os coitados dos espíritos vestem-se de pensamento e se alimentam de brisa.

Relanceei os olhos pelo recinto, procurando meus amigos, e vi que todos eles trabalhavam junto à equipe do Chalé, enquanto só eu filosofava; me manquei e fui ajudar Karina no refeitório.

O lugar era muito protegido, mesmo assim, alguns espíritos sofredores tentavam entrar à força e, nesse exato momento, ouvimos a sirene tocar, avisando que grupos de espíritos se dirigiam ao Chalé. Os encarregados não se alteraram, como se já estivessem acostumados com o fato.

— Vocês não temem uma invasão dos trevosos? perguntei a Clara.

— Não, os braços de Jesus são a nossa proteção. Ele está sempre ao lado de todos os Seus discípulos — falou, continuando o seu trabalho.

Que felicidade ver aqueles irmãos antes maltrapilhos, e agora, de banho tomado, se alimentando! Eles nem acreditavam. Aproximei-me de um jovem, Rafael, e lhe perguntei:

— Como foi que você, cara, veio parar no umbral?

— Nunca imaginei que depois de "morto" viesse a sofrer tanto. Julgava que os religiosos fossem todos débeis mentais. Eu fugia da fé, "aproveitando a vida". Sofri um acidente. Forcei a máquina, enfiei o pé e ela não agüentou. Depois, o estrondo, e tudo escuro. Caí no vale da dor e só hoje fui socorrido.

— Por quanto tempo ele ficou lá? perguntei a Lola, uma das socorristas.

— Durante cinco anos Rafael perambulou pelos vales do sofrimento.

— É mesmo, cara? Por que não chamou por Jesus?

— No começo até gostei, tudo quase igual à terra, mas depois veio o sofrimento; só peço a vocês que me levem até minha casa, quero ver minha mãe e minha irmã.

— Vamos com calma, falou Lola, você chegou hoje, acabou de sair do vale. Amanhã será outro dia e veremos o que fazer.

Apertei a mão de Rafael, um menino que julgava estar aproveitando a vida. Que ironia, que loucura dessa gente que foge da fé e da verdade! Rafael ainda recebeu tratamento especial e nós ajudamos a socorrer outros irmãos. O Chalé era um oásis de luz naquele inferno de sofrimento. Dentre os espíritos recém-socorridos, Rafael era o melhor deles, pois suas fisionomias eram apavorantes. Muitos traziam consigo as chagas das surras que levavam de outros sofredores, na disputa das tocas e dos alimentos, escassos nos umbrais. Nesse estado lastimável, tinham a aparência de débeis mentais. Entretanto, depois de socorridos, banho tomado, roupas trocadas, nem pareciam os mesmos espíritos.

Aproximei-me de Clara e indaguei:

— Como se alimentam lá?

— De raízes e da caridade dos Samaritanos. É como na terra, nas regiões onde os pobres passam fome e recebem ajuda.

Quando soou a sirene para o repouso, Clara orou a Jesus:

"Senhor, não somos dignos que entres em nossa casa, por que ela ainda se encontra em desalinho, com as fendas profundas das imperfeições, por elas minando a discórdia, o orgulho e a vaidade. Mas, mesmo assim, Tu de nós Te aproximas, quando Te chamamos, e sabemos que nos ajudas a nos livrarmos da dor e do desespero. Fica ao nosso lado, Senhor, e nos ajudes a correr para os braços de Deus, no perdão e na glória. Assim seja."

Recolhemo-nos depois da prece.

Custou-me conciliar o sono. Minha caminhada no mundo espiritual descortinava-se à minha frente e as lágrimas de agradecimento acariciavam-me o rosto. Recordei-me de meu pai, minha mãe, Cezinha, e a saudade, como um manto amigo, aconchegou-me o corpo aquecendo-me até o sono chegar.

Pela manhã, levantamo-nos cedo. Depois de leve refeição, ganhamos o caminho de volta, mas antes nos despedimos de Rafael, que junto a outros doentes aguardava o comboio que os levaria ao Hospital de Jesus.

A volta foi melhor que a ida; indagava por que não voltávamos também de condução. Olegário me respondeu:

— Muitos irmãos podemos socorrer nesse trajeto, para isso somos treinados, para enfrentar esses lugares.

Nada falei. Sara sorriu-me, intercedendo:

— Sei o que está pensando: "não seria mais fácil socorrermos os doentes com a condução?"

— É isso mesmo, irmã.

— Sérgio, olhe bem o pântano que varamos, será que o comboio tem capacidade para vencê-lo?

— É mesmo, até pareço encarnado ao julgar que os espíritos são mágicos, piscam um olho e "pimba", tudo resolvido. Já imaginou, Sara, se fosse assim? Nós estaríamos de camisolão, passeando na praça dos sonhos, enlevados pela brisa da ociosidade.

E, assim, fomos caminhando. Lauro permanecia em silêncio total; por mais que eu puxasse conversa, ninguém queria conversar. Até que chegamos.

Lauro foi levado para o seu alojamento e nós voltamos para a Universidade. Depois do descanso, corri para o teatro vivo.

Íamos começar o estudo do Novo Testamento.

o O o

O auditório já estava quase lotado. Apalpei minha cadeira e agradeci o início da aula.

Antes, João e Corina fizeram uma bela prece. Depois o coral da Universidade cantou o Hino de Jesus. À medida que cantavam, os personagens do Cristianismo iam surgindo no palco, em momento de grande beleza. Apaixonei-me por Pedro, a pedra angular da Igreja de Cristo.

Nasceu Jesus
Jesus de Nazaré
Nasceu Jesus
Jesus de Nazaré
Tornou-Se criança
Embalado foi
Nos braços de Maria
A todos ensinou
O amor
Da família
Também trabalhou
Numa carpintaria
Ensinou as Escrituras
Para as criaturas

Ele amou e perdoou
Jesus de Nazaré
Jamais nos deixou.

JESUS — era o nome que aparecia em destaque no painel, dando início às questões.

Resposta:

Significa *Deus salva*; significa *Consagrado* e era o título dado ao futuro libertador.

Painel: *Mateus*, Cap. I, versículo 16:

...e Jacó gerou José, o esposo de Maria, da qual nasceu Jesus, o filho de Maria.

Resposta:

Dando a genealogia de José, Mateus segue o costume (hebraico) de não dar a genealogia das mulheres, mas demonstra que Maria deve ser da linhagem de Davi, para ser sua esposa. Tanto é que vai com José inscrever-se em Belém, no recenseamento.

Painel: Cap. I, versículo 18:

A origem de Jesus foi assim: estando Maria, sua mãe, desposada com José, achou-se ter concebido do Espírito Santo, antes de coabitarem.

Resposta:

Maria era noiva de José, entre os judeus o noivado gozava dos mesmos efeitos jurídicos do matrimônio, muito embora entre um e outro intercorresse às vezes até um ano.

Painel: Cap. I, versículo 19:

José, seu esposo, sendo justo e não querendo denunciá-la publicamente, resolveu deixá-la, em segredo.

Painel: Cap. I, versículo 25:

Contudo, não a conheceu enquanto ela não deu à luz um filho, a quem pôs o nome de Jesus.

Resposta:

Mateus afirma a virgindade de Maria. Ela permaneceu virgem no parto e depois dele. Por que muitos ainda duvidam?

O homem mundano rejeita este trecho do Evangelho, porém, o espírita duvidar dele causa-nos espanto. Como falar em Evangelho, rasgando as Escrituras? E nelas está bem clara a virgindade de Maria.

Painel: Cap. II, vv. 4-5:

E, convocando todos os príncipes dos sacerdotes e os escribas do povo, perguntou-lhes onde havia de nascer o Messias e eles disseram-lhe: em Belém de Judá, porque assim foi escrito pelo profeta.

Resposta:

Os príncipes dos sacerdotes eram os chefes das vinte e quatro famílias sacerdotais. Os escribas gozavam de muita reputação, como professores da Lei, que a transcreviam para as sinagogas e a explicavam ao povo. Como podemos notar, foram os príncipes dos sacerdotes que explicaram ao povo a chegada de Jesus. Naquela época não existiam as religiões de hoje. Se não cremos nas Escrituras, não acreditaremos também na Doutrina Espírita, pois ela está bem viva nas Escrituras.

Painel: *Mateus*, Cap. II, versículo 18:

Uma vez se ouviu em Ramá pranto e lamentação. Raquel chorando por seus filhos, sem admitir consolação, porque já não existiam.

Resposta:

Jeremias, Cap. XXXI, versículo 15: O pranto de Raquel (sepultada em Ramá, perto de Belém) pelos filhos massacrados ou deportados pelos Caldeus, depois da destruição de Jerusalém em 96 a.C. Renova-se o pranto no massacre dos inocentes, executados por Herodes. Ramá significa altura e é uma colina. Jeremias apresenta-nos Raquel, avó de Efraim e Manassés, típica mãe israelita que chorava na colina de Ramá; as mães choravam nos lugares altos. Daquela colina, de onde se vê todo o Efraim, Raquel contemplou os seus pósteros levados para o exílio e massacrados. Mateus aplica esta passagem ao pranto das mães dos meninos trucidados por Herodes.

Painel: *Mateus*, Cap. II, versículo 23:

...e chegando, habitou uma cidade chamada Nazaré, cumprindo-se deste modo o que se tinha predito pelos profetas, que seria ali chamado Nazareno.

Resposta:

Mateus, neste versículo, não pretende citar nenhum profeta determinado, mas todo o conjunto de profecias que, no Antigo Testamento, se refere à vida humilde, oculta e desprezada aos olhos dos homens, que o Messias viveria em Nazaré. Em *Jó*, Cap. I, versículo 46, vimos que os profetas se referiam a Nazaré como cidadezinha desconhecida e desprezada pelos próprios judeus.

Painel: O que significa *Fariseus* e *Saduceus?*

Resposta:

Fariseu significa *o que está separado*. Formavam uma seita espiritual nacionalista e rigorista, preocupada com a observância da Lei e o apego exagerado às suas tradições orais, consideradas às vezes superiores à própria Lei. Os *Saduceus*, cujo nome deriva provavelmente de Sadoc, chefe supremo dos sacerdotes sob Salomão, eram oportunistas e lascistas, aceitavam apenas o Pentateuco, negavam a imortalidade da alma e simpatizavam com as doutrinas materialistas e com a cultura helênica.

Painel: *Mateus*, Cap. III:

Naqueles dias apareceu João Batista pregando no deserto de Judá, dizendo: — Arrependei-vos, porque está próximo o reino dos céus.

Resposta:

Arrependei-vos, ou melhor, emendai-vos (no grego, mudai de mente, convertei-vos). João pregou ao povo a transformação interna, da mente e da vontade, que deveria depois manifestar-se externamente com a mudança de proceder.

Painel: *Mateus*, Cap. III, vv. 16-17:

Depois que foi batizado, Jesus saiu logo da água. E eis que abriram os céus, viu o Espírito de Deus descer como uma pomba e vir sobre ele. E eis que ouviu uma voz do céu, que dizia: Este é o meu Filho amado, em quem me comprazo.

Resposta:

Abriram-se os céus: porque ocorreu um fulgor imprevisto, como um raio. A visão não foi tanto para Jesus, mas para o Batista (*João*, Cap. I, versículo 34) e a multidão dos circunstantes (*Lucas*, Cap. III, versículo 21).

Painel:

Este é meu Filho amado, no qual pus minhas complacências.

Resposta:

Com que carinho Deus pronunciou estas palavras: "Este é meu Filho amado"! N'Ele Deus confiou, dando-Lhe a incumbência de trazer à Terra os ensinamentos divinos. Nesta hora Deus proclama a dignidade de Jesus, apresentando-O como Seu filho; é a primeira manifestação da Santíssima Trindade. Deus, a voz; Jesus, o filho; a pomba, o Espírito Santo — as comunicações espirituais.

Naquele momento foi encerrada a aula. Fui o último a sair e quando o fiz foi bem devagar. No pátio, o grupo me esperava.

— Deseja estudar mais?

—Sim. Por mim nem saía deste local sagrado, mas o mundo me espera, e, por mercê de Deus, são dois mundos tão meus: o do esclarecimento e o da prática.

— Vamo-nos encontrar com Lauro, que nos espera na ala dez, comunicou-nos Hilário.

Vimo-lo conversando com uma moça, Gardênia, que no plano físico havia sido sua primeira namorada. Muito graciosa, disse-nos que trabalhava na fábrica de tecidos e nas horas de folga prestava ajuda às crianças. O semblante de Lauro era de assombro, principalmente quando Gardênia convidou-o para passear no Parque das Hortênsias.

— Mal acabou de chegar e já está querendo namorar? brinquei com ele.

— Eu, Luiz Sérgio? Nem pense nisso, estou aqui para aprender.

Sara repreendeu-me:

— Luiz, não preocupe o Lauro, deixe que o tempo lhe mostre as belezas do plano espiritual.

Gardênia se despediu e Olegário advertiu Lauro:

— Irmão, devemos dedicar-nos ao trabalho com afinco; os divertimentos são benéficos, mas só depois da tarefa realizada. Conhece-se o caráter do homem por suas realizações. Aquele que faz do seu próximo uma bengala, depositando em outros ombros os trabalhos que lhe pertencem, é um ser desprovido de caráter. Confiamos-lhe um serviço e esperamos que o realize. Posteriormente, nas suas horas de folga, não só pode, como deve buscar o lazer.

— E eu, Olegário, posso ir com a Gardênia no lugar de Lauro?

— Pode, como ele também pode, mas só depois de terminada a tarefa que nos foi confiada. Além do mais, Sérgio, você está precisando mesmo se distrair, ultimamente só o vemos em trabalho ou nas aulas.

— Apenas quis brincar com Lauro.

Olegário gentilmente fez dispersar a brincadeira para uma coisa mais séria. Hilário disse ao Lauro:

— Agora vamos até a ala quatorze, que lá o espera um novo grupo.

— Ele não pode ficar conosco?

— Não, infelizmente não. Ele se reunirá a um grupo de socorristas e nós voltaremos a acompanhar a trajetória de uma alma.

Abracei Lauro, despedindo-me, e reparei a tristeza em seus olhos, mas logo ele se juntou à sua nova equipe de trabalho. Nem mais parecia aquele jovem que quando encarnado só aproveitava a vida. Hoje, mais contido, a tudo aceitava, com uma única intenção: aprender.

— Por que não acompanhamos o seu aprendizado? Por que iremos afastar-nos dele?

— Porque fomos chamados ao plano físico, enquanto Lauro tem de trabalhar no umbral.

— Para mim, entre plano físico e umbral existe pouca diferença...

Fiquei sem graça, porque me olharam com "aquele" olhar... o coitadinho do papai aqui sorriu amarelo. Mas insisto em dizer, não é de hoje que certos lugares, onde muitas pessoas se reúnem para se divertir, são piores que o próprio umbral.

— Tem razão, Luiz, poucos são os lugares onde ainda se divertem com dignidade. O encarnado parece fugir da verdade, preferindo se suicidar a enfrentar a realidade. É penoso o que vemos: crianças se drogando e perdendo a oportunidade de bem viver. A sociedade está enfraquecida mais por culpa dela mesma, quando finge não perceber que a morte ronda aqueles que brincam com a liberdade.

— Olegário, há poucos dias fomos até uma chácara onde alguns granfinos se divertiam, comentou Sara. As *pobres* crianças ricas presenciavam os pais se drogarem e se embriagarem e o pior é que ainda davam bebidas alcoólicas para os filhos, como se fosse um fato muito natural. Esses pais não pararam para pensar que o mundo espiritual caminha passo a passo com o mundo físico. Basta um escorregão e já estamos do outro lado. E com que bagagem chegarão à verdadeira pátria?

— Com a maleta do desespero, falei.

—É isso mesmo, amigo. Agora vamos até Santinha ver como se encontra. Depois nos espera um trabalho na crosta da Terra.

Olhei ternamente o meu grupo e disse para mim mesmo: "Senhor, eu Te amo, não só porque existo, mas porque da pedra me tiraste, na flor me perfumaste, como animal me fortaleceste e como homem me deste um coração para amar a tudo e a todos. Obrigado, meu Deus".

Capítulo XII

JOÃO BATISTA, VOZ QUE CLAMOU NO DESERTO

E, assim, alcançamos Minha Morada, a pequena colônia dos crisântemos. Suas ruas, seus jardins, tudo é repleto de crisântemos. Linda, muito linda a Morada.

— Karina, por que Santinha veio para cá?

— Seus pais aqui se encontram. O senhor Florêncio é um leal trabalhador de Jesus junto aos vales de sofrimento.

Depois de passearmos pelos bosques e pelas ruas, chegamos, finalmente, ao lar de Florêncio, casa simples, mas circundada por um belo jardim.

Uma simpática e gentil senhora nos recebeu:

— Sejam benvindos.

— Santinha aqui se encontra? perguntou Olegário.

— Oh, sinto muito, ela não se encontra em casa, pois trabalha em uma fábrica de artefatos e ainda presta auxílio aos doentes do hospital socorrista. Mas estejam à vontade, logo estará de volta.

Serviu-nos um suco de frutas enquanto conversávamos. Estava louco para perguntar-lhe sobre a colônia, mas me mantive em silêncio, admirando as belas telas que emolduravam as paredes daquele belo lar.

— Está gostando, irmão, das minhas telas?

— Muito. Meus parabéns. A senhora as pintou?

— Sim, adoro pintar e quando tenho tempo coloco na tela o meu agradecimento a Deus.

— Irmã, desculpe perguntar, como faz para conseguir tintas e pincéis?

— Troco pelos meus bônus-hora.

— E onde são feitas as tintas?

— Nas indústrias da nossa Morada. Nelas trabalham grandes conhecedores de arte. Os tons são lindíssimos e as telas de excelente qualidade.

— A irmã pode gastar à vontade os seus bônus com tintas e telas?

— Não, se estou gastando demais sou advertida, pois não é permitido o desperdício a um filho de Deus. Devemos adquirir a disciplina divina.

— Também trabalha no lar?

— Não, irmão, hoje aqui estou, porque os esperava. Trabalho no Lar de Maria, um hospital-escola onde recebemos crianças de um a sete anos.

Adorei a irmã Abigail e com ela conversamos bastante.

Santinha não se fez esperar. Bem rejuvenescida, no seu olhar a felicidade dava-nos as boas-vindas.

— Meu Deus, vocês aqui!

Correu a abraçar Karina. Após os cumprimentos, falou:

— Acho que não é preciso apresentá-los à mamãe, todos já a conhecem.

— Santinha, você é uma privilegiada, além de morar no céu, tem por companhia um anjo.

— Obrigada, Luiz Sérgio, sou de fato muito feliz.

Karina, então, perguntou:

— Conte-nos o que lhe aconteceu.

— Conscientizei-me de que depois que não pertencemos mais ao plano físico, de sermos banidos da sociedade terráquea com o nosso sepultamento, rasgam-se a carteira de identidade, os cheques, os cartões de crédito, os contra-cheques, enfim, tudo o que nos identificava com o mundo físico. Foi doloroso ter de me separar da família, deixar cada qual viver a sua vida encarnada. Estava prestando pequenos serviços no hospital, quando papai foi-me buscar. Fiquei muito feliz e ainda mais ao reencontrar mamãe. Tive dez dias de folga e, nesse período, papai me trouxe a esta bela Colônia, para conhecê-la. Cheguei a pensar que aqui não houesse serviço, pois sendo tão bonita deu-me a impressão de ser o "céu". Mas papai voltou a prestar assistência nos vales e mamãe retornou aos seus afazeres. Então, sai à procura de uma ocupação para mim e fui ao Departamento do Trabalho. Inscrevi-me e fiquei aguardando o chamado. Passaram-se algumas horas. Nem acreditei quando ouvi meu nome: "Irmã Maria Santa, dirija-se ao portão cinco, onde está sendo esperada". Para lá me dirigi e fui recebida por Glória, que me levou até o irmão Pedro Paulo, para ser entrevistada. Senti que estava sendo testada na fé, na humildade e na caridade. Indagaram em que setor eu desejava trabalhar, ao que respondi:

— Onde vocês acharem que serei útil.

— E Pedro Paulo pediu a Lorena que me levasse até o alojamento trinta e três. Agradeci. Caminhei calada ao lado de Lorena, orando em silêncio. Atravessamos o jardim e logo depois entramos em um lugar que me pareceu um túnel. Lorena apenas me sorria, talvez por sentir o meu nervosismo. À medida que entrávamos, os soluços e os gemidos chegavam aos nossos ouvidos, o que nos levava à prece para não fraquejar.

'— Ao atingirmos o alojamento, deparamos com diversos corpos, verdadeiros farrapos humanos, que jaziam nas macas. A irmã me apresentou a Samuel, que lutava para acalmar Andréa, uma jovem de vinte anos que havia desencarnado com *overdose*. Ela vomitava uma substância esverdeada com um odor forte. Aproximei-me e a ajudei com carinho. Samuel sorriu e se afastou. No início me assustei, mas logo estava a tratá-la, como se fosse minha filha. Naquele ambiente não se tem tempo nem de pensar. Os gritos agudos, as faces desfiguradas pelo sofrimento clamando por socorro, tudo me tocou a sensibilidade.

— A irmã continua trabalhando lá?

— Sim, Luiz Sérgio, e sou muito feliz por aliviar tantas dores. Desde aquele dia fiquei junto a Samuel. Faço de tudo, procurando ser a operária de Jesus: limpo desde os doentes até o chão, faço tudo por amor.

— Já pode sair de lá? continuei.

— Sim, mas lá ficarei. Não porque foi o meu primeiro trabalho, mas porque, convivendo com os sofredores, aprenderei a respeitar todos os meus irmãos.

— Ficamos felizes, Santinha, por vê-la amparada e já trabalhando. Sabe que a irmã rejuvenesceu? E está muito elegante esse seu *tailleur* cinza-petróleo e a blusa alva.

— Obrigada, Luiz. Não estranhe em me ver bem vestida, acontece que hoje foi a festa do nosso Departamento. Vários doentes receberam alta e serão encaminhados para o trabalho. Nos outros dias visto o traje simples do servidor de Cristo.

— Todos os espíritos dispõem de trajes variados? perguntei.

Quem me elucidou sobre o assunto foi a mãe de Santinha.

— Não. Somente vestirá melhor roupa aquele que fizer jus a ela, através do trabalho. Mas, à medida que vamos obtendo crescimento espiritual, pouco valor damos às vestes.

— Irmã, os leitores sempre indagam sobre o trajes dos espíritos. Por que, quando alguém pede notícias de um desencarnado, o médium geralmente o vê trajado com a roupa do desencarne ou uma do seu antigo guarda-roupa?

— Aquela com a qual desencarnamos, que levamos para o túmulo, nos pertence e, quando socoridos, trocamos por um pijama ou um camisolão. Entretanto, as do nosso guarda-roupa físico não são mais nossas. O médium descreve a roupa porque o espírito, ao dar ao médium a notícia, é envolvido por fluidos que plasmam a roupa que os familiares conhecem. Mas isso não quer dizer que ele esteja vestido com essa ou aquela roupa. Isso acontece para um melhor reconhecimento.

— Bem, mas chega de falarmos da aparência, vamos conhecer mais dos seus dias aqui.

— Olegário, eles são tão maravilhosos que nem os vejo passar.

— Não voltaste mais ao plano físico?

— Sim, algumas vezes. Minha família vai muito mal, cada vez mais longe de Cristo.

Karina abraçou Santinha, dizendo:

— Querida, já estamos de partida, o dever nos chama. Sempre viremos vê-la.

— Obrigada. Jamais os esquecerei e recordem que esta casa é de vocês.

Despedimo-nos de Santinha e de sua mãe, que carinhosamente a tudo observava. Quando ganhamos a rua, corri com Sara pelas alamedas. Ao chegarmos ao Parque da Vida, paramos para esperar os outros, que não demoraram. Ficamos conversando, recordando muita coisa. Antes de partir, Hilário fez a prece:

"Senhor, meu Deus, quão bela é a Vossa estrada, dai-nos coragem para percorrê-la, não nos deixeis perdidos nas suas margens. Fazei de cada um de nós trabalhadores conscientes do valor da verdade e da vida. Senhor, amparai aquele que chora, mas consolai ainda mais aquele que luta para não chorar. Ajudai-nos, hoje e sempre."

Terminada a prece, fomos até a Universidade. Gostei muito, pois adoro reencontrar João e Corina, e depois, é muito bom viver nesses *dois mundos tão meus*: estudo e trabalho.

O auditório já se encontrava lotado e no painel aparecia a primeira questão:

Mateus, Cap. III, versículo 9:

E não queiras dizer dentro de vós: Temos Abraão por pai, porque eu vos digo que Deus pode fazer destas pedras filhos de Abraão.

Resposta:

Ufanavam-se os fariseus da descendência de Abraão, na qual punham o fundamento de todos os seus privilégios e acreditavam que isso bastasse para pertencer ao reino messiânico e salvar-se. João Batista disse que não é a descendência carnal que tem valor, e Paulo desenvolveu este pensamento, ensinando que o verdadeiro descendente de Abraão é o homem de vida íntegra. E que Deus pode fazer das pedras filhos de Abraão. Aqui fica confirmado o que dizem os livros espíritas: a passagem do homem pelo reino mineral.

Vários outros assuntos foram tratados, para o nosso próprio aproveitamento, todavia, não posso deixar de passar para vocês o que aprendi sobre João Batista. Ele, o precursor de Jesus, fôra o primeiro a anunciar o reino do Cristo e o primeiro a sofrer. À nossa frente aparecia a figura de João, prisioneiro na fortaleza de Herodes Antipas. O trabalho de João tivera lugar no território leste do Jordão, que se achava sob o domínio de Antipas. Herodes escutava as pregações de João e o admirava muito. Chegava mesmo a temê-lo, por ver nele a justiça e a honradez. João o elucidava sobre o perigo da sua união com Herodíades, esposa do seu irmão Filipe. Por algum tempo Herodes procurou esquecer a cunhada, porém, mulher astuta que era, enlaçou-o mais firmemente em suas redes e tramou a vingança contra João, induzindo Herodes a prendê-lo. Apesar dos amigos que sempre o visitavam na prisão, levando notícias do Mestre, João — o querido precursor de Jesus — sofria com a inatividade, vendo passar semana após semana. Os discípulos de João não se conformavam. Sendo Jesus o Messias, por que nada fazia Ele pela liberdade de João Batista? Esta pergunta persistia na mente dos discípulos de João. Como poderia Ele permitir que Seu precursor ficasse preso e talvez perdesse a própria vida? Enquanto João permanecia encarcerado, parecia que Cristo contentava-Se em reunir Seus discípulos em volta de Si, curar e ensinar o povo. Ao mesmo tempo, Herodes e a vil amante consolidavam sua união, e o clamor do pobre e sofredor bramia no céu da Galiléia. Os seguidores de João não compreendiam a atitude de Jesus e foram falar com Ele. O Mestre nada lhes disse e continuou a curar com o toque de Suas mãos e a ensinar o Evangelho ao povo. Os discípulos de João foram chamados por Jesus, que lhes disse: "Bem aventurado é aquele que não se escandalizar em mim". Os discípulos levaram a mensagem e foi o suficiente.

João recordou-se da predição concernente ao Messias. *Isaías*, Cap. LXI, versículos 1 e 2:

O Senhor me ungiu, para pregar boas novas aos mansos; enviou-me a curar os quebrantados de coração; a proclamar liberdade aos cativos, e a abertura de prisão aos presos e a apregoar no ano aceitável ao Senhor.

Foi então que João se recordou de quando, como Elias, "*...um grande e forte vento fendia os montes, quebrava as penhas diante da face do Senhor; porém o Senhor não estava no vento; e* *depois do vento o terremoto, e também o Senhor não estava no terremoto, e depois do terremoto o fogo, porém o Senhor não estava no fogo, e depois do fogo o Senhor falou ao profeta por uma voz mansa: que fazes aqui, Elias?* (*I Reis*, Cap. XIX, versículos 11 a 13).

Jesus fez a Sua obra sem armas nem submissão de tronos ou reinos, mas falando ao coração dos homens por uma vida de amor ao próximo. João compreendeu o que Jesus quis dizer: "Bem-aventurado é aquele que não se escandalizar em mim". Era um branda repreensão a João, significando que devemos seguir Jesus, sem temer as injúrias e os açoites. Muitos julgam que somente porque amam o Senhor estão isentos dos sofrimentos. João Batista tinha de expiar sua falta, pois como Elias deixou-se levar pela ira. Depois desse episódio com os discípulos do Batista, Cristo enaltecia o Seu precursor, falando dele sempre com carinho. E nós sabemos que, como João, ele não fez cair fogo do céu ou ressuscitou mortos, como fizera Elias (*João*, Cap. X, versículo 41). João Batista veio para anunciar a vinda do Messias, por isso sua vida foi de solidão; viveu no deserto e não lhe foi dado ver os frutos de seus labores nem teve o privilégio de trabalhar com Jesus ou assistir às curas que o Mestre realizava.

Eu nem piscava, sempre admirei João Batista e ele, no teatro vivo, com sua estranha veste, me comovia por demais, principalmente quando Herodes, divertindo-se e bebendo ao lado dos convidados, mandou que a filha de Herodíades, sua enteada Salomé, viesse à sala do banquete para dançar. No viço da juventude, com sua estonteante beleza, Salomé cativou os nobres convidados. Naquela época, as senhoras da Corte não tinham o hábito de comparecer àquelas festividades, e foi prestada a Herodes essa homenagem, quando Salomé, filha de Herodes Filipe e princesa de Israel, dançou para entreter os convidados. O rei, perturbado pelo vinho, desejou apresentar qualquer exibição que o exaltasse diante dos grandes do reino. Prometeu, então, dar a Salomé fosse o que fosse, até metade do seu reino. Salomé correu até sua mãe, e esta sem vacilar pediu a cabeça de João Batista. Salomé assustou-se, desconhecia a sede de vingança de Herodíades, mas esta, diabólica, a convenceu e o pedido foi feito: "Dá-me aqui no prato a cabeça de João Batista". Herodes ficou aturdido. Cessou a ruidosa festa e um fúnebre silêncio tomou conta do ambiente. No entanto, sua palavra estava empenhada, e não queria parecer inconstante ou inseguro. Esperou que alguns dos seus convidados defendessem João, porém aqueles homens se calaram e logo a cabeça do precursor de Jesus enfeitava a salva de prata. Herodíades, em júbilo, saudou a morte de João Batista.

Capítulo XIII

ALESSANDRA — A CERTEZA DA FÉ
PETER NAS GARRAS DA AIDS

Voltemos ao teatro vivo, onde João Batista era presença majestosa e nós, profundamente emocionados, víamos um belo filme sobre ele. Por toda a Galiléia se espalhavam as histórias sobre o profeta, chegando elas até Jesus. Ele as ouvia, comovido, recordando-Se do primo. Não havia, entretanto, qualquer contato entre eles. Um vivia em Nazaré, o outro no deserto da Judéia. Mas com os desígnios de Deus ninguém pode, e eles se cumpriram. Naquele dia os dois se reencontraram. João tinha conhecimento dos fatos que haviam assinalado o nascimento de Jesus, do encontro de Isabel com Maria. E quando fixou o olhar no Mestre, curvou-se com respeito. Aquele homem era diferente de todos os outros que dele se aproximaram. Jesus era possuidor de uma pureza de caráter que jamais divisara em homem algum. Jesus pediu o batismo a João e este falou: "Eu careço de ser batizado por Ti, e vens Tu a mim?" Com branda, mas firme voz, Jesus respondeu: "Deixa por agora, porque assim nos convém cumprir toda justiça". Humildemente, João desceu com o Mestre ao Jordão.

Ao deixar as águas do Jordão, Jesus inclinou-Se em oração. Quanto exemplo Ele nos deu com este gesto! O de que cada ser precisa lavar-se na água da humildade para ter a força de viver no plano físico.

João, emocionado ao ver Jesus curvado diante dele, orou a Deus com o coração repleto de lágrimas. Quanta beleza diante de nossos olhos!

As luzes foram-se apagando e nós nos preparando para a retirada.

Da porta, contemplei o jardim de Maria e fiquei a pensar sobre os que renegam a Mãe de Jesus, dirigindo-Lhe palavras duras; são os fariseus de ontem, os mesmos espíritos que depois queimariam os cristãos. Hoje não chegam a tanto, mas usam as palavras duras da crítica, do ódio e do fanatismo. Entretanto, Maria, como mãe amorosa que é, ora a Deus pedindo perdão por todos aqueles que ainda julgam que só a sua religião é a certa, enquanto que a religião ensinada por Jesus foi e ainda é a da humildade, do perdão e do amor. Não devemos forçar ninguém a crer no que julgamos certo. A Inquisição surgiu do medo e da covardia. O espírita deve ter consciência de que a fé, por ser raciocinada, não exige que ele saia à rua com o estandarte da propaganda ou que se arme da crítica para desprezar os que não pensam como ele ou os ameaçam com o chicote do fanatismo.

No jardim de Maria, deixei meu coração cantar esta canção:

Eu Vos amo, Senhora,
Mãe de todos nós
Bendita sois Vós
Maria de Nazaré
Força da vida
Santuário da minha fé
Mãe querida,
Maria, vinde a nós
O coração dói tanto
Bendita sois Vós
Secai meu pranto
Senhora, Rainha do Céu

Exemplo de fé
Maria de Nazaré
Andamos ao léu
Ajudai-nos, Senhora
A caminhar em paz
Senhora, consolai-nos
Precisamos demais
Maria, Maria, mãe de Jesus.

Ao terminar, um dos irmãos me perguntou:

— Gostas muito de Maria, não é, Luiz?

— Amo Jesus e respeito Aquela que O carregou ao colo. Depois, não concebo alguém se dizer cristão ou espírita-cristão e apontar erros nos outros, esquecendo-se de que Jesus não veio destruir a lei, veio vivê-la na sua plenitude, ensinando os homens a respeitá-la. Não vimos Jesus pregando contra as Escrituras; em nenhum momento sequer Ele desejou rasgar o Antigo Testamento. E Allan Kardec, o grande codificador do espiritismo, revelou a todos os homens a beleza do espírito. Ele transformou o espiritismo, supostamente relacionado com bruxarias e supertições, numa doutrina reveladora, onde o homem encarnado pode conhecer o mundo espiritual à medida que vai desprendendo-se da matéria. O verdadeiro espírita nada deseja destruir, pois tem a consciência de que seu tempo como encarnado é mínimo e precisa ser aproveitado no estudo das obras básicas e nos trabalhos caritativos. Podemos perceber que os que vivem em polêmica, atacando aqui e ali, nada fazem, passam pela Doutrina em total ostracismo. Só o amor constrói. Quem vive em contendas tem por companhia a vaidade e o egoísmo.

— Allan Kardec, continuei, conhecendo muito bem a Humanidade, ofereceu-nos a admirável obra *O Evangelho Segundo o Espiritismo*, onde encontramos esta mensagem de um espírito israelita (Cap. I, item 9 —*Não vim destruir a Lei*):

O Cristo foi o iniciador da mais pura, da mais sublime moral, a moral evangélico-cristã, que há de renovar o mundo, aproximar os homens e torná-los irmãos; e há de fazer brotar de todos os corações humanos a caridade e o amor ao próximo e estabelecer entre todos os humanos uma solidariedade comum.

Desavenças, agressões morais, cada um desejando tornar-se o dono da verdade, é triste, nada constrói, e mais triste ainda é convivermos com tais fatos.

— Sabe, Luiz, que existem espíritas contrários ao Antigo Testamento?

— É que eles se consideram melhores do que Jesus, falei.

— Não só contra o Antigo, mas contra o Novo Testamento também. Na concepção desses falsos espíritas, a Doutrina Espírita deveria existir sozinha, sem vínculo com os antigos construtores, esquecendo-se eles de que o sacerdote de ontem pode ser o espírita de hoje, praticando os mesmos erros.

— Não devemos criar na Doutrina rituais e dogmas, completei, todavia, cabe-nos respeitar outras religiões, que os criaram. É dever do cristão assim proceder, ainda mais se ele é espírita e estuda as obras básicas, onde encontramos Allan Kardec dando lições de hombridade.

No livro *O que é o Espiritismo*, Allan Kardec oferece a todos nós um banho de sabedoria, quando dialoga com um "crítico" (*Pequena Conferência Espírita, 1º Diálogo*). Eis uma das mais belas passagens desse importante livro, quando "o visitante" pergunta:

Então, no vosso entender, a crítica para nada serve, a opinião pública nada vale?

Ao que Allan Kardec responde:

Não considero a crítica como expressão da opinião pública, mas como juízo individual, que bem pode enganar-se. Lede a História e vereis quantos trabalhos importantes foram, ao apare-

cer, criticados ao aparecerem, sem que isso os excluíssem do número das grandes obras; quando, porém, uma coisa é má, não há elogio que a torne boa.

— Perder tempo criticando e atacando os irmãos denota falta do que fazer e todos sabemos que poucos são os obreiros na Doutrina.

— É mesmo, os espíritas que vivem brigando entre si longe se encontram da pureza doutrinária. Allan Kardec, em nenhum de seus livros, atira pedras no quintal do vizinho, por isso ele foi escolhido para virar a página da História. Uma doutrina só é verdadeira quando reforma o homem; se não deixarmos a capa do orgulho para trás, não teremos condição de alcançar a montanha do conhecimento espiritual, porque vai-nos faltar a asa da humildade e, rastejantes, ficaremos atirando pedras, pois que em nosso campo de trabalho só elas se avolumarão à nossa frente.

Nisso, Olegário aproximou-se, convidando-nos para irmos até a sala azul, onde receberíamos fluidos reconfortantes.

Fiquei naquele ambiente, sonhando acordado, aproveitando para orar por todos os meus irmãos, principalmente por você, leitor, que professa a Doutrina Espírita, que já chegou junto à fonte das águas cristalinas; desejo-lhe uma reforma íntima conscientizada de que o espírito é imortal, mas que, embora encarnado, nem mesmo o seu corpo lhe pertence. Por que ficar perdendo tempo com brigas e mentiras?

Orei também pelos médiuns, para que tomem muito cuidado com as mensagens, evitando assiná-las com nomes respeitáveis. O bom médium não é aquele que só recebe "figurões", mas sim o que distribui ao seu redor as flores da paz e da verdade. Portanto, não caia no ridículo, é triste ver um médium em desequilíbrio. Não queira mudar ninguém, fazer os outros tornarem-se espíritas, recorde que a nossa Doutrina é mais uma filosofia de vida e feliz daquele que a compreende e procura vivê-la. O espírita tem por obrigação instruir-se; depois da teoria precisa deixar que os ensinos doutrinários lavem sua alma. Assim alicerçado, saberá viver em espírito e verdade, ainda que vestido de um corpo carnal.

— Luiz, estás tão pensativo! — era Olegário, que me chamava à realidade.

— Sim, amigo, ando meio preocupado. Estão brincando com a Doutrina Espírita.

— Agora acabou o recreio. Vamos buscar mais uma irmã que está prestes a vir para cá.

Nada falei, apenas acompanhei os meus amigos à casa de Alessandra, uma bela jovem de dezoito anos.

Chegamos a um apartamento modesto, mas de muito bom gosto. Apenas Leonor, a mãe, e a serviçal Maura se encontravam em casa. Nada perguntei. Não demorou e chegou o pai, Antônio, com a jovem. Sua aparência não me deixava dúvidas quanto à doença: poucos cabelos e cor característica. Parecia exausta. Leonor correu a abraçá-la e ela, muito carinhosa, enlaçou a cabeça da mãe em seu corpo.

— Tudo bem, mamãe, só estou um pouco cansada.

Quando Alessandra saiu da sala, Leonor perguntou a Antônio o que dissera o médico.

— Ela está muito mal, respondeu seu marido.

— Meu Deus, como suportar tal fato?

— Muito simples, rogando a Deus, pedindo forças.

— O que tem Alessandra? perguntei, então, a Olegário.

— Câncer no fígado.

— Por isso estamos aqui? Ela vai desencarnar? continuei, curioso.

— Penso que agora não. Só vimos fazer uma pequena visita à minha família. Alessandra é minha bisneta e não demora em deixar o físico. Os pais, espíritas, têm encontrado forças para ajudá-la. E ela também é um mimo de garota.

Fui até o quarto, Alessandra escrevia em seu diário. Sentei-me ao seu lado, alisando seus cabelos, e não posso deixar de transcrever algumas linhas do que os meus olhos leram:

“Meu diário amigo, hoje me encontro muito cansada, sinto que logo irei partir. O bom é que nada temo, me considero feliz, porque é mil vezes melhor o homem conviver com o desgaste de suas células do que aniquilá-las através dos vícios. Ontem vi um garoto pobre, cheirando cola. Quanta infelicidade no seu olhar! Um menino velho, porque nele os sonhos já se dissiparam. Para mim, uma pequena melhora já é uma vitória; enquanto os meus médicos tudo fazem pelo meu corpo, aquele jovem, como também outros, se suicidam a cada momento. Quando estive hospitalizada, alguns doentes sonhavam em voltar para casa. Ironia da vida! Quantas criaturas, por causa dos vícios, passam dias e dias longe dos lares, desprezando pais, filhos, enfim, a família. Um dia, meu diário, perguntei a uma doente o que ela queria ganhar de presente de Natal, ao que me respondeu: “só um pouco de saúde, para alegrar meus filhos”. Sei que vou morrer e não demora muito, mas sei também que levarei para onde for a certeza da minha fé. Amo meus pais, meus amigos, enfim, o amor é meu companheiro, por isso sou tão feliz.”

Alessandra mal acabara de escrever e a equipe do desencarne deu entrada no quarto. Aproximei-me, dizendo:

— O que vocês querem? Olegário só veio visitar a família. Já está na hora de Alessandra partir?

Eles me cumprimentaram e se chegaram a Alessandra, que já se encontrava caída sobre a escrivaninha. Corri até a sala para chamar Olegário, mas ele já estava com os pais da jovem, consolando-os.

— Olegário! chamei. Ele me olhou e pela expressão do seu olhar compreendi que chegara a hora de Alessandra.

Deixei meu grupo naquele lar e busquei uma praça para orar e recordar os garotões, seus carros envenenados, as meninas seminuas, todos vivendo além do permitido, enfim, buscando a morte a cada minuto, porque para eles a vida corpórea é eterna. Senti pena dessas criaturas que passam pela vida sempre recebendo e nada ofertando de bom ao seu espírito. Voltei à realidade com Sara me chamando:

— O que há, frade? Todas as vezes que te encontro estás tristonho...

— Nada, irmã, estava pensando naqueles que lutam para viver na terra enquanto outros a desrespeitam.

— Sim. Hoje nos defrontamos com um mundo difícil de ser analisado. Bem, mas deixe pra lá e vamos andando. Olegário nos espera para levarmos Alessandra para o Hospital de Jesus.

De volta à casa de Alessandra, o corpo físico ainda lá se encontrava enquanto seu espírito, deitado na maca, encontrava-se adormecido. Era de se admirar aquele espírito tão sereno, raro hoje em dia, quando tantos se suicidam. A equipe estava ainda desligando suas rodas energéticas. O perispírito, mesmo já afastado, ainda mantinha uma ligação com o físico, mas logo foram separados pelos técnicos. Notei que as rodas sagradas, que ficam no duplo etérico, pareciam queimadas. Perguntei ao Olegário o porquê e ele me respondeu:

— Simplesmente porque Alessandra esteve muito tempo doente.

Uma imensidade de fios energéticos não haviam sido ainda desligados totalmente do físico e quando os pais choravam, causando influência em Alessandra no desejo de voltar à vida física, esses fios deslizavam em direção ao corpo físico, saindo do perispírito. As rodas, alojadas no duplo, iam, pouco a pouco, apagando-se. Os técnicos ainda demoraram bastante a concluir o trabalho de desligamento e, quando o terminaram, uma nova equipe levou Alessandra desacordada.

— Para onde ela vai? perguntei.

— Primeiro ficará em uma tenda socorrista, até terminar o funeral; depois, levá-la-emos até o Hospital de Maria.

— Observei que outros espíritos familiares oravam pela paz de Alessandra e foram eles, junto àqueles socorristas, que a levaram para o hospital da espiritualidade.

— Vamos até o Centro que nos abriga em nossos trabalhos, falou Olegário.

— Não vamos com Alessandra? perguntei.

— Não, nada podemos fazer, não pertencemos ao grupo socorrista.

— Depois poderemos visitá-la?

— Sim, estaremos junto a ela. Agora vamos começar outro trabalho.

Percorremos as avenidas da grande cidade. Caminhava em silêncio, não queria saber aonde íamos. Meu peito doía de tristeza por presenciar um mundo físico tão duro e cruel. Olegário dirigiu-se a um hospital, onde Peter agonizava. Ficamos olhando aquele corpo físico todo chagado, magro, muito magro mesmo. Junto dele uma equipe especial dava-lhe assistência. Era impressionante a aparência de Peter, os ossos pareciam furar sua pele, tal a sua magreza.

— Luiz, que doença cruel, como castiga o homem! comentou Sara, condoída.

— É mesmo, parece uma praga destruindo vidas.

O doutor Nabuco, da equipe socorrista, aplicava passes em Peter e este, no seu leito de dor, recordava sua vida de conquistas. Tinha sido rapaz bonito, muito bem financeiramente, mas sem controle algum sobre suas aventuras amorosas. Ia-me retirar, não querendo conhecer promenores de sua vida, porém o irmão Tibúrcio interceptou meus passos.

— Não vá, Sérgio, precisamos de sua ajuda.

Presenciei, então, descortinar-se pela mente de Peter sua terrível vida sexual: dupla personalidade; para os amigos, o bom moço, bem casado, filhos, enfim, cidadão normal; mas por detrás dessa aparência existia um outro homem, aquele que saía às ruas em busca de parceiros, não importando quais fossem. Fiquei atônito. Peter os buscava bem longe do seu círculo social. Era outro homem o que vagava nas rodoviárias, no cais do porto, nos cinemas, nos bares, enfim, em qualquer lugar onde o sexo não tem controle. Agora, no leito de um hospital, Peter estava sendo corroído pela doença e pelo remorso. No seu desregramento, não só adquiriu a AIDS, como a transmitiu à esposa e à filhinha Mariane.

Nisso, Idalina deu entrada no quarto. Alisando a mão do marido, notou uma lágrima rolando no rosto de Peter — penso eu que de remorso. A esposa mostrava-se enfermeira atenta. Formada em medicina, assim como o marido, jamais pudera imaginar que o pai de sua filha — um dos mais conceituados médicos da cidade — levasse vida dupla. E a conseqüência de tudo era aquela cruel realidade: ela, Peter e a garotinha, todos condenados à "morte".

Doutor Yang nos falou:

— O homem é muito cruel, não bastando a sua própria dor, ainda semeia desespero no caminho dos outros. Em Idalina o vírus ainda não se manifestou, mas breve sofrerá as primeiras crises da doença.

— Doutor, não existe um meio de os médicos espirituais efetuarem uma transfusão de sangue nessa irmã? Ela foi enganada pelo esposo e não é justo que seja vítima de tão cruel enfermidade.

— Ah, Luiz, como seria bom se pudéssemos aliviar todas as dores!...

— E a garotinha, onde está?

— Criada pela avó, encontra-se em estado terminal. Por isso a dor de Peter é mais intensa, ele morre de remorso por ter levado a doença para sua esposa e sua filha.

— Como surgiu esse drama?

— A filha nasceu doente e precisou realizar alguns exames. Para surpresa de Idalina, toda a família estava com AIDS. Peter confessou-lhe que, apesar de amá-la demais, não podia ficar sem suas conquistas masculinas. Ela gritou: "Por quê?" Ele apenas respondeu: "Porque meu corpo e minha alma não podem viver sem tal relacionamento". Idalina emudeceu. Em seu coração agora existia uma mágoa muito grande. Por que Peter não assumiu sua condição de homossexual? interrogava-se. Se tivesse hombridade para tanto, não teria semeado tamanha dor.

— Qual a especialidade de Idalina?

— Cardiologia.

— E a de Peter?

— Foi excelente cirurgião plástico.

— Meu Deus, como pôde jogar tudo fora?

Naquele corpo semi-cadavérico, a pele escurecida, escamosa, juntamente com as fístulas, davam a Peter uma triste aparência. A esposa dedicada tudo fazia por ele. Acheguei-me a ela, alisei seu cabelo com grande respeito e ela se arrepiou. Tive por Idalina um grande carinho. O que não vinha passando essa irmã, presenciando seu marido morrer pouco a pouco, sabendo que sua única filha logo pereceria e que ela, Idalina, também sofreria as conseqüências da doença! Olhei para Peter e perguntei a mim mesmo: "por que, meu Deus, somos tão egoístas?" Peter não tinha o direito de passar a doença para a esposa e a filha, porquanto, como médico, era conhecedor dos terríveis efeitos do vírus no organismo humano.

— Luiz, o mal de todos nós é julgar-nos isentos de qualquer doença.

— Não tenho nada com isso, Sara, mas acho sujeira um cara iludir uma jovem e ainda levá-la à morte. E a criança? Que maldade!

Senti que ninguém gostou do meu modo de pensar. Yang esclareceu:

— Luiz, o maior castigo de Peter é o remorso; quando olha a esposa dedicada, vem-lhe à memória que muitos dos seus parceiros nem se lembram de sua existência. E nos recordamos de Francisca Theresa, quando ora a Jesus: "As lágrimas que velam Vosso divino olhar aparecem-nos como diamantes preciosos que queremos recolher, a fim de conquistar, com seu valor infinito, as almas de nossos irmãos."

A equipe que prestava socorro a Peter foi-se retirando, dando entrada a do desencarne. Fiquei surpreso: além de culpado pela doença da esposa e da filha, Peter era também suicida inconsciente. Parei para indagar:

— Irmão Petrônio, pode explicar-me por que ele é considerado suicida?

— Não viste o filme, irmão? Peter buscava seus parceiros nos piores lugares; como médico, tinha conhecimento de que a perversão sexual leva a sérios danos físicos e, mesmo assim, não se importou com uma possível gravidez da esposa. E foi o que ocorreu. Portanto, ele é culpado não só de ter contraído a doença, como de ter contagiado a esposa e a filha.

— Mas, irmão, ele não sabia.

— Como não, Sérgio? Ele assumiu com Jesus, o Médico dos médicos, o compromisso de curar corpos, e não o de contaminá-los. A medicina é um sacerdócio e ai daquele que brincar com ele.

— E se ele não fosse médico?

— Mesmo assim seria culpado por não ter respeitado o seu lar.

— Peter não será socorrido?

— Será, mas a sua consciência irá, por muito tempo, acusá-lo de assassinato. Ele sofrerá de remorso, pagará muito caro suas horas de orgia. Irmão Luiz Sérgio, encontramos em Paulo, na sua *Epístola aos Romanos*, Cap. I, vv. 24 a 27:

E por que esses homens são assim tão loucos, Deus os entregou aos desejos dos seus corações para fazerem coisas sujas, e para terem relações vergonhosas uns com os outros. Eles trocaram a verdade de Deus pela mentira, e adoraram e serviram à criatura, em vez de adorarem e servirem o próprio Criador, que deve ser louvado para sempre. Por causa do que essas pessoas fazem, Deus as entregou a paixões vergonhosas. Pois até as mulheres trocam as relações naturais pelas que são contra a natureza. E também os homens deixam as relações naturais com as mulheres e se queimam de paixão uns com os outros. Homens têm relações vergonhosas uns com os outros e, por isso, recebem em si mesmos a punição que merecem, por causa da sua maldade.

— Não somos nós, os médicos da espiritualidade, que estamos dizendo isto, enfatizou doutor Yang, mas sim um dos maiores apóstolos de Jesus: Paulo de Tarso. Que visão, Luiz Sérgio! Quantos anos se passaram! Será que esses espíritos, que hoje brincam com o sexo, não são os mesmos daquela época de Paulo? A natureza não dá saltos e o sexo é a fonte da vida física, mas também pode ser a porta do inferno. A escolha está nas mãos do homem.

Acompanhando os últimos momentos de Peter na roupagem terrena, refletia sobre a vida encarnada: "quando estamos na flor da juventude, sequer paramos para pensar que a doença existe e destrói sem piedade o corpo de carne. O homem não se convence de que o corpo físico é u'a máquina não inteiramente conhecida por ele e que um dia terá de deixá-la. Se nem o corpo físico é nosso, por que somos ainda tão materialistas?"

— Porque a imperfeição cega, respondeu Sara.

— É mesmo, amiga.

Abraçados, afastamo-nos daquele local, onde a AIDS corroía um corpo físico como dona absoluta. Tive a impressão de que milhões de bactérias haviam subjugado o corpo físico de Peter, corroendo-lhe a carne com apetite feroz. Baixei os olhos e orei a Deus, pedindo forças a Jesus, para que Ele fique ao nosso lado até o final dos tempos, não nos deixando inertes diante das tentações; que Ele derrame sobre toda a Terra o orvalho do Evangelho, pois só assim seremos salvos.

Capítulo XIV

AMOR — MOEDA DOS DOIS PLANOS

— Para onde Peter será levado? indaguei ao doutor Yang, médico chinês especializado em cancerologia, quando nos retiramos.

— No momento, pouco podemos fazer por ele; sua perturbação é tamanha que os encarregados do socorro terão de levá-lo a uma Casa espírita, pois ele necessita demais dos fluidos de médiuns equilibrados.

Abordando vários assuntos, fomos chegando à Casa espírita. Não fui imediatamente para os aposentos, fiquei no salão, orando, e reencontrei Paulino e o irmão Ribeiro, que me levaram até a sala onde Peter, sonolento, já estava sendo tratado. Ao seu lado, a enfermeira Rosa era só dedicação. Olhava ansiosamente para a porta, querendo que viessem logo os meus amigos Hilário, Sara, Karina e Olegário. Mas nada deles aparecerem. Cinaro me chamou para que me dirigisse à cabine oitenta, onde o doutor Paulino me esperava. Para lá eu fui. Ele me indicou uma cadeira e me acomodei. Recebi uma corrente magnética, reajustando meus centros de força. Era uma sensação gostosa, eu parecia flutuar, tal a vibração da cabine. Estava quase a dormir, quando fui convidado a me levantar e dar a vez a Hilário.

— Egoísta, só você deseja tomar banho de paz?

— Egoísta é você, que não me deixa ficar mais tempo nesse pedaço de céu.

Paulino sorriu diante da nossa brincadeira. Saí de olhos fechados, passando por Olegário, Sara e Karina. Olegário postou-se à minha frente, dizendo:

— Luiz, deixe de brincadeira e vá à sala mediúnica, logo estaremos lá.

Continuei de olhos fechados.

— Está bem, chefe, está bem — dando de encontro com Cinaro, que carinhosamente me advertiu:

— Cuidado, Sérgio! Melhor seria se abrisse os olhos. Se você gosta de andar de olhos cerrados, por que não faz uns exercícios mediúnicos de vidência? Mesmo cerrando os olhos estará enxergando tudo ao seu redor.

— Perdoe-me, irmão, sou mesmo um desastrado, perdoe-me — inclinei-me, beijando-lhe a mão em reverência. Que Deus o abençoe, querido irmão.

Olhei para trás e meu grupo sorria. Cumprimentei-os, encabulado:

— Até já, companheiros! e me dirigi à sala mediúnica.

Colocado em uma cabine especial, reencontrei Peter deitado em uma cama protegida por grades magnéticas . Na sala havia seis cabines, todas com aidéticos. Em cada um deles a doença se desenvolvera de maneira diferente. Uns, completamente loucos, gritavam, proferindo blasfêmias; outros apenas sofriam em silêncio. Logo em seguida o restante do grupo chegou à sala. Brinquei com Hilário:

— Como vocês demoraram, hem? Deviam estar sujíssimos, o que fizeram de errado?

— Engraçadinho!... falou Sara.

Silenciamos, porque iam ter início os trabalhos.

A luz violeta banhou toda a sala. Além dessa tonalidade, várias outras cores foram energizando o ambiente, bem como o grupo mediúnico, chegando até a cor de prata. Acesas as lâmpadas que pairavam sobre a mesa, delas partiam outras lâmpadas, que os aplicadores usavam nas cabines. Os médiuns emitiam mentalmente a luz azul, que envolvia os doentes. Sobre a mesa acendiam-se e apagavam-se luzes, conforme a necessidade dos enfermos. Percebi que em Peter os aplicadores tiveram o cuidado de expulsar as bactérias da circulação, fazendo uma filtragem através dos rins. O perispírito dele recebia um tratamento especial; as herpes que deformavam sua pele eram mais visíveis nos seus órgãos internos. Notamos a luta dos médicos para retirar as toxinas da parte gástrica. Com a doença, Peter ingerira toda espécie de medicamento, inclusive "garrafada". Os aplicadores projetaram sobre ele luz verde e depois azul; por último, cor rosa-forte sobre a circulação hepática. Notamos que essa cor foi cauterizando não só a circulação hepática como a renal. Enquanto isso, os médiuns doadores, em total silêncio, continuavam fornecendo seus fluidos para que os médicos espirituais operassem.

Peter, já bem melhor, foi retirado, assim como os outros. Aquele grupo de médiuns foi assistido por seu mentor espiritual. Retiramo-nos, com a certeza de que o Centro espírita que não conscientizar seus médiuns de que mediunidade não é doença, e sim trabalho, ficará no meio da estrada, porque só permanecerão as Casas espíritas que colocarem a verdade face a face, rejeitando nove verdades a aceitar uma só mentira. Essa única mentira pode vir num único nome de espírito respeitável que algum dos seus médiuns venha a dizer que recebe. A Casa deve fazer os médiuns tomarem cuidado com o nome dos espíritos e, para não serem iludidos, vamos buscar a lição em *O Livro dos Espíritos*, Introdução, parte XI:

Esquisito é acreditarem que só se fale de espíritos de personalidades conhecidas e perguntarem por que são eles os únicos a se manifestarem.

Se o grupo estudar *O Livro dos Espíritos* como nos ensina o irmão Lázaro José, dificilmente cairá em ridículo, porque não poderá pretextar ignorância de que a Verdade é um sol, que nem os fanáticos religiosos irão apagar.

Era hora de descansar, porém antes quis dar uma chegada até um grupo numa Casa espírita onde se estuda *O Livro dos Espíritos* de uma maneira fácil de ser compreendida. Lá chegando, sentei-me à mesa com os alunos e aguardei a aula, que transmitirei para vocês.

Primeiro ocorreu a abertura dos trabalhos; logo depois Lázaro José, através da médium, falou que sem estudar a Introdução jamais entenderemos *O Livro dos Espíritos*, elucidando sobre os marcadores dos diversos capítulos, ensinando como se fosse um pai amoroso. Muitos podem julgar exagero de Lázaro, mas o seu método é ótimo para o aprendiz. A maioria dos freqüentadores de uma Casa espírita não tem conhecimento das obras básicas ou relegam sempre para depois o aprendizado.

Estudavam o item IX da Introdução:

Dizem, então que, se não há fraude, pode haver ilusão de ambos os lados. Em boa lógica, a qualidade das testemunhas é de alguma importância. Ora, é aqui o caso de perguntarmos se a Doutrina Espírita, que já conta com milhões de adeptos, só os recruta entre os ignorantes?

Deste trecho da Introdução, o grupo seguiu em busca de esclarecimento no belo livro *O que é o Espiritismo*. Acho bom o leitor buscar esse pequeno livro da Doutrina e se deliciar com os ensinamentos de Allan Kardec. Veja o que fala o "visitante", no 1º Diálogo:

Confesso-vos, caro senhor, que a minha razão recusa-se em admitir a realidade dos fenômenos estranhos atribuídos aos

Espíritos, persuadido que estou de estes não terem senão uma existência imaginária. Entretanto, eu me curvaria diante da evidência, se disso tivesse provas incontestáveis; por isso desejo merecer-vos a permissão de assistir somente a uma ou duas experiências, para não ser indiscreto, a fim de me convencer, caso seja possível.

Eis a resposta de Allan Kardec:

Desde que a vossa razão repele o que nós consideramos irrecusável, vós a credes superior às de todos quantos não compartilham de vossas opiniões. Longe de mim o pensamento de duvidar do vosso talento e a pretensão de supor minha inteligência superior à vossa; admiti, pois, que eu esteja iludido, é a vossa razão quem vô-lo diz: e não falemos mais nisso.

Assim prosseguiu o estudo da Doutrina Espírita. Allan Kardec dando uma lição de humildade, quando o "crítico" pergunta: *Não procurais fazer prosélitos?* E a resposta:

Para que buscarmos fazer-vos prosélitos, quando não o quereis ser. Não pretendo forçar convicção alguma. Quando encontro pessoas que sinceramente desejam instruir-se e dão-me a honra de pedir-me esclarecimentos, folgo e cumpro o meu dever respondendo-lhes nos limites dos meus conhecimentos; quanto aos antagonistas, porém, que, como vós, têm convicções arraigadas, não tento um passo para delas arredá-los, atento a que é grande o número dos que se mostram bem dispostos, para que possamos perder o nosso tempo com aqueles que o não estão.

Estou certo de que, diante dos fatos, a convicção há de vir, mais tarde ou mais cedo, e que os incrédulos hão de ser arrastados pela torrente; por ora, alguns partidários de mais ou de menos nada alteram na pesagem; pelo que nunca me vereis incomodado para atrair, às nossas idéias, aqueles que, como vós, sabem as razões que têm para fugir delas.

Veio ao meu pensamento o que ultimamente tenho visto: muitos espíritas usando o fermento do ataque, da desmoralização, enfim, brigando a pretexto de defender Kardec. Neste pequeno-grande livro, o Codificador dá a cada homem uma excelente lição de espírito missionário. Somente os imperfeitos brigam, por encontrar tempo para fazê-lo. Os justos respondem como Kardec: *não tento um passo para deles arredá-los*.

O grupo foi buscando outras páginas esclarecedoras de *O que é o Espiritismo*. Ao término da aula, perguntei a Lázaro:

— Irmão, o que faço para oferecer aos meus leitores, principalmente aos médiuns iniciantes, a elucidação sobre o perigo do ridículo, pois ultimamente os médiuns só desejam receber Emmanuel, André Luiz, Scheilla, Francisco de Assis, Jesus, Maria, e o pior é que encontram irmãos que acreditam neles?

— O médium tem por dever buscar uma Casa espírita, Luiz Sérgio, e esta, por sua vez, deve ter um grupo onde se estudam as obras básicas para o esclarecimento de cada adepto.

— Mas, irmão, muitos julgam difícil estudar *O Livro dos Espíritos*!...

— Primeiro, o dirigente precisa ensinar o médium iniciante a manusear *O Livro dos Espíritos*, pois é através dele que aprendemos a buscar toda a obra básica. Esse assunto encontramos na Introdução, no item XII:

Um fato demonstrado pela observação, e confirmado pelos próprios Espíritos, é que os Espíritos inferiores muitas vezes usurpam nomes conhecidos e respeitados.

Como podemos reconhecê-los? Simplesmente, buscando a resposta em *O Livro dos Médiuns*, Cap. XXIV: *Da Identidade dos Espíritos — Provas possíveis de identidade; Modo de se distinguirem os bons dos maus Espíritos. Questões sobre a natureza e a identidade dos Espíritos*:

Se um médium passar por um grupo sério onde estudamos a raiz da doutrina e não só saboreamos os frutos dessa árvore, ele jamais usará um nome famoso, sem ter certeza que seja verdadeira a mensagem.

— Irmão, terminada a Introdução, este grupo poderá iniciar a primeira parte?

— Não. Voltaremos a estudar a Introdução, agora com mais conhecimento do que quando iniciamos.

— E o grupo não se cansará?

— Não, se o dirigente encarnado não fugir do assunto; se ele acatar as instruções dos mentores, a aula será muito proveitosa.

Abracei Lázaro José e saí, contente. Tenho fé de que muitos Centros espíritas vão-se cuidar, não são os nomes respeitáveis que tornam bela uma mensagem, e, sim, o conteúdo da mesma. Ia tão distraído que quase tropecei em Hilário. Pedi desculpas e ele me disse:

— Vamos até a casa de Fernando, ele hoje sofrerá uma parada cardíaca.

— Posso chegar até a câmara de passe? Preciso fortalecer-me.

— Até já. Encontrar-nos-emos no chalé da saída.

— Está bem.

Dirigi-me à cabine magnética e lá fiquei; penso que até dormi. Quando acordei, senti redobrada vontade de trabalhar. Saí quase correndo.

— Calma, amigo, a pressa é a inimiga do homem...

— Querida, que saudade!...

Era Karina, que me levou até os outros, que estavam à nossa espera. Partimos para a residência de Fernando, uma luxuosa casa com piscina, quadra de tênis, campo de futebol, boate, sauna, enfim, a casa que qualquer encarnado gostaria de ter. Tudo parecia correr normalmente. Fernando tinha três filhos, uma bela esposa, enfim, vivia despreocupadamente no trabalho e nas festas sociais. Jamais pensava em "morte", praticava esporte, divertia-se, aparentando ser um homem cheio de saúde. Mas naquele dia ele, subitamente, sentiu uma forte dor no peito, caindo sobre a mesa do café. A esposa não acreditava no que lhe dizia o médico: *seu marido está morto*. Os amigos não compreendiam, como podia um homem de trinta e cinco anos morrer tão cedo? Nós, ao lado de Fernando, presenciamos o grupo fazer a separação espírito-matéria; fiquei bastante preocupado pois Fernando não saía de perto do corpo físico; julgava estar sonhando e gritava sem parar. Sara aproximou-se, aplicando-lhe passes, mas ele insistia em querer voltar ao corpo. Seu avô, Rogério, que lá se encontrava, disse-lhe:

— Fernando, acalme-se, a verdade, por mais dolorida que seja, é melhor do que o medo de enfrentá-la.

— Mas vovô, por que morri? Por quê? E os meus filhos e a Heleninha, o que será deles?

— Fernando, você não foi o primeiro nem será o último. O mal dos encarnados é que não gostam de falar de desencarne.

Fernando desmaiou nos braços do avô, e este, ajudado pelo grupo, o encaminhou para o pronto-socorro espiritual. Quando acordou, apesar de debilitado, saiu correndo atrás do seu físico. Constatamos, com pesar, que Fernando era materialista, sua fortuna era o que importava. Tanto que, durante o velório, mesmo sendo protegido por parentes e pelos técnicos da espiritualidade, só pensava na matéria, ressaltando o que tinha em dinheiro e ações. Os amigos lhe lamentavam a morte e ele chorava quando alguém dizia: *coitado, tão jovem, tão rico e morto tão cedo!* Foi um horror a noite em que seu corpo estava sendo velado, ele se deitava sobre o físico, tentando dominar novamente aquela veste estragada. Pedi permissão a Olegário e me aproximei de Fernando.

— Amigo, vamos embora, deixe seus familiares enterrarem seu corpo.

— Quem é você ? perguntou, demonstrando desprezo no olhar.

— Sou um irmão que deseja ajudá-lo.

— Não preciso de ajuda, a única coisa que quero é fazer este corpo voltar à vida.

— É o mesmo que desejar subir aos céus. Caia na real, Fernando, e procure ajuda. Na hora em que seu corpo descer à sepultura, será terrível para você.

— Quem é você? Por que está aqui? Não percebe que os que aqui estão são todos meus amigos?

— Sabe, Fernando, o mal do homem é nada saber sobre a morte, e quando ela chega vem junto o sofrimento.

— Obrigado e, por favor, nada de conselhos.

Voltei para junto dos meus amigos.

— Sérgio, como o Fernando é duro, não é? observou Sara.

— Duro e grosso! exclamei, concluindo.

Olegário me olhou com olhar de pai bravo, mas eu estava satisfeito. Que homem difícil era Fernando!

Na hora do sepultamento, quando o caixão desceu à terra agarrou-se nele, gritando que não queria que lhe enterrassem o corpo atlético, e fez mais alarde ainda quando todos foram embora. Mais uma vez cheguei perto dele, mas com o ódio que se apossara de seu espírito, me pôs a correr. Fernando aprontava, ali no cemitério. Olegário aproximou-se e com sua força espiritual o dominou. Dali saiu, deitado na maca, adormecido.

— Para onde vai ser levado? perguntei.

— Para a Casa Transitória.

— Quantos dias ficará adormecido?

— Uns três dias serão suficientes para se refazer do susto.

— Olegário, podemos ficar com Fernando?

— Podem sim.

Permanecemos ao lado daquele homem desesperado. Ao despertar, pulou da cama, porém Mara o segurou.

— Onde vai, irmão?

— Vou para casa, nem sei por que estou aqui.

Enquanto Mara segurava Fernando, entrou Constância. Fernando fixou-a com olhar irônico.

— O que faz aqui?

— Quero ajudá-lo.

— Mas por que me ajudar?

— Porque trabalho para Jesus.

— Continua com sua idiotice. Deixe-me em paz.

— Irmão Fernando, o mundo espiritual é lindo.

— Calma, Constância. Depois, eu não sou irmão de pobre. Já esqueceu sua condição inferior?

Constância nada respondeu. Aproximando-se de Fernando, aplicou-lhe uma injeção que logo o adormeceu.

— Quem é Constância? argüi.

— É um esteio da família de Fernando. Foi ela quem o criou, e também a seus irmãos. Quando cuidava dos filhos de Fernando, desencarnou com problemas respiratórios.

Para Fernando foi duro ver a antiga babá iluminada de luz e de paz. Ela ficou ali, velando carinhosamente o sono de Fernando.

— Vai ajudá-lo? perguntei

— Sim, Luiz, pretendo ajudá-lo, ele não tem culpa de ser assim. Os pais eram muito ricos e lhe deram todo o conforto, mas jamais trataram de religião naquele lar. Para eles, doença, morte, pobreza, tudo isso era assunto de doidos.

— Eles eram bons para você?

— Eram, da maneira deles. Pagavam-me bem, só isso.

— Mas não foi você quem os criou?

— Sim, mas para as crianças a babá é apenas a babá. Agora, eu os amo como filhos, principalmente o Fernando.

Pudemos ouvir o diálogo entre Fernando e Constância, quando ele despertou.

— Bá, o que você faz aqui?

— Cuido de algumas crianças.

— Você gosta daqui?

— Sim, pois estou servindo ao meu Deus.

— Onde você mora?

— Moro na Colônia Azul, mas também dou assistência em outras colônias.

— Como pode ser isso, se você era quase analfabeta?

— Engana-se, Fernando, não sou tão burra como o menino pensa. Estudei o primeiro grau completo e quando seus pais foram para o Canadá eu fui com eles. Mas não foi esse conhecimento que me ofertou o direito ao trabalho. Foi este relicário — e apontou para o coração.

Fernando abraçou-a e falou:

— Ajude-me, Bá, preciso falar com Heleninha, não posso deixá-los como deixei.

— Logo que você melhorar, vou levá-lo até seus filhos.

Aproximei-me de Constância e falei, intervindo:

— Quero ir junto...

— Como não, Luiz, terei prazer em vê-lo ao nosso lado.

Logo estávamos na casa de Fernando. Tomado pela emoção, chorou quando sentou em sua poltrona preferida, depois em sua cama, e desejou ser ouvido por Guilherme. Meu grupo acompanhava tudo em silêncio, observando o seu retorno ao lar. Fernando dava escândalo sobre escândalo, enciumado pelo fato de a família estar vendendo tudo e fazendo a reforma da casa, dos móveis. Heleninha quase esquecera Fernando, afinal, já se passara um mês. Ela havia sido educada achando os religiosos loucos e, muito vaidosa, considerava o dinheiro a razão da sua vida.

A bela mulher coberta de jóias, roupas caras, pensava que o corpo que lhe vestia a alma fosse eterno. Nem a saudade nem a dor levaram-na a buscar a Verdade. Fernando, furioso, gritava junto dela, na intenção de ser ouvido.

Ouvimos a mãe de Heleninha alertá-la sobre a missa de mês, e ela, virando-se, falou:

— Mãe, o Fernando nunca gostou de padre, por que vou gastar dinheiro com isso?

— Filha, é o mínimo que podemos fazer por ele.

O filho se aproximou.

— Já tratei dos passaportes, mãe. Espero que possamos partir para a Europa imediatamente. Pretendo esquecer esta terrível dor da ausência do papai.

— É mesmo, choramingou Heleninha.

— Sua falsa! dizia Fernando.

Seu mentor espiritual interveio:

— Irmão, chega de criancice, você já não pertence a este mundo, vamos deixá-lo. Nele só o sofrimento colhemos. Sua família somente lhe guarda lembrança, nada mais você pode pedir, enquanto que na espiritualidade um mundo novo o aguarda. Neste momento lhe faço o convite, está em suas mãos aceitá-lo ou não. Não temos tempo de ficar assistindo a cenas familiares, por sinal bastante desagradáveis. Olhe como está seu belo terno italiano, a gravata francesa, os sapatos finos, toda a sua roupa está maltratada, está ficando vestido de andrajos.

Fernando parou para se auto-analisar e qual não foi sua surpresa quando percebeu que estava a um mês vestido daquela maneira. Saiu da sala em direção ao seu quarto, onde um *closet* de dez portas era o paraíso do consumo. Tirou do cabide uma, duas, três, quatro roupas, para escolher, assim como meias e sapatos; entretanto, por mais que fizesse, elas não chegavam ao seu corpo perispiritual. A matéria das roupas repelia seu novo corpo. Instintivamente, quando ele passava a camisa pela cabeça, ela vinha ao chão. Confesso que não pude conter o riso. Sara segurou-me o braço, advertindo-me. Mas que era engraçado, isso era, principalmente quando pensei: "e se alguém entrasse agora e visse as camisas suspensas no ar?..."

— Como Fernando conseguiu tirar as roupas dos cabides? perguntei a Olegário.

— Pela força magnética de Heleninha e das outras pessoas da casa.

De repente, Heleninha entrou no quarto e começou a gritar:

— Moema! Moema! Quem se atreveu a mexer nas roupas de Fernando? Já lhe disse que não vou dá-las a pobre nenhum, são roupas caríssimas, todas importadas. Fernando detestava os artigos nacionais.

— Senhora, eu jamais toquei numa só peça de roupa do doutor! disse Moema, entrando no quarto.

— Mas então, quem foi?

A mãe de Heleninha se benzia.

— Não sei não, minha filha, mas dizem que os mortos assustam os vivos.

— Que nada, quem morre torna-se pó. Hoje Fernando é apenas um gás compondo a atmosfera da Terra.

Diante de tanta coisa que não podia compreender, chorava, chorava, e me aproximei dele.

— Irmão, vamos embora, Deus espera por nós.

Ele se levantou mansamente, parecia que ia nos seguir mas, para surpresa nossa, quando se aproximou de Moema esta começou a falar grosso, xingando Heleninha e sua mãe; estas, apavoradas, não sabiam o que fazer. Olegário, muito rápido, aplicava passes em Fernando, mas ele, indiferente a tudo, soltava impropérios e a coitada da Moema não encontrava forças para detê-lo. Heleninha correu, mas Moema barrou-lhe os passos. A cena era dramática e cômica ao mesmo instante, mas pouco demorou. Olegário colocou a mão sobre a fronte de Moema e esta caiu desmaiada. Prestamos assistência à moça, enquanto Fernando relutava em sair da casa, principalmente agora que ele descobrira que Moema poderia ser-lhe útil. Quando Moema recuperou-se do desmaio, Heleninha lhe falou:

— Não gostei da sua atitude, querendo se passar por Fernando. Hoje mesmo lhe darei as contas.

— Mas senhora, perdoe-me, estou desenvolvendo a mediunidade, por isso aconteceu do doutor me "pegar".

— Não acredito. Gosto muito de você, mas não posso ficar com uma maluca em casa.

Aproximei-me de Heleninha e lhe disse umas verdades. Ela parou para meditar. Depois que lhe falei o que pretendia, fui saindo do quarto.

— Leve-me com você, disse Fernando, segurando-me o braço.

— Como não, amigo? Vamos embora, deixe que *os mortos enterrem seus mortos*. Sua família é mais feliz em julgar você morto do que vivo.

Os outros ali ficaram, tentando ajudar Moema e Heleninha; ganhamos o jardim. Fernando olhava aquilo tudo, quadra de tênis, campo de futebol, piscina, sala de jogos, sala de ginástica, enfim, o conforto que todo homem sonha, mas que não pertencia mais a ele.

— Vamos, Fernando, vamos embora, basta de sofrer.

— Não, não quero ir ainda, deixe-me olhar tudo o que construí e que terei de esquecer.

Foi até o pomar onde dois jardineiros prestavam serviço. Falou com os dois:

— José, como vai? Coloque adubo nas macieiras. Antônio, o canil precisa ser reforçado.

Pensei: "coitado, falando ao vento", mas para surpresa minha os dois obedeceram.

— Preciso colocar adubo nas macieiras, disse José.

— Vou reforçar o canil, completou Antônio.

Fernando ficou muito contente. Virando-se para mim, apressou-se a declarar:

— Sinto muito, amigo, mas ficarei morando com José e Antônio, eles podem conversar comigo.

Sentei-me, batendo com as mãos nas pernas.

— Não, pelo amor de Deus, não comece tudo de novo!...

— Por que não posso ficar em minha casa?

Seu mentor foi quem lhe esclareceu:

— Simplesmente, porque o irmão não pertence mais a este plano de vida. Olhe o seu corpo, há pouco nem a roupa conseguiu trocar.

Fernando baixou os olhos, alquebrado.

— Levem-me para o inferno, já que isso é o que vocês querem.

— Deixe de ser bobo, o que queremos é a sua paz.

Ele me olhou, como a dizer: que paz é essa que me separa da minha família?

Nada mais precisamos fazer. Fernando estava sendo levado para o plano espiritual. Ao chegarmos, despedimo-nos e eu lhe desejei muita paz. Ele me abraçou forte.

— Venha sempre me visitar, preciso de sua ajuda.

— Não fique triste, amanhã mesmo estaremos aqui para levá-lo a buscar trabalho.

Observei suas vestes amarrotadas, já gastas, e pensei: "bendita a moeda do amor, que podemos usar em qualquer plano".

— O que vão fazer com ele? perguntei a Karina.

— Dar-lhe um banho e equilibrá-lo um pouco.

Saímos para a Universidade Maria de Nazaré, aprontando-nos para as delícias do meu outro mundo.

O salão estava vazio; aproveitei para orar, agradecendo pelo mundo onde vivo. Não demorou a ter início as aulas no painel.

E vi Jesus Cristo surgir na Sua majestade.

Depois do batismo, Ele se refugiou no deserto. Jesus foi conduzido pelo Espírito ao deserto para ser tentado pelo demônio.

Painel: *Mateus*, Cap. IV, versículos 1 a 11.

Resposta:

No batismo, Deus apresenta Jesus como Seu filho a João Batista e à multidão que ali se encontrava. Depois, no deserto, Jesus buscou forças magnéticas para a longa caminhada evangélica, aproveitando para elucidar os homens sobre os perigos da gula, da avareza e da soberba.

Nesta passagem, Jesus diz ao homem que *não só de pão* ele vive. Quando diz *pão*, refere-se a todos os bens temporais; que nas estruturas sociais é necessário acautelar-se de tudo o que certas utilidades materiais podem oferecer ao homem, mas que podem opor-se-lhe ao caráter e proveito espiritual.

Dali, Jesus voltou à Galiléia: *E tendo ouvido que João fora preso, retirou-se para a Galiléia* (*Mateus*, Cap. IV, versículos 12 a 17):

E deixando Nazaré foi habitar em Cafarnaum, cidade marítima nos confins de Zebulon e Neftali, para que se cumprisse o que tinha sido anunciado pelo profeta Isaías, quando disse: Terra de Zebulon, terra de Neftali, caminho do mar, além do Jordão, Galiléia dos gentios! O povo que jazia em trevas viu grande luz, e aos que viviam na região e sombra da morte, resplandeceu-lhes a luz. Daí por diante, passou Jesus a pregar e a dizer: Arrependei-vos, porque está próximo o reino dos céus.

Resposta:

Jesus inicia Sua peregrinação com a chamada dos primeiros apóstolos. Neste capítulo, Ele mostra aos homens a necessidade de se cercar de amigos. Nenhuma obra se completa sem a união de muitos. Jesus busca Seus primeiros apóstolos e junto a eles recita o mais belo poema, O Sermão do Monte, o compêndio da Doutrina Cristã.

Capítulo XV

O SERMÃO DO MONTE VOLTA AO REDUTO DE ZAÍRA

No teatro vivo da Universidade de Maria, reencontramos o passado longínquo: Cristo chamando os Seus amigos em Cafarnaum, onde fixou morada e onde descansava de Suas inúmeras viagens. Cafarnaum ficava na praia do Mar da Galiléia, às bordas da bela planície de Genesaré. Deslumbrados com a paisagem, pois havia pomares, vinhas, campos verdejantes, flores, palmeiras e oliveiras, todo esse esplendor víamos regado por nascentes, que brotavam das rochas. Muito bonito o lugar, principalmente o lago repleto de barcos de pesca. Naquela região ocorreram as grandes curas, principalmente a da mais temida doença da época: a lepra.

Seguiu Cristo o caminho em direção ao monte. Foi sob as árvores da encosta da montanha, pouco distante do Mar da Galiléia, que Jesus chamou os apóstolos e proferiu o Sermão da Montanha. Cristo amava a natureza, por isso, sempre preferiu os campos, colinas e bosques às sinagogas e aos templos.

Teve início a pregação. A preocupação de Jesus era para com os Seus discípulos, aqueles que deveriam continuar-Lhe a obra. Assim como no Velho Testamento os doze patriarcas ocupavam o lugar de representantes de Israel, os doze apóstolos deveriam servir de representantes do Cristo. Encontramos João e Tiago, André e Pedro, Filipe, Bartolomeu e Mateus, estes mais ligados ao Mestre do que os outros. Ficamos sabendo que Filipe — natural de Betsaida, a cidade de André e Pedro — era sincero e indagador da verdade, mas tardio de coração para crer. Apesar de haver participado das obras de Jesus, experimentado o Seu poder, tinha pouca fé. Mas, mesmo assim, Cristo o amava. Enquanto Filipe era incrédulo, Bartolomeu era simples e confiava no Mestre, adorava-O. Considerando a fraqueza de Filipe, amamos o Cristo pela paciência e pelo amor que demonstrou ao discípulo.

Mas eis que surgiu Judas Iscariotes, que mesmo não sendo chamado se apresentou, dizendo: *Mestre, seguir-te-ei para onde quer que fores*. Jesus não o repeliu, mas notamos no Seu semblante uma nervosa preocupação. Respondeu com estas palavras:

As raposas tem covis e as aves do céu ninhos, mas o Filho do Homem não tem onde reclinar a cabeça (*Mateus*, Cap. VIII, versículos 19 e 20).

Com esta resposta, Jesus queria que Judas soubesse de Sua pobreza, pois este queria assegurar para si alta posição no reino do Mestre.

Após a ordenação dos apóstolos, Jesus foi com eles para a praia do mar, onde uma multidão já O aguardava. Havia gente da Judéia, de Jerusalém, da Peréia, de Decápolis, da Iduméia, de Tiro e de Sidom. A estreita praia não oferecia espaço para aquela multidão que desejava ouvir e ser curada. Por isso Jesus os conduziu à encosta da montanha. Chegando a um espaço plano, sentou-Se na relva. Seus discípulos e a multidão seguiram-Lhe o exemplo.

As primeiras palavras de Jesus ao povo foram de bênção.

Bem-aventurados os pobres de espírito. O Evangelho deve ser pregado ao pobre e não ao espírito orgulhoso.

Bem-aventurados os que choram. O pranto que dá direito à consolação é o que tem por objeto os pecados, o afastamento de Deus, as misérias do exílio terreno. Cristo nos ensina que o arrependimento sincero tem poder de remover a culpa do pecado. O choro não consiste em melancolia e lamentação. O pranto que Cristo pregou foi o pranto do arrependimento. Quis Jesus dizer que para todo pranto existe um consolo: a fé.

Bem-aventurados os mansos e pacíficos. Se possuímos humildade, sobrepor-nos-emos aos menosprezos, às repulsas, aos aborrecimentos a que estamos expostos diariamente. Aquele que não revida ofensas já galgou o altar da nobreza e é feliz, porque já venceu a si mesmo.

Bem-aventurados os que têm sede de justiça. Sim, quão grande valor possui aquele que luta pela justiça e é justo e bom para com os seus semelhantes.

Bem-aventurados os misericordiosos. O misericordioso está longe de ser contaminado pelo pensamento impuro que escurece a alma e enfraquece o senso moral das criaturas.

Bem-aventurados os pacíficos. O pacificador tem o dom de transformar o *espinheiro em cipreste, em lugar da urtiga crescerá murta, e a vida exultará e florescerá como o narciso.* (*Isaías*, Cap. LV, versículo 13 e Cap. XXXV, versículo 1).

Descortinou-se à nossa frente toda a pregação de Cristo, que deixava a multidão atenta, embevecida e temerosa. Como é difícil se salvar! Quem terá força para viver em espírito, estando ainda encarnado? Mas Jesus prosseguia:

Estes princípios que vos dei permanecerão. Recebei-os e edificai sobre minhas palavras. Todo aquele, pois, que escuta minhas palavras e as pratica assemelhá-lo-ei ao homem prudente.

Falou por várias e várias horas, primeiro sobre as bem-aventuranças com os doze versículos, depois o que os apóstolos deviam ser, com quatro versículos. Após o que explicou que a nova lei é o cumprimento da antiga, com seus vinte e sete versículos. Deve haver intenção reta quando se dá esmola, quando se faz oração e se jejua — dezoito versículos. Devemos renunciar aos bens da terra — dezesseis versículos. Não julgueis o próximo — seis versículos. Eficácia da oração — cinco versículos. Regra da caridade — três versículos. Evitemos os falsos profetas, os semeadores de erros e os sedutores de almas — nove versículos. O verdadeiro sábio — seis versículos.

Vois sois o sal da terra que a torna suportável. Se perderdes seu sabor, que acontecerá ao mundo? Vós mesmos sereis jogados fora e tratados como coisa sem valor. Vós sois a luz do mundo — uma claridade sobre um monte, brilhando durante a noite para ser vista por todos. Não escondam a vossa luz! Deixai que ela brilhe para todos; e que as vossas boas obras brilhem para serem vistas por todos, de tal maneira que louvem o Pai que está nos céus (*Mateus*, Cap. V, vv. 13 a 16).

Todos os seguidores do Cristo devem ter viva consciência de suas responsabilidades perante o mundo, cultivar em si mesmos uma espiritualidade verdadeira e empregar esforços na obra de caridade. Semear amor para com o próximo fará de você *a luz do mundo e o sal da terra*. A nova lei era complemento da antiga, pois Deus inspirou os livros de ambos os Testamentos, dispondo, com sabedoria, para que o Novo estivesse latente no Antigo e o Antigo se tornasse claro em o Novo. Os livros do Antigo Testamento, avivados na pregação do Evangelho, adquirem e manifestam seu pleno significado nos livros do Novo Testamento, que eles iluminam e explicam.

Deve haver intenção reta quando se dá esmola, quando se faz oração e se jejua (Cap. VI). Condena-se a afetação dos que fazem exibição do que dizem ser fé. A oração é ocasião da mais íntima religiosidade, por isso toda e qualquer ostentação esvazia-se-lhe o valor e o conteúdo.

Cap. VII: *Não julguemos o próximo*. Só Deus é Juiz e penetra os corações, por isso proíbe-nos julgar a culpabilidade interior de qualquer pessoa. No Sermão do Monte, Cristo apresentou os princípios de Seu Reino, mostrou serem eles a grande norma de vida. Para melhor fixar a lição dá o exemplo:

Não vos basta ouvirdes minhas palavras, cumpre-vos, pela obediência, torná-las o fundamento de vosso caráter. O orgulho não passa de areia movediça. Se edificardes sobre teorias e invenções humanas, vossa casa ruirá.

E termina o poema de luz dizendo:

Todo aquele, pois, que ouve as minhas palavras e as pratica assemelhá-lo-ei ao homem prudente, que edificou a sua casa sobre a rocha; e desceu a chuva, e transbordaram os rios e sopraram os ventos, e combateram aquela casa que não caiu, porque estava edificada sobre a rocha (Cap. VII, vv. 24 e 25).

Muitos acham que o Sermão do Monte está restrito às Bem-aventuranças e por aqui constatamos que nele está escrita quase toda a Doutrina de Cristo.

As luzes do palco foram-se apagando, mas permaneci sentado. A figura majestosa de Jesus continuava a cintilar diante dos meus olhos, principalmente no momento em que Ele orou o Pai Nosso, algo muito difícil de grafar no papel.

— Irmão, vamos embora, Fernando espera por nós — disse Karina, tocando meu braço.

Levantei-me, seguindo-a.

— Gostou da aula? perguntou.

— Aula? O que recebemos foi um banho de amor! Retroceder no tempo e presenciar os fatos de ontem é uma bênção que somente esta Casa oferece a ínfimas criaturas como nós. Tremi de emoção vendo o monte das bem-aventuranças, o lago de Genesaré, a praia de Cafarnaum, enfim, senti-me um discípulo de Jesus. Como eu gostaria de narrar o significado de cada versículo deste enorme poema! Talvez um dia eu tenha condição de fazê-lo.

Fomos até o alojamento nove, onde Fernando se encontrava, vestido com as mesmas roupas.

— Ainda nessa roupa? perguntei, intrigado.

— Claro, pode-me dizer onde encontro outra? Difícil já me foi reencontrar esta.

— É, tem razão, é algo ainda muito difícil de ser analisado por um recém-chegado.

Olegário, que lá já se encontrava, convidou Fernando para ir até o Departamento de Trabalho. Ele me pareceu bem confiante, porém, quando lá chegamos, ele não queria entrar para a entrevista. Mas assim mesmo foi. Ao voltar, carregava um uniforme de trabalho e tinha nos olhos imensa tristeza. Sentou-se em uma cadeira e chorou copiosamente. Em respeito a esse momento de desabafo, eu, Olegário, Sara, Samita e Hilário permanecemos calados. Depois, Fernando levantou-se, informando-nos:

— Mandaram-me para uma zona de sofrimento. Eu sou Fernando..., tenho doutorado, sou culto e me mandaram plantar capim!

— Ainda bem que é capim, com tanto orgulho devia é plantar pedra, retruquei.

— Desculpem, mas estou deveras revoltado.

— Vamos ao Vale Lilás, Fernando, onde muitos nos esperam, interveio Olegário.

Começou aí para Fernando a caminhada no lodaçal do umbral. Bastante assustado, não saía do meu lado e do de Olegário. À medida que avançávamos, parecia-nos que tudo ia ficando mais difícil. Até que avistamos um morro que nos pareceu mais seguro. Quando o atingimos, sentimos como se tivéssemos saído do inferno e chegado ao céu. No pico do morro os fluidos eram tão benéficos que nos sentimos reconfortados.

Não resisti. Deitei-me, olhando para cima, meditando "numa boa". Olegário chamou-me à realidade.

— Luiz, vamos orar para descermos ao Vale Lilás.

— Quê? Vamos descer agora naquele buraco escuro?

— Sim, Luiz, é lá que Fernando vai trabalhar.

Bati no ombro de Fernando.

— Você merece, amigo. Bom trabalho e até mais ver.

Virei as costas para ele, como se fosse voltar para casa, e de repente me vi embaraçado numas teias parecidas com as de aranha, porém pegajosas, gosmentas. Gritei, sendo socorrido por Olegário e Sallete. Falei, zangado:

— A gente nem pode brincar, vocês levam tudo a sério!

— Estamos em uma zona de tanto padecimento que não vejo graça alguma, disse Sallete.

Karina e Sara tudo faziam para conter o riso. Cutuquei-as:

— Engraçadinhas! Jogo vocês lá embaixo...

Sallete e Olegário nos levaram a uma pequena cabana onde encontramos Jeron, Tomás, Gerônimo e Baruc, que nos receberam com carinho e nos ministraram passes reconfortantes.

— É verdade que estava fugindo? inquiriu Baruc, olhando para mim.

— Não, veja só! Eu, fugir? Estava brincando...

Jeron espantou-se.

— Brincando?

— Sim, falou Sallete. O Luiz é um jovem feliz e quando a situação vai ficando séria, ele nos livra da tensão com algumas brincadeiras.

Eles não entenderam, mas segurei o braço da doutora e lhe dei mil beijos. Ela sorriu, acariciando-me os cabelos. Aqueles amigos nos ofereceram o mais moderno tratamento de equilíbrio. Passamos uns dois dias energizando os centros de força, reequilibrando o espírito e aprendendo alguma coisa sobre aquele lindo lugar, cujas flores do campo davam-nos boas-vindas.

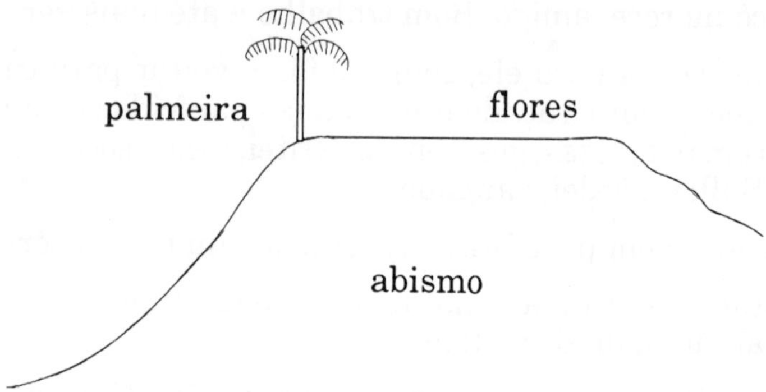

Já estávamos mais ou menos cientes do trabalho que iríamos realizar. Fernando raramente falava, parecia assustado. Olhei-o com o seu uniforme de operário. O milionário terreno ali estava, pobre, sem suas belas vestes, carros e avião. Era um filho de Deus, igual a muitos outros. Aproximei-me, para descontraí-lo:

— Como está?

— Um pouco assustado. Sabe, Luiz, fui um empresário bem sucedido; jamais me imaginei em uma situação como esta. A morte para mim era o fim de tudo, agora, aqui estou, vou enfrentar um emprego e nem sei o que me espera.

Apenas lhe sorri. A descida era áspera e difícil, o odor insuportável. Estávamos chegando ao Vale, podíamos visualizar casas muito estranhas, todas pintadas de vermelho e lilás, e as ruas repletas de espíritos; homens e mulheres de aspecto nada tranqüilo.

— O que eles fazem? perguntou Fernando, cheio de curiosidade.

— Nada. Vivem na orgia. São homens e mulheres que fizeram do sexo um comércio sujo e hoje tentam fazer o mesmo aqui.

As mulheres correram para nos abraçar, mas nossos guias nos protegeram com cuidado. Passamos a praça, alcançando o alojamento, onde fomos recebidos por Eliete, Sabrina e Geraldo. Era uma construção semelhante a um Centro espírita. Observamos que suas paredes eram de um material diferente, isolante.

— Qual o trabalho de vocês aqui? perguntei a Eliete.

— Prestamos ajuda aos doentes.

— Eles aceitam ajuda?

— Sim, quando nos procuram, encaminhamo-los aos postos de socorro.

Sabrina nos levou ao subsolo onde, em umas vinte camas, encontramos homens e mulheres em estado precário. Encolhidos nos leitos, cobriam as cabeças como se quisessem esconder-se de nós. Olegário aplicou passes em todos eles e ali ficou com Sallete e Sabrina, enquanto nós voltamos ao salão.

— Você é o novo ajudante? indagou Eliete a Fernando.

— Sim, senhora, falou, aproximando-se, beijando-lhe a mão.

Pensei: "coitado, não sabe o que o espera".

— Posso saber, senhora, qual será o meu trabalho? perguntou-lhe Fernando.

— Sim, logo virão os outros e você vai juntar-se a eles.

— O que fazem? perguntei.

— Dão ronda na cidade, quando existe alguém pedindo socorro trazem para cá.

— E aquela gente não tenta entrar aqui?

— Não. Aqui é uma casa de Deus, cujas portas e janelas estão guardadas, como guardados estão os Seus filhos: nas chagas de Jesus.

Voltei-me para ver quem falara e me defrontei com um velhinho muito simpático, que nos cumprimentou amavelmente.

— Irmão Geraldo, este é Fernando — disse Eliete.

— Sim, seja benvindo.

Enquanto isso, chegou a caravana com os guardas, Hugo e Tibúrcio, trazendo duas moças e um homem, com as roupas rasgadas e pele cheia de herpes, mas nós seguimos com Fernando e o irmão Geraldo até a cidade Lilás. À medida que ganhávamos as ruas, notávamos que aquelas mulheres não desejavam ver o frei, ignoravam sua presença, mas o respeitavam. De súbito, de uma das casas saiu uma mocinha de uns quinze anos. Parou à nossa frente, cumprimentando frei Geraldo, mas se enfureceu quando viu Fernando.

— Você aqui? Seu bandido, como o esperei! Você é a causa de toda a minha vergonha e o meu fracasso!

— Não a conheço, senhorita, esclareceu, em resposta.

Ele, tão polido, era agredido por aquela mulher. Os guardas a afastaram, mas sua voz ficou presente. Perguntei a frei Geraldo:

— De que "morreu"?

— De *overdose*.

— Bonita moça.

— Sim, muito bonita, sua beleza foi justamente o seu martírio.

O frei virou-se para Fernando e indagou:

— Irmão, sabe agora por que veio até aqui?

— Sim, senhor, respondeu humildemente.

— O irmão, por se julgar rico, achava-se no direito de brincar com os sentimentos das suas operárias e Cenira foi uma das vítimas, por isso o irmão aqui se encontra: para tirá-la daqui.

— Ele ainda tem outras conhecidas neste lugar, frei?

— Sim, Fernando era um colecionador de carros, aviões e mulheres. Só aqui se encontram cinco.

— Cinco? — e olhei para Fernando. Que trabalho, amigo, você vai ter! Espero que não se traia.

— Ele não terá tempo para errar, porque neste Vale trabalhamos muito por muitos — replicou o frei.

— São considerados doentes?

— Sim, muito doentes, e aqui estão confinadas as mais perigosas mulheres, aquelas que levaram a desgraça, o desespero e a lágrima aos lares; e também muitas que foram vítimas de uma sociedade materialista.

Vimos meninas aparentando uns doze ou treze anos. Que tristeza! Eram verdadeiros vampiros, fitando-nos com deboche, com olhar de mulher sem dignidade. O frei continuou mostrando-nos o Vale. Enquanto isso eu pensava: "como o homem paga caro por algumas horas de prazer da carne". Ninguém pode imaginar o que vimos. Frei Geraldo passava por aqueles pares como se não os notasse. Era um médico de almas e não um ser imperfeito que julga o seu próximo. Fernando, contudo, era a figura do desespero. Tive pena e pedi ao Olegário para que ele voltasse conosco.

— Quem planta a dor tem de transformá-la em bênção — foi a resposta. Para ele vai ser difícil, mas quando desejamos servir a Deus tudo se torna mais fácil.

E, assim, varamos aquela zona de trevas, onde frei Geraldo era mais um apóstolo de Cristo levando luz à escuridão. Os gritos eram terríveis, formas diabólicas apareciam, rostos deformados, expressões animalescas. Ora a paisagem era escura, ora uma luz estranha, avermelhada, surgia varando a atmosfera esfumaçada. Nessas ruas, as figuras humanas, se assim podemos dizer, blasfemavam umas contra as outras; quando não, estavam se beijando e fazendo sexo. Desejava ajudar alguns que levavam a pior, mas o frei não parou para prestar qualquer socorro. Era o mundo da dor.

— O que está sentindo? perguntei a Fernando.

— Estou apavorado, nunca imaginei pudesse existir algo semelhante.

Diante de nós algumas mulheres e homens disputavam, entre tapas, um pouco de lama, como se estivessem mortos de sede e fome. Nem nos percebiam a presença. Caminhamos entre aqueles seres tão sofridos, até chegarmos a uma pequena barraca onde quatro irmãos nos aguardavam. Frei Geraldo nos apresentou e imediatamente fomos abrigados na barraca. Ficamos sabendo que aqueles quatro irmãos prestavam auxílio no Vale. Se alguém desejasse ser socorrido, eles o retiravam dali.

— Só há vocês aqui?

— Não, existem muitos outros irmãos — esclareceu um deles. Olegário fez a apresentação.

— Trouxemos um ajudante, o Fernando. Ele é recém-desencarnado, mas recebeu este prêmio para ressarcir seus débitos aqui, junto às suas vítimas.

Fernando baixou os olhos, envergonhado. Aqueles companheiros narraram para frei Geraldo os últimos acontecimentos.

Disseram que Zaíra[4] estava levando um número de espíritos cada vez maior à terra, uma legião de seres para atuar junto aos encarnados.

— E eles podem fazer isso?

— Esta zona, Luiz Sérgio, está ligada ao plano físico. Ela é uma concentração daqueles que não desejam cumprir com os deveres de filhos de Deus e vivem apenas aproveitando a vida: sexo, jogo, bebida, prostituição. Por isso, estão bem identificados com as mentes daqui.

Geraldo tomou uma decisão:

— Irei falar com Zaíra, já está na hora.

— Cuidado, irmão, ela é perigosa, alertou um dos Lanceiros.

— Calma, Lourenço, Deus estará ao nosso lado.

— Que assim seja.

Não sabia eu se ficava ou se pedia para acompanhar frei Geraldo. Estava a pensar, quando ele disse:

— Todos me acompanharão, com exceção de Fernando.

Fiquei contente. E, assim, voltamos pelas ruas estreitas daquele lugar tão horrível, mas, à medida que nos aproximávamos de Zaíra, as ruas iam ficando mais bonitas, cuidadas pelos escravos daquela mulher que eram obrigados ao trabalho. Eu a tudo observava. Eles viviam como em pleno carnaval, tamanha a orgia. Nós parecíamos peixes fora d'água, pois até o nosso vestuário era de outro mundo e não dali. E o pior é que eles não se interessavam em dali sair; um número pequeno é que chamava por socorro. Chegamos ao reduto de Zaíra . Frei Geral-

---

4. N.E. — Para melhor compreender esta passagem, reportar-se ao livro "Deixe-me Viver", do autor espiritual, Capítulo XXIV — *No pouso da esperança.*

do e irmão Quirino pediram para sermos recebidos por Zaíra, a guarda disse que ela não queria ver-nos. Irmão Quirino apenas empurrou o portão e este se abriu. A guarda ficou estática, como se hipnotizada.

— O homem entende das coisas — sussurrei para Hilário.

Ele virou-se para nós com o sorriso dos homens santos. Senti-me feliz por existirem criaturas assim. A casa, um palácio, era de um mau gosto incrível e o odor de enxofre, que tomava conta de todo o ambiente, causava náuseas não só a mim, como aos outros irmãos. Encontramos Zaíra sentada em seu escritório. Entramos e ela nos recebeu assim:

— Agora, além de beatos são mal-educados! Só não os machuquei porque não gosto de brigar com os irmãos do Cordeiro, mas quero avisá-los de que da próxima vez jogarei sobre todos uma solução destrutiva que o meu departamento científico descobriu.

— Que Deus a abençoe, irmã, falou frei Geraldo, calmamente. Eu sempre digo a Jesus que a irmãzinha é uma boa menina; que foi a Crosta que lhe corroeu os sentimentos, mas tenho fé de que um dia estas mãos irão segurar as suas e partiremos juntos desta zona de sofrimento.

— Frei Geraldo, não brinque com coisas sérias, jamais deixarei este paraíso para me confinar no seu céu, creia-me! Sou feliz aqui e nada, nem o seu Deus, vai mudar meu pensamento.

— O pensamento ainda vai demorar, mas os sentimentos logo brilharão de fé e esperança.

— Deixemos de conversa e vamos ao que vieram fazer aqui.

Olhando para o irmão Quirino, falou:

— Não gosto de você, ainda vou descobrir o que usa para neutralizar a ação da minha guarda. É um atrevido e mal-educado.

— Desculpe-me, irmã, mas quantas vezes fôr preciso, aqui estarei, pois sou um servo do Cristo.

Sacudiu a mão, dizendo uma série de palavrões. Depois, olhou para o nosso grupo e perguntou, soltando gargalhadas:

— E esses patetas, o que vieram fazer aqui, desejam me levar?

— Não, eles aqui se encontram em trabalho, são eles que irão levar os doentes do Vale.

— Está bem, se é isso o que vieram fazer, podem fazer, peguem os loucos do Vale Sete, que estão dando muito problema. Gritam tanto que me atrapalham o sono, e se os solto brigam por demais. Por favor, levem todos, pois aquele lugar já está lotado e tenho mais pessoas para confinar ali.

— Por falar nisso, Zaíra, vim aqui para saber sobre essa zona sete, falou Quirino. Por que ela existe?

— Ora, seu bobo, então não sabe que jogo ali quem não deseja obedecer minhas ordens?

— Por que, Zaíra, você leva garotos, garotas, mães e pais de família a se prostituírem e se afundarem nos vícios?

— Eu nada faço, mas eles alimentam este Vale; suas emanações é que nos fornecem o prazer. Graças a eles não existe morte para os que gostam de gozar a vida.

— Zaíra, o homem vai à terra para cumprir o plano de Deus, ninguém vai à terra para fazer o mal.

— Mal, frei? Que mal, se somos os deuses do prazer?

— Não vim aqui para lhe falar de Deus. Vimos aqui para lhe dizer que o Senhor logo vai destruir esta zona de sofrimento. Uma mudança vai-se operar na Terra e este lugar também sofrerá uma transformação. Gostaríamos que a irmãzinha daqui saísse antes disso ocorrer.

— Por que está preocupado comigo?

— Aprendi a amá-la.

— Amar-me, frei? Que palavras vazias! Eu não acredito no amor.

— Que pena! Só o amor *cobre a multidão de pecados*, só o amor faz germinar o grão, só o amor enxuga as lágrimas, só o amor dá força ao viajante cansado.

— Chega! E me diga o que o Senhor fará.

— Cairão sobre a Terra os anjos do Senhor. A Terra será iluminada com a Sua glória. *Caiu Babilônia, a grande, e tornou-se habitação dos demônios, guarita de todo espírito imundo e albergue de toda a ave hedionda e abominável...* (*Apocalipse*, Cap. XVIII).

— Que quer dizer isso tudo? perguntou Zaíra, com ar de desconfiança.

— Irmã, Deus fala dessa sociedade anti-cristã. Se alguém, não obstante as dores, quer continuar no mal, que continue. Deus o deixa agir, mas o castigo será terrível. O plano de Deus não se deterá diante da conduta do homem, seja ele quem for.

— No final cada um recebe a recompensa de acordo com suas obras? voltou a perguntar Zaíra.

— Os maus serão afastados, todos aqueles que de alguma forma tiverem agido contra a lei divina, para os quais não haverá prêmio ou gozo, serão lançados na segunda morte, infinitamente eterna.

— Segunda morte? O que significa?

— Sim, Zaíra, serão levados para um novo planeta e lá iniciarão uma nova caminhada, dura, penosa, sofrida e cheia de remorsos.

— Veio aqui somente para me doutrinar?

— Não, filha. Vimos pedir-lhe permissão para socorrer suas vítimas.

— Já falei: pode levar todos eles e, por favor, vão embora! Senão os transformo em bichos.

— Podes? perguntei.

— Posso. Venha cá que lhe mostro.

Quirino me barrou os passos.

— Ela não pode me fazer mal, por isso não a temo, falei.

Zaíra, aproximando-se de mim, disse a Quirino.

— Deixe que ele venha a mim ... por quê? Não confia no seu discípulo, ou conhece a minha força?

— É que Luiz Sérgio não tem tempo para ser testado agora. Um dia, quando voltarmos aqui, terei prazer em entregá-lo para o teste.

— Que pena que hoje não, até que o achei bonito!

Dei-lhe aquele olhar de desprezo e dali saímos silenciosos, mas antes Quirino e Geraldo pediram licença e abençoaram Zaíra.

Eu não via a hora de me livrar daquele olhar de bruxa. Quando ganhamos o jardim, Olegário me falou:

— Luiz, foste o escolhido, hem?

— Agora me responda: eu não sei por que os nossos amigos Quirino e Geraldo não confiaram na minha fé nem no meu equilíbrio.

Frei Geraldo apenas sorriu. Karina me falou:

— Deixe de ser bobo, Luiz, não vê que aquela mulher é terrível, e que nós somos ainda tão pequenos que ela pode nos maltratar com seu ódio?

— Não, comigo não! Logo de início eu lhe dava aquele fora.

— Está bem, se você deseja ser testado agora, falou Quirino, volte e passe três dias com Zaíra, nós o esperamos na cabana de Jesus.

Parei, olhando para trás.

— Está bem. Adeus, amigos, volto para junto de Zaíra.

Sara pegou-me o braço.

— Luiz, por favor, não seja criança, vamos embora.

— Não, eu quero ser testado agora. Adeus, até logo mais.

Quirino e Geraldo foram andando, nem se importando comigo. Karina e Hilário sim, estavam desesperados. Deixei-os, chegando até os guardas.

— Alô, pessoal, como vão vocês?

Os guardas nem me deram bola. Insisti, e aí eles responderam:

— O que deseja novamente?

— Nada. Voltei porque esqueci de me despedir de vocês. Até nunca mais. Tchau.

Corri até alcançar meus amigos.

— Ô, Luiz, não brinque com coisa séria! disse Karina, aliviada.

— Eu não estava brincando; mas na hora em que cheguei ao portão, olhei para dentro e revi Zaíra sorrindo de alegria e dei no pé. Quirino e Geraldo têm razão, ainda sou um bebê, nada sei ainda deste mundo que encontrei — disse, beijando a face daqueles dois santos homens.

— Que Deus os fortaleça para nos dar bons exemplos, falei.

Capítulo XVI

O HOMEM CONSTRÓI SUA PRÓPRIA CRUZ

Recolhemo-nos para o devido descanso, pois no dia seguinte novos trabalhos nos esperavam. Custei a me desligar de Zaíra. Misteriosa mulher. Não compreendia como alguém detinha o poder de escravizar o próximo. Depois do repouso, vimo-nos novamente ao lado daquela gente esquisita. Quirino e Geraldo estavam agora se dirigindo à zona de socorro, onde criaturas estranhas brigavam entre si, umas querendo comida, outras perfumes e roupas. Com amor e respeito nosso grupo foi prestando auxílio àqueles seres tão infelizes.

— Irmão, por que a maioria não deseja sair daqui? Uns relutam até mesmo em aceitar ajuda... — perguntei a Quirino.

— Luiz, neste Vale os irmãozinhos vivem quase na crosta da Terra, por isso agem como se encarnados fossem.

— Parece que neles o sexo é uma fixação.

— Tem razão, Luiz, este órgão divino é por eles manchado de vergonha e ódio, esquecidos de que a permuta das células sexuais garante a continuidade das formas físicas. Assim como o coração, os rins e outros órgãos, o sexo deve ser respeitado, porque dele precisamos. Tornarmo-nos escravos desse órgão é sermos muito pobres de sentimento.

Passamos por vários casais em total delírio. Quirino e Geraldo baixaram os olhos não querendo presenciar as cenas degradantes. Karina e os outros davam assistência aos doentes e, muitas vezes, estes eram impedidos de serem assistidos por outros, que tentavam convencê-los de que ali era o mundo deles.

— Este Vale é muito grande, Quirino?

— Sim, Luiz, muito grande.

— E como agem estes irmãos no plano físico?

— Muito simples. Geralmente vivem na crosta da Terra, participando das orgias dos encarnados, sugando as emanações do sexo, das bebidas, do tóxico e do fumo. Não raro, são usados para levar as desavenças aos lares.

Fiquei calado. Quando terminamos de prestar socorro àqueles dementados, fomos informados de que na praça dos prazeres estava sendo torturado alguém que desejava fugir. Seguimos para lá e qual não foi nossa surpresa ao defrontarmo-nos com um jovem de dezoito anos todo machucado. Quirino interpôs-se entre os algozes e o jovem.

— O que fez ele?

— Um traidor! Vivia com a chefa e agora estava trocando-a por outra, responderam.

Ali mesmo o jovem recebeu tratamento. Percebi que os guardas de Zaíra não ofereciam resistência. Rodrigo foi retirado dali e levado até a cabana de socorro. Fernando nem respirava, parecia que estava no ar.

— O que acha, amigo, de tudo isso?

— Luiz, estou ficando louco. Ainda me custa acreditar que por detrás do túmulo exista uma vida semelhante à que eu vivia. O que estou fazendo aqui?

— Eu não sei, mas posso dizer-lhe: aproveite cada minuto de tudo o que você participa.

Acompanhamos os outros, que levavam Rodrigo. Ao chegarmos à cabana, Quirino fez irradiações magnéticas, envolvendo a cabeça e a espinha dorsal do jovem e este, que antes gritava sem parar, foi-se acalmando, até cair em sono profundo. Ali ficamos tratando de Rodrigo. Frei Geraldo avisou que logo iríamos sair. Em dado momento escutamos vozes e saímos para verificar o que se passava. Deparamo-nos com uma guarda de uns vinte homens, que ali viera em busca de Rodrigo.

— Que desejam? indagou Quirino.

— Zaíra mandou buscar o traidor, responderam.

— Irmãos, não podemos entregar o doente, logo o levaremos para o Hospital de Maria.

Nisso, o chefe quis empurrar Quirino para entrar e apanhar Rodrigo mas, para sua surpresa, quando o tocou, viu-se no chão, levantando-se ainda mais furioso.

— Deixe-nos passar, vocês estão abusando da nossa hospitalidade!

— Voltem e digam a Zaíra para ela mesma vir buscar o garoto.

Quando Quirino falou, a guarda deu para trás e saiu. Aproximei-me dele, tocando-o para ver o que ia acontecer. Ele sorriu.

— O que é isso, Sérgio?

— Por que o homem caiu?

— Porque teve medo, só isso.

Nada falei, mas me intrigou aquela força magnética do nosso amigo. Geraldo interveio, alertando-nos:

— Vamos sair daqui antes que Zaíra se enfureça. Mas, antes, Lourenço, dê um bom passe na Karina, na Sara, no Hilário e no Luiz, porque eles, quando encarnados, usaram o cigarro e consumiram a carne.

Lourenço antes examinou as condições de nossa saúde, detendo as mãos sobre os nossos pulmões e estômago.

— O que tenho no pulmão e no estômago? inquiri.

— Ainda não estão limpos os seus pulmões, assim como no órgão digestivo ainda encontramos toxinas provenientes de gorduras das carnes de animais.

— Mas faz tanto tempo que desencarnamos!...

— Muito tempo para você, Luiz. Quero que compreenda que para enfrentarmos os espíritos trevosos deste vale, temos de estar bem limpos, pois esses irmãos conhecem os pontos fracos dos nossos corpos.

— Lourenço, e tem médium que diz que fuma e come carne para ajudar os espíritos sofredores...

Ele nada acrescentou, continuando a equilibrar os nossos corpos. Tudo terminado, despedimo-nos dele, ganhando a rua. Já estávamos longe, quando notei que Fernando nos acompanhava.

— Ê, rapaz, por que não ficou na cabana?

Quirino interveio:

— Ele voltará depois, hoje não é um bom dia, teremos de socorrer Rodrigo, e Zaíra está enfurecida.

Peguei no ombro de Fernando.

— Amigão, ainda bem que você volta com a gente.

Passamos pela rua e percebemos que muitos daqueles espíritos se alimentavam como se estivessem encarnados. O odor que exalava dos pratos era semelhante ao de carne assada. Observava-os com insistência, quando Olegário me chamou a atenção.

— Cuidado, eles são perigosos!

Já estávamos saindo, quando a guarda de Zaíra alcançou-nos e barrou nossos passos.

— Frei Geraldo, nossa chefa mandou buscar vocês.

— Mas já estivemos com ela. Agora estávamos de volta às nossas casas.

— Não queremos saber de nada. Vamos até Zaíra.

Quirino olhou para Geraldo e falou:

— Vamos, irmão, saber o que deseja a nossa irmã Zaíra.

Gelei. "Meu Deus, o que iremos fazer ante aquela mulher?", pensei. Ninguém falava, só orava. Voltamos.

— Você já veio aqui antes? quis saber Fernando.

— Sim. E você não podia vir; agora, veja só, você aqui está.

Fomos acolhidos novamente naquela casa suntuosa. O coitado do Rodrigo, inconsciente, deitado na maca, nem sonhava que estava de volta àquele inferno. Zaíra nos esperava na sala e disse ao frei, enfurecida:

— Deixei o senhor entrar na minha cidade e o senhor me rouba o marido?

— Perdoe-me irmã, nós estamos apenas retirando daqui aqueles que não lhe servem mais.

— Mas este eu desejo que fique junto a mim. Vou castigá-lo até que não suporte mais!

— Irmã Zaíra... falou Geraldo.

— Cale-se! gritou. Eu não sou irmã de ninguém. Podem voltar para o céu de vocês, deixem-me em paz no meu inferno! — e caiu na gargalhada.

— Deixaremos, mas antes queremos dizer-lhe que a vida não se joga fora e você, Zaíra, está a cada dia destruindo-se pelo ódio e pela vingança. O que ganha comandando falanges de trevosos?

— Lares desfeitos, assassinatos, roubos, jogos, tóxicos, isso é vitória!

— Não, Zaíra, isso é morrer por falta de valores. O ser que só pratica o mal vai-se endurecendo de tal modo que seca, como a figueira estéril a que Jesus se referiu. Seca e se vê sozinho, sem frutos, sem folhas, sem raízes. Pense bem: até quando você dominará este Vale? Até a morte de todas as suas esperanças? O que está fazendo com este jovem que poderia ser seu filho? Até quando vai segurá-lo aqui?

— Cale-se, monstro!

— Não calarei, porque Cristo é que fala em mim. Chega, Zaíra, de cometer loucuras, de matar e de levantar falso testemunho! Chega! falou, virando-se para nós. —Vamos embora, nada mais temos a fazer aqui.

Sentada em sua cadeira, Zaíra ficou em silêncio. Nós fomos saindo, seguindo o irmão; a guarda tentou detê-lo, mas Quirino nada fez, mas mesmo assim eles recuaram como se tivessem levado choques elétricos. Só consegui acreditar que estávamos distantes dali quando ganhamos a outra dimensão e o ar foi ficando mais puro. O grupo cantava:

Salve, meu Pai amigo
Salve, meu Pai amigo
Meu Deus, meu Deus
Quero ficar contigo
E junto a todos os Teus
Guia meus passos
Dá-me a Tua luz
Floresce este espaço
Com as bênçãos de Jesus

Salve, meu Pai
Salve, meu Deus
Dá-nos esperança
Amor no coração
Somos as Tuas crianças
Segura as nossas mãos
Salve, meu Pai
Meu Deus.

Nosso grupo levava inúmeros doentes, principalmente Rodrigo, a presa de Zaíra. Aproximei-me de Quirino:

— Irmão, conhece bem Zaíra, não é mesmo?

— Ela é uma sofredora, vive bem longe de Deus. Comanda uma das mais poderosas falanges que atuam junto aos encarnados, levando-os aos vícios.

— Quem é ela, frei?

— Zaíra sempre viveu subjugando o próximo e, hoje, ficou enfurecida por se sentir inferior aos trabalhadores do Senhor.

— Como é possível existir tal inferno?

— Os encarnados, dia após dia, constroem lugares como este, de onde partem criaturas que lhes farão companhia. O homem constrói sua própria cruz.

— Não sei, não, mas achei que ela os conhecia muito bem.

— Sim, sempre trabalhamos aqui. Somos o seu freio, por isso ela nos odeia.

Deixamos aquele Vale, onde a orgia do sexo, da bebida, e do tóxico imperam, para tristeza do Filho de Deus. O lugar, muito estranho, era o "inferno" apregoado por certas religiões. Aproveitei para perguntar a Geraldo:

— Por que Fernando não ficou no Vale? Ele não tinha de trabalhar lá?

— Sim, mas antes terá de dar uma chegada até seu lar.

— Por que, senhor? perguntou Fernando, muito intrigado.

— Sua família está necessitando de você.

Fernando, bem diferente de mim, contentou-se com a resposta. Fiquei bastante preocupado, algo sério deveria estar acontecendo.

— Pare, Sérgio, deixe chegar a próxima hora, não antecipe as coisas, disse-me Sara.

À medida que chegávamos à Casa Transitória, a atmosfera ia ficando mais etérea e tudo ficou melhor na hora em que aquele lar se abriu para nos abrigar. Eliete, contente, nos recebeu, pedindo a Sabrina que nos ajudasse. Ficamos naquela pequena casa, fortalecidos com um suco de frutas e um bom caldo. No dia seguinte, despedimo-nos dos amigos e, para minha surpresa, deixamos Fernando, que teria de prestar auxílio à sua família, mas não sob nossa guarda, e sim do grupo que opera no Vale comandado por Zaíra. Abracei bem forte o amigo e voltamos para o nosso alojamento. Depois de entregarmos o relatório do nosso trabalho, fomos dispensados e logo me vi na Universidade Maria de Nazaré. Apreciava, confortado, cada lugar que passava, muito alegre de ali estar. Como podem existir pessoas que preferem o inferno ao céu? Sentei na minha cadeira e deixei os outros perguntarem:

Painel. Pergunta: Por que Jesus mandou o leproso mostrar-se aos sacerdotes? (*Mateus*, Cap. VIII, versículos 1 a 4).

Resposta:

Mandou-o ao sacerdote por deferência ao cargo e à lei, que prescrevia ao leproso curado dar ciência disso ao sacerdote, a fim de obter permissão para voltar ao consórcio civil, porquanto a lepra o retirara do convívio da sociedade.

Pergunta: Por que combatem o espiritismo, quando em *Mateus*, Cap. VIII, versículo 28, está escrito:

Quando Jesus chegou à outra margem do lago, à região dos gadarenos, vieram-lhe ao encontro dois endemoninhados, que saíram do sepulcro, e eram tão furiosos que ninguém ousava passar por aquele caminho.

Resposta:

Os túmulos judaicos eram cavernas naturais ou artificiais, nos jardins, nos campos e nas vertentes dos montes, onde obsediados se escondiam. O intercâmbio com os dois mundos se encontrava ou sempre esteve presente no Antigo e no Novo Testamentos.

Pergunta: Por que não jejuavam os discípulos de Jesus? (*Mateus*, Cap. IX, versículos 14 e 15):

Qual a razão por que nós, e os fariseus, jejuamos e os Teus discípulos não jejuam? Jesus disse-lhes: acaso podem estar tristes os companheiros do esposo, enquanto o esposo está com eles?

Resposta:

Cristo é o esposo; a esposa, a Humanidade; os amigos do esposo, os discípulos. E, ainda, Jesus falou que *não se põe remendo de pano novo em vestido velho, nem se deita vinho novo em odres velhos*. Por pano novo e vinho novo entende-se Sua doutrina, que não deve ser sobreposta, como remendo, à antiga lei, nem deve ser infusa em almas estragadas como as dos fariseus (versículos 16 e 17).

Ainda o painel. Pergunta: *Mateus*, Cap. X, versículo 37. Como pôde Jesus dizer: *o que ama pai e mãe mais que a mim não é digno de mim*?

Resposta:

Cristo não destrói os afetos humanos, mas nos pede caridade; não proíbe amar os pais e os filhos, mas amá-los mais que a Deus.

Pergunta: Onde estava João Batista nessa época?

Resposta:

Na prisão de Maqueronte, a leste do Mar Morto.

Terminou minha aula. Gostaria de ali ficar todo o meu tempo livre, contudo, tinha de voltar ao trabalho e, para isso, fui em busca dos meus amigos, que se preparavam para dar uma chegada à casa de Fernando.

— Por que também vamos, se ele ficou com Quirino e Eliete? perguntei.

— Porque nós temos um dever moral para com ele.

— Quando partimos?

— Logo mais nos encontraremos com eles na casa de Fernando.

— Se você, Sérgio, não desejar ir, pode ficar aqui estudando, falou-me Olegário.

— Não, chefe, não me deixe, estou pronto para partir, falei, dando continência.

Assim, descemos até a crosta da Terra, encontrando Fernando e Sabrina na porta da mansão. Pensava comigo mesmo: "vai ver que é coisa de viciados". Antes de entrarmos, fomos convidados à prece e ali, naquele belo jardim, uma equipe espiritual orava antes de adentrar aquele belo palacete. Uma velha babá se encontrava na copa, preparava uma bandeja de comida para levar a alguém. Acompanhamo-la e tivemos uma surpresa ao nos depararmos com o filho de Fernando estirado na cama em estado terminal. Ao ver o jovem, correu até ele, chorando muito. Nós orávamos.

— Meu Deus, o que aconteceu com Guilherme?

Aproximei-me do leito e vi um adolescente que deveria estar no vigor da mocidade. Guilherme não aparentava mais que dezessete anos. O pai abraçou-se a ele, chorando; por mais que orássemos, nada podíamos fazer. Ali se encontrava mais um doente terminal, era a “maldita” que se apossara de mais um encarnado. Fernando perguntava como o filho pudera contrair o vírus. Nisso, Guilherme começou a gritar:

— Bá, socorro, o velho está aqui!

— Esconjuro, cruz credo, esconjuro!

Olegário aplicou passe em Guilherme, enquanto Fernando saía à procura da esposa. Sabrina, levando-o até o jardim, informou-o de que Heleninha encontrava-se na Europa com o noivo, fugindo do disse-me-disse da sociedade. Fernando perguntou:

— Pode dizer-me como meu filho se contaminou, Sabrina?

— Guilherme é viciado em tóxico. Estudando na Inglaterra, participava de todas as orgias de sexo e droga. O dinheiro em excesso, Fernando, dá aos filhos o passaporte para a dor.

— Meu Deus, o que faço?

— Nada, irmão, é só esperar Guilherme para amenizar-lhe os sofrimentos. Não notou que nós não o deixamos no Vale? Quando lá chegamos, fomos informados de que Guilherme se encontrava muito mal. Veja, Fernando, como a Espiritualidade Maior é irmã e amiga.

— Até quando ficarei aqui, Olegário?

— Não sabemos. Você permanecerá mas nós partiremos de volta às colônias. Sabrina lhe fará companhia. Um dia nos reencontraremos, quando esta má fase familiar passar.

Estivemos com Fernando por mais aquele dia e depois nos despedimos, deixando aquele pai milionário que, de um momento para outro, viu-se despojado de tudo, até do direito de procurar uma nova vida no plano espiritual. O palacete foi ficando para trás e com ele a história triste de uma família materialista.

— Olegário, para onde vamos?

— Fomos chamados para prestar auxílio a Jurema; sua mãe nos encarregou de buscá-la. Ela está doente há vários anos, a hora do desencarne está próxima.

— Não iremos para a Colônia?

— Não, vamos direto ao hospital, onde Jurema vence mais uma etapa da doença.

Abri o Velho Testamento e encontrei em *Jó*, Cap. XXVIII, versículos 12 e 13:

Mas a sabedoria onde se acha ela? E qual é o lugar da inteligência? O homem não conhece o seu valor, nem ela se acha na terra dos que vivem em delícias.

Capítulo XVII

ENTRE O CÉU E A TERRA

Ficamos admirados ao chegar ao hospital onde Jurema era tratada. Nem parecia que se encontrava um doente passando tão mal: todos alegres, televisão ligada com som bem alto; ninguém se importava com o estado de saúde de Jurema. Adentramos o quarto. Coitada! Não bastasse a sua dor, ainda tinha de conviver com lençóis sujos, quarto em desalinho. Mas, se no plano físico tudo era desarrumação, na parte espiritual a disciplina era a regente e tudo transcorria em equilíbrio e paz. Jurema agonizava e toda a equipe do desencarne esperava a hora da separação. Iniciamos a prece, mas o entra-e-sai no quarto dificultava o trabalho dos técnicos. Oramos com mais fé e nisso foi feito o desligamento espírito-matéria. Jurema, embora em estado grave e bastante sofrida, lutou para deixar o corpo físico, mesmo este a expulsando. O câncer já havia atingido todos os órgãos, seu estado era terminal. Quando se viu projetada para longe do corpo físico, sussurrou:

— Ajuda-me, meu Deus... — e desmaiou.

Nós a colocamos sobre a maca. Nisso, mais alguém entrou no quarto: Cecília, uma das irmãs de Jurema. Ao constatar o desenlace, iniciaram-se gritos e desmaios. Nós tudo fazíamos para que Jurema não participasse do ocorrido, mas os parentes gritavam tanto que tornava-se impossível mantê-la tranqüila. Os técnicos, ao terminarem o desligamento, se retiraram, mas nós ali ficamos com a família, que sofria muito. Fiquei pensando: "não se deve julgar quem chora e grita na despedida do túmulo, nem todos possuem o equilíbrio necessário para chorar em silêncio". E a dor é terrível, é uma saudade sem fim. Não podemos, de um momento para outro, sepultar as lembranças e, como diz um amigo poeta: *lembranças são saudades que gosto de recordar*. Tentamos ajudar aquela família, mas a dor da saudade a estava machucando, e só o tempo poderia aliviá-la. Dali fomos para a capela, onde as conversas eram das mais diversas, desde política até seqüestro. Enquanto isso, a espiritualidade tentava a todo custo manter Jurema longe daquele desequilíbrio. Falei para Olegário:

— Por que a direção dos cemitérios não orienta a família do desencarnado sobre o comportamento que devem ter diante de um corpo sem vida? É por demais desagradável o que presenciamos: disse-me-disse, risadas, falta de respeito ao "morto". Para diminuir as conversas inúteis, a direção do cemitério deveria providenciar um fundo musical, com repertório clássico, e incentivar as preces.

Fitei o corpo físico de Jurema inerte e pensei: "por que ainda existem pessoas materialistas, quando sabemos que o homem está na terra de passagem e ninguém sabe a hora da partida para a Pátria-Mãe?"

Da equipe do desencarne, dois técnicos mantinham Jurema afastada do físico, mesmo assim ela às vezes o buscava com a intenção de participar de tudo o que ali acontecia. Notamos que os fios energéticos que ligam os corpos ainda estavam juntos, apesar de desligados.

— Por que os fios não voltam logo aos centros de força do perispírito? indaguei ao Olegário.

— Porque neles ainda existe o fluido vital que se dissipará pouco a pouco. Por isso a importância de velar o físico, para dar tempo de tudo se normalizar.

Jurema já estava socorrida, mas mesmo assim precisava de orações e ninguém se lembrava de orar por ela. Cheguei perto de uma irmã e comecei a orar, quando ela, de repente, levantou-se e iniciou:

— Pai nosso que estás no céu...

Karina piscou para mim, dizendo:

— Você é terrível, Luiz Sérgio!

— Não podemos ficar parados, respondi, quando as trevas estão pressionando tanto, e não é por maldade que os encarnados se comportam assim, mas por ignorância. Poucos sabem o quanto são necessárias as preces nas capelas; é o momento da despedida e ela é dolorida para os que ficam. Assim, também para o espírito, ao se despedir da veste que o serviu, vê-se desesperado e sozinho, portanto, a prece é o cicatrizante de que todos nós precisamos.

Fomos dali saindo e nem olhei para trás. Lembrei-me de Jesus, quando disse: *Deixai que os mortos enterrem seus mortos*. Ele tem razão, quem deve enterrar o corpo são os mortos da carne e estes têm por obrigação respeitar aquele que partiu, dando-lhe paz num momento tão difícil, quando o homem está-se despedindo para viver uma nova vida.

— Pensativo, Luiz? perguntou-me Olegário.

— Estou é com vontade de puxar as orelhas de alguns encarnados que teimam em ser os donos da verdade.

— Não os julgue tão severamente, talvez se estivesse ainda no corpo agiria igualzinho a muitos deles.

— Não sei, não, fazer chacrinha no cemitério não é certo, principalmente para quem se diz cristão.

— Bem, voltemos à colônia, temos o que aprender por lá.

E assim fizemos. Despedi-me do grupo e fui para a Universidade onde a minha cadeira me esperava. Diante do teatro vivo, reencontramos Jesus, descendo o Monte e curando o leproso. E logo depois, chegando em Cafarnaum:

Aproximou-se dele um centurião, fazendo-lhe esta súplica: Senhor, o meu servo jaz em casa, paralítico, e sofre muito.

Jesus admirou-Se da fé do centurião, tal a crença que demonstrava no poder do Cristo. Ele pedia: *Dize somente uma palavra e o meu criado ficará curado* (*Mateus*, Cap. VIII, versículos 1 a 13). O servo fora acometido de paralisia. Naquela época os servos eram considerados escravos, comprados e vendidos em praça pública. Mas o centurião desejava ver seu servo curado.

Defrontamo-nos com as curas realizadas pelo Mestre. A cerca de trinta quilômetros de Cafarnaum, próximo à bela planície de Esdrelom, estava a vila de Naim, e para lá dirigiu-Se Jesus. À medida que percorria o caminho o povo vinha juntar-se a Ele; ansiando por ouvir-Lhe as palavras de amor e caridade, muitos doentes buscavam a saúde. Eis que chegam à cidade montanhosa de Naim. Avistaram um cortejo fúnebre. Uma mãe chorava a partida do filho único. Jesus parou, olhou para o céu e disse: *Pai, seja feita a Vossa vontade, assim na terra como nos céus*. Depois, dirigindo-se ao "morto": *Mancebo, a ti digo: levanta-te.* O jovem abriu os olhos. A mãe ajoelhou-se aos pés do Mestre, mas Ele a levantou e a abraçou. Todos contemplavam a cena, fascinados. Era o poder de Deus manifestando-se através de Seu Filho muito amado, Jesus.

Eu sou o primeiro e o último, o que vivo fui morto; eis que estou vivo pelos séculos dos séculos e tenho a chave da morte e do inferno (*Apocalipse*, Cap. I, versículo 18).

Bem à nossa frente, os milagres se operavam. Era Jesus ensinando o homem a buscar a fé. Assistimos à cura da sogra de Pedro e a de vários "possuídos do demônio".

Enquanto isso, as notícias se espalhavam, levando preocupações até Maria: Seu filho dedicava noites inteiras às orações e durante o dia era solicitado, não Lhe sobrando tempo nem para Se alimentar. E aqui, ante este quadro, parei para meditar. Cristo curava os endemoninhados. Até hoje culpam os espíritas de expulsarem os demônios dizendo que são filhos de satanás, ou o próprio. E qual foi a resposta do Cristo:

Por isso vos digo: Todo pecado e blasfêmia serão perdoados aos homens, porém a blasfêmia contra o Espírito Santo não será perdoada... (*Mateus*, Cap. XII, v. 31).

Aquele que rejeita a obra do Espírito Santo assume uma posição que impede o acesso ao arrependimento e à fé. Não aceitando as manifestações espíritas, estamos indo contra nós mesmos e nos distanciando das verdades espirituais. Intimamente ligada à advertência de Cristo acerca do pecado contra o Espírito Santo, os fariseus de hoje, como os de ontem, não querem aceitar a imortalidade da alma, porque quando descobrimos que somos espíritos imortais entregamo-nos a Deus e, tendo Cristo no coração, um novo poder toma conta de nós, opera-se uma mudança que o homem não pode efetivar por si mesmo. Alegam que são forças sobrenaturais, introduzindo elementos estranhos na natureza humana.

Defrontávamo-nos com a Doutrina Espírita e com a responsabilidade daqueles que dizem professá-la. Ai dos que não se transformarem, não fizerem da sua vida uma vida cristã. Ao blasfemarmos contra Moisés, blasfemamos contra o Cristo, crucificando-O. Ai daquele que blasfemar contra o Espírito Santo, que vêm a ser os Espíritos de Deus junto aos homens, ensinando-os a viver e a morrer dignamente.

A aula foi encerrada. Levantei-me e saí refletindo sobre os ensinamentos e a beleza da vida de Jesus. Como Deus deve sentir-Se feliz em possuir filho tão digno!

Ganhei o jardim. As flores me cumprimentavam, ofertando-me o seu perfume; agradeci. Acerquei-me de uma e a beijei, com este gesto ligava-me ao Pai Todo-Poderoso, Criador do céu e da terra, desta Terra onde muitos homens O desconhecem, mas mesmo assim Ele os espera. *Apocalipse*, Cap. VII, versículos 16 e 17:

Não terão mais fome nem sede, nem cairá sobre eles o sol, nem calor algum, porque o Cordeiro, que está no meio do trono, os guardará e os levará às fontes das águas da vida, e Deus enxugará a lágrima de seus olhos.

Fiquei pensando: "como podem dizer que Jesus é Deus, se este trecho do Evangelho diz que Cristo está no meio do trono? Se Ele fosse Deus estaria assentado sobre o trono."

Permaneci algumas horas no jardim. Em nenhum momento os encarnados param para pensar o que há entre o Céu e a Terra, para onde vão os chamados "mortos". É mais fácil pensar que o homem acaba ao cerrar os olhos físicos para sempre, do que imaginar que cada ser terá de prestar contas de todos os seus atos.

Atirei um caminhão de beijos, que partiu em direção ao plano físico e atingiu o coração de alguém que me escreveu uma bela carta, perfumada de amor. E meu coração repleto de saudade, saudade do olhar, do aperto de mão, dos nossos sonhos. E nada melhor que cantar para conviver com a saudade:

Hoje busquei as lembranças
Daquele tempo passado
Guardadas estão elas
No coração enamorado
E vi surgir o seu rosto

O sorriso de menina
A voz tão meiga
Foi-se o desgosto
Surgiu a esperança
De uma nova vida
Deixamos de ser crianças
E buscamos a subida
Mas a danada da saudade
Gosta de maltratar
Enfrento a realidade
E começo a cantar
Saudade não vai embora
Deixe-me só recordar
Saudade não vai embora
Deixe-me só recordar

Capítulo XVIII

DOAÇÃO DE ÓRGÃOS

— Que bela canção de amor! exclamou Karina, ao ver-me dedilhando meu violão.

— Gostaste? Esta eu fiz para minha eterna namorada.

— Obrigada, querido, muito obrigada — falou, gracejando. Sérgio, me desculpa. Com coisas do coração não se brinca. Eu te amo muito, és um querido irmão.

— Deixa de bobagens, se a gente não brinca, acaba louco.

— Estava me esquecendo, Olegário nos espera no jardim da Universidade.

Saímos bem ligeiro. Olegário e toda a turma já nos esperavam para irmos até a Colônia Lar de Jesus, para ver nossa irmã Jurema. O lugar parecia uma estação de águas, tão bonito e aconchegante era. Sentamo-nos na pracinha, onde alguns senhores cantavam esta canção:

Bom dia, meu Deus!
Bom dia, meu Deus!
Estou levantando-me
Depois do adeus
Na terra ficou
Um pouco de mim

Tudo se iluminou
Para aqui eu vim
Bom dia, meu Deus!
Bom dia, meu Deus!
Nem acredito
Que estou a viver
Sou um espírito
É bom compreender
Se não fosse a saudade
Que aperta e maltrata
Era só felicidade.
Que bom, Deus não mata.
Bom dia, meu Deus!

Batemos palmas para aqueles irmãos e eles nos cumprimentaram. Fomos dar uma volta pela Colônia para conhecê-la.

— Que lugar lindo! falei a Sara.

— Tem razão, e ele fica no umbral, imagine as colônias dos planos superiores.

Olegário nos levou ao hospital onde Jurema se recuperava. Ali estava ela, bem tranqüila, na enfermaria dezesseis; no local predominava a tonalidade azul, até os médicos vestiam jaleco dessa cor. Jurema nem parecia aquela mulher que lutara contra o câncer. Estava calma, quando a enfermeira Lídia aproximou-se para lhe oferecer água magnetizada. Sentou-se na cama com facilidade e perguntou:

— Quando poderemos visitar minha casa?

— Daqui a três dias a irmã poderá ir até a sala de projeção.

— Projeção? O que quer dizer?

— É uma sala especial, como o nome diz, ela nos projeta até o nosso lar, ou vice-versa. A ação magnética dessa sala leva-nos a lugares os quais não podemos ainda visitar.

— Gostaria de conhecer esse local para relatar para os meus leitores. Seria muito proveitoso, falei para Olegário.

— Antes vamos à enfermaria oito, onde Laerte se encontra.

Encontramo-lo sozinho, todo cercado de luzes, e mesmo assim gritava muito.

— Não me toque, não me toque, deixe os meus olhos, deixe!...

— Coitado, o que está acontecendo com ele?

— Nada demais, Laerte era materialista e sempre dizia para os familiares: "quando eu morrer podem me retalhar, doar todos os meus órgãos. Não vou mais precisar deles. Podem tirar tudo". Mas, quando o desencarne chegou, ele viu que a morte não existe e ficou em pânico, com medo de se ver de uma hora para a outra sem os seus órgãos.

— Mas ele se encontra inteiro...

— Claro, Luiz, o que era da terra, na terra ficou. Agora, que a doação de órgãos deveria ocorrer com as pessoas desprendidas e esclarecidas, isso deveria. Muitos se entusiasmam com as campanhas, por isso é necessário aprofundar os debates com a sociedade e a comunidade científica. Como espíritas que somos, sabemos que não podemos considerar clinicamente mortas as pessoas que estão apenas com a morte cerebral. Laerte vivia dizendo que ia se tornar pó e que desejava que a família doasse todo o seu corpo. Não chegaram a fazer isso, pois ele desencarnou por afogamento e só acharam o corpo quando este já se encontrava em decomposição. A doação não foi feita, mas ele está perturbado até hoje e na sua perturbação julga que vão retirar-lhe os órgãos. Apesar de estar recebendo tratamento especial, ainda assim sofre pelo desequilíbrio mental.

— Posso falar com ele?

— Pode, respondeu o médico que o tratava.

— Como vai, irmão?

Ele me olhou e respondeu:

— Pelo amor de Deus, leve-me até minha família! Preciso avisá-los que ninguém morre, que todos os meus amigos que julgava mortos estão bem vivos, morando aqui. Leve-me até minha mãe, garoto.

— Laerte, equilibre-se. Você é um bom rapaz, tanto é que quando encarnado desejou ajudar àqueles que se encontravam na fila de espera dos bancos de transplante. Você se preocupou com eles. Seria muito bom se o ser humano fosse preparado para doar os seus órgãos aos que precisam.

— Mas eu pensava que a morte existisse, só por isso eu os doei; se soubesse que continuaria enxergando e me locomovendo nem pensaria em doá-los.

— Laerte, o que é da terra lá permanece. O que realmente comanda é a nossa mente. Se você se propuser neste momento a levantar-se da cama, terá força para isso.

— Não posso, dói tudo, estou oco.

— Não brinque, Laerte. Olhe bem para o seu corpo, pode reparar que nada falta, não foi realizada a doação.

— Não? Por quê?

— Quando encontraram seu corpo, este já não servia para mais nada. Mas se você tivesse tido a felicidade de amenizar algumas dores, o seu corpo perispiritual estaria mais saudável. Dizem, os conhecedores do assunto, preste atenção, que todo doador desprendido tem a felicidade de ter fortalecidos os órgãos do seu corpo perispiritual e este crédito será muito valoroso para ele nas próximas reencarnações. Doar apenas, por modismo ou entusiasmo, pode ser uma faca de dois gumes.

Nisso, sentou-se na cama.

— É mesmo, me encontro são, nada sinto, apenas um pouco de falta de ar. Ó, amigo, como foi boa nossa conversa. Sabe, nunca pensei que fosse verdade o que os espíritas falavam, que existe vida após a morte. Quando vi a morte de perto, lutei contra ela. As braçadas no rio em busca da salvação iam ficando mais fracas à medida que os rostos dos antigos mortos da família tentavam me socorrer. Lutei contra ela, a morte, não cedi com facilidade, debati-me horas após horas, até não suportar mais; o meu corpo foi ficando pequeno para mim, eu não cabia mais nele. Era como se ele tivesse encolhido e eu crescido demais. Tão grande me achava que o meu corpo físico fazia um estranho barulho, como se estivesse estourando; quando o busquei, vi que se prendera em várias raízes. Voltei para socorrê-lo, tentando me abrigar nele, mas que nada!, aquela veste de carne já não me servia, era pequena demais para mim, algo ficara diferente, nela haviam apagado as luzes e retirado o calor, tanto é que o sentia cada vez mais gelado. Fiquei muitas horas ao lado do meu corpo, até que desmaiei, cansado de procurar compreender. Depois de socorrido, só recordava que havia desejado doar todos os meus órgãos. Fiquei tão apavorado que nem busquei entender o que estava acontecendo ao meu redor.

— É casado, Laerte?

— Sim, tenho dois filhos.

— Bem, meu amigo, até outro dia e procure cuidar-se, disse, apertando-lhe a mão.

— Volte para me ver outras vezes. Gostei muito de você.

Nisso, o médico aproximou-se, mas antes me agradeceu com o olhar.

Capítulo XIX

OS PERTENCES DE QUEM PARTE

Quando dali saímos, Olegário cumprimentou-me:

— Obrigado, Luiz, foi muito bom você ajudar o Laerte.

— Nada fiz, só conversei com ele. Creio, Olegário, que se torna necessário uma orientação sobre a doação de órgãos. A pessoa tem de conscientizar-se de que, quando doa, está cedendo por amor e não pelo entusiasmo.

— Tem razão. Na maioria dos transplantes que não dão certo, a rejeição muitas das vezes é causada pelo doador desencarnado que não se conforma em ver um dos seus órgãos sendo usado por outra pessoa. Notemos que os transplantes feitos com órgãos de familiares são os que dão mais certo.

— Que fazer, então?

— Criar bancos de doadores, onde estes seriam orientados por psicólogos e pessoas capacitadas.

— Mas existem casos de doadores compulsórios que desencarnaram como indigentes sem doar seus órgãos e a medicina se utiliza deles. Esses não dão trabalho na espiritualidade.

— É verdade, Luiz. Tanto é que foi constatado que os melhores doadores são aqueles que não tinham doado os órgãos em vida e a medicina os utilizou.

— O mal está na mente humana, não é, Olegário?

— Sim, a casa mental leva o homem a criar o seu céu e o seu inferno.

Andamos por muito tempo, calados, até o momento em que fomos convidados por Olegário para voltarmos até Jurema. Alojada numa cadeira como as de dentista, sobre ela observava-se um aparelho em forma de cone. Jurema parecia sonolenta, mas quando o aparelho foi ligado dele partiu uma luz tão brilhante que iluminou o lar de nossa irmã. Ela reagiu como se despertasse naquele momento; ajeitou-se na cadeira e respirou fundo. Surgiu o interior da casa e os quatro filhos de Jurema revirando seus pertences, à procura de documentos para receberem a pensão e o seguro. Ela foi encolhendo-se naquela cadeira. Tamanho era o desespero dos filhos que atingia Jurema na espiritualidade. Queriam encontrar os documentos mas, desequilibradamente, iam desarrumando todos os pertences da mãe. O doutor Paulo foi projetando a luz azul para ver se acalmava a doente. Tive pena de Jurema! Sua família nem ao menos esperara os sete dias de adaptação do espírito desencarnado para iniciar a desarrumação da casa. Só haviam passado algumas horas e já estavam eles mexendo e remexendo os pertences de Jurema. Uma das filhas dizia:

— Preciso dar tudo aos pobres para ajudar mamãe.

Falei:

— Vou até essa casa, dizer a esses malucos que quem morre não vira "santo" de um dia para o outro. Que vontade de se intrometerem no que não lhes pertence!...

— Calma, Sérgio, nem todos são desprendidos.

Vimos um dos filhos fazendo a partilha: isto é meu, isto é de fulano, este não presta, damos para os pobres. Nisso, Jurema perdeu os sentidos. Então perguntei:

— É certo trazê-la com tão poucas horas de desencarne e para assistir uma cena dessas?

— Não, Luiz, só se passou um dia e ela queria saber o que acontecia no seu lar depois da sua partida. Como querer é poder, foi trazida à sala de projeção para ficar ciente de tudo.

— Existe espírito que nada deseja saber?

— Sim, muitos. Principalmente se possuem conhecimento espiritual.

Depois disso, Jurema, voltando a si, pediu para ser projetado novamente o filme. Vimos, então, as roupas, os objetos, enfim, tudo o que pertencera àquela mulher ser escolhido, partilhado e doado. A família não queria qualquer lembrança.

— Amanhã mesmo quero me livrar dessas coisas, disse Darci, uma das filhas.

Jurema sofria e às vezes dizia:

— Não, não dê isso, espere eu me equilibrar.

Mas, nada. Principalmente o que as filhas julgavam fora de moda era atirado na sacola das doações.

— Irmão, há quanto tempo desencarnei? perguntou Jurema.

— Segundo informações, apenas vinte e quatro horas. Depois do enterro, para afastar os pensamentos, sua família aproveitou a dispensa do trabalho com a intenção de arrumar suas coisas, Jurema.

— É bom mesmo. Coitados, eles estão sofrendo tanto!... Por isso, irmãos, é que estão se desfazendo de tudo o que representa lembranças minhas.

Olhei o meu grupo e falei:

— Mãe é mãe! O que aqueles urubus precisam é de umas boas palmadas.

Aí Sara argumentou:

— Mas os espíritas dizem que devemos doar tudo daquele que partiu...

Passei a palavra a Lourenço, que explicou:

— O homem deve fazer o que o coração pede. Não é um médium ou uma Casa espírita que nos vai obrigar a fazer algo que interferirá no nosso modo de pensar. É prematura uma separação abrupta dos pertences daquele que partiu; temos de ir devagar, separando, guardando com muito carinho e respeito. Se um orientador espírita lhe manda dar tudo o que pertenceu ao "morto", porque você vai apenas dar os objetos de uso pessoal? A casa, o carro, as contas dos bancos não são incluídas? Só os objetos são lembranças? Claro que não. Por isso, devemos respeitar o ente que desencarnou e ter um cuidado maior com os seus pertences e pouco a pouco ir vestindo os pobres; hoje é um mendigo que tirita de frio, amanhã é o pobre que caminha descalço. Entretanto, fazer malas de objetos e jogá-los fora, para não ter lembranças, é falta de amor e isso faz o espírito sofrer.

— Lourenço, recordo uma vez que a médium que me serve foi fazer uma prece para um desencarnado e quando ele chegou ao seu lar, correu em busca dos seus pertences. Sorriu de alegria, porque ainda precisava recordar-se daquilo que na terra ficara.

— Não será ruim para o espírito desencarnado esse apego? perguntou Sara.

— Se um recém-desencarnado não for um missionário, estará convalescente e como tal vai ser tratado. A família tem de colaborar e o certo é agir como se nada houvesse acontecido. Devagar, vai guardando os pertences ou os doando, fazendo-o com carinho: fulano, toma esta roupa, ela pertenceu a alguém que muito amo. Faça bom uso dela.

— O que dizer àqueles que fecham os quartos, conservando-os como se esperassem o retorno do desencarnado?

— Também isso faz muito mal ao doente; este, muitas das vezes, rejeita o tratamento espiritual para vampirizar os familiares, retornando ao lar em busca dos seus pertences. Volto a falar: tudo tem de ser espontâneo, nem mais, nem menos. Pouco a pouco vamo-nos separando dos objetos daquele que partiu ou fazendo bom uso deles. Agora, sair o enterro ao mesmo tempo que todos os pertences do homem, é lamentável.

— Lourenço, temos muito a aprender para não magoarmos as pessoas. Deve ser triste, muito triste, ver o que foi nosso ser leiloado entre familiares e empregados. Quem dá mais, quem dá mais!...

Capítulo XX

A CURA DOS ENDEMONINHADOS

Através de um telão, Jurema assistia aos acontecimentos de sua casa. Mãe é mesmo um universo de compreensão, por isso justificava as atitudes da família, que discutia sobre contas de banco, pensão, enfim, tudo o que Jurema havia deixado. Terminada a projeção, os enfermeiros levaram-na de volta à enfermaria. Aproveitei para conversar com Lourenço:

— Irmão, gostaria de transmitir aos meus leitores algumas informações, principalmente aos leitores espíritas. Os encarnados devem ou não cuidar da campa da saudade — o túmulo de seus entes queridos?

— Nós, que trabalhamos com recém-desencarnados, vivemos junto a eles as primeiras emoções e está provado, através de estudos, que o espírito respeita a veste que lhe serviu de veículo e gosta muitas vezes de recordá-la, principalmente nos primeiros anos no plano espiritual.

— Portanto, irmão Lourenço, o espírita pode cuidar do túmulo de seus familiares?

— Se assim o desejar, nada o impedirá. O túmulo de Allan Kardec é um patrimônio da França. Ali, respeitados, estão os restos mortais de uma das mais raras personalidades celestes. Seu túmulo é um tabernáculo de vibrações benéficas.

— Mas conheço muitos espíritas que condenam os familiares por visitarem os túmulos dos que lhes são caros.

— Luiz, se o espírita possuir conhecimentos doutrinários, jamais os proibirá, pois terá por obrigação tornar-se cristão e quem segue Cristo ouve Suas palavras. E Ele sempre disse: *Vim para explicar e não para condenar*. Um bom espírita não condena nem obriga, apenas esclarece e, para esclarecer, tem de buscar a verdade e esta é uma só: amor. No túmulo está depositada a veste de um espírito, a roupa que aqueles que ficaram tiveram oportunidade de abraçar e beijar. Portanto, inúmeras lembranças ele deixou e, para alguns, muitas vezes torna-se necessário buscá-los no túmulo; não que o espírito esteja ali, mas para reverenciar a matéria que o auxiliou quando encarnado. Proibir ou condenar uma família porque planta flores e cuida de um túmulo é ser por demais cruel. A cada um basta a sua consciência. Se existem criaturas para as quais o túmulo é apenas uma porta, graças lhes damos, mas se ainda há pessoas que buscam as campas para louvar os que partiram, temos de respeitá-las, porque, se Deus não conhecesse a pequenez de Seus filhos, não os ensinaria como proceder, devolvendo ao pó o que ao pó pertence.

— O amigo é a favor dos mausoléus?

— Se eu for contra, ficará prevalecendo minha opinião; se for a favor, estarei em contradição com aquilo que venho aprendendo: a me livrar de tudo o que me dificulta a liberdade. O homem que ainda precisa construir mausoléus, muitas vezes ao lado de um túmulo humilde, assim procede porque ainda é pobre, muito pobre de amor. O que quero dizer, Luiz, é que devemos ter respeito por aqueles que por nossa vida passaram. Não há nada demais em plantar flores onde jazem os restos daqueles que amamos. É uma homenagem singela e respeitosa, que ninguém tem o direito de condenar. A dor é solitária, cada ser conhece o tamanho da sua, e não são os religiosos que vão julgar os sofredores. O que devemos orientar, como espíritos, é que busquem o consolo da fé; que orem pedindo força, porque somente a fé seca as lágrimas e cura as chagas.

— É, na vida tudo é muito simples, o homem é que a complica.

— Foi muito bom você abordar esse assunto, Luiz. Muitos julgavam que Jesus fosse contra sepultarmos os mortos. O que Ele quis dizer foi que os espíritos missionários enterram seus mortos, mas não as suas esperanças e a sua fé; que não param para chorar, choram enquanto trabalham e lutam para dar exemplos; para dizer que cada criatura, ao se despedir dos seus entes queridos, tenha a certeza de que eles continuam vivendo. Os que ficam, mesmo sofrendo, precisam crer na vida e na sua manifestação; que não podemos enterrar também junto àquele que se foi as nossas esperanças, pois precisamos continuar a viver e levar nossa tarefa até o fim. Condenar alguém por chorar pela separação das pessoas que lhe são caras chega a ser bem cruel. O sentimento é algo muito nosso e ninguém tem o direito de nos condenar por tê-lo em demasia. O que não se justifica, e não é correto — preste atenção: não estou condenando, apenas comentando — é gritarmos blasfêmias contra Deus no momento da partida, porque o verdadeiro sofrimento é aquele contra o qual lutamos, em silêncio, e saímos vitoriosos, armados de fé. Muitas vezes aqueles que gritam por demais o fazem por remorso, porque não souberam amar e respeitar aquele que desencarnou.

— Obrigado, irmão, acho que foi muito boa nossa conversa — disse a Lourenço, abraçando-o.

— Até outro dia, Deus esteja contigo.

— Não perdes tempo, hem? comentou Sara.

— Tem razão, espero jamais deixar passar as oportunidades que, por mercê de Deus, venham a mim.

— Luiz, Olegário nos espera no Departamento número Um.

— Que bom! Estava mesmo precisando dar uma calibrada na aura. Estou-me sentindo fraco.

— É mesmo, bebê? Não sabia... falou Karina.

— Pois fiquem sabendo que não deixo o meu espírito assim, por aí, vagando sem equilíbrio, sempre busco o socorro no Departamento número Um — falei e todos rimos.

E para lá nos dirigimos, estávamos realmente precisando de uma reciclagem. O Departamento número Um possui os mais inimagináveis aparelhos. À porta fomos recebidos por Suang, que muito sorridente nos falou:

— Sejam benvindos. Olegário pediu que os recebesse.

O Departamento estava repleto de cabines, cada uma delas com uma cama, e fundo musical suave fazia companhia ao paciente. Fui um dos últimos a entrar na cabine. A ansiedade me projetava para a frente, dificultando minha entrada em uma delas. Quando consegui acalmar-me, cumprimentei-a:

— Alô, boneca — e nada dela abrir.

Olhei para os lados e todos os meus amigos já se encontravam no interior de suas cabines. Só eu e Suang permanecíamos de fora. Ela sorriu carinhosamente para mim. Tentei abrir a porta da cabine, e nada!... Fui ficando nervoso. Suang sacudiu a cabeça, querendo dizer: falta oração. Cerrei os olhos e falei com Deus:

"Senhor, perdoa este Teu filho ainda tão imperfeito. Mas, como Ser bondoso que és, sabes que eu Te amo demais. Pai querido, neste instante, quando busco a proteção, desejo que saibas que sempre estarei esperando o chamado para novos trabalhos. Ajuda-me, Senhor, a vencer minhas imperfeições e faze de mim um instrumento da Tua paz. Que eu seja a mão amiga em direção ao caído, uma luz para os cegos de crença, uma esperança para os desesperados, um sorriso para o triste, um

bálsamo para o que sofre. Mas, antes de tudo, cura-me, Senhor, porque filho Teu eu sou..."

Terminada a prece já me encontrava na cabine, só precisando apenas deitar-me e cerrar meus olhos. A música dolente me envolvia o espírito. Recebi um tratamento fluídico, que reabasteceu meus centros de força. Não sei o tempo que ali permaneci, porém triste fiquei quando fui convidado a me retirar. Os outros já me esperavam. Saí, ligeiro, fingindo não vê-los, estava em êxtase. Olegário falou:

— O Sérgio não deseja nos acompanhar, então vamos sem ele.

— Ô, gente, nem se pode mais brincar?

— Não, principalmente depois do banho de equilíbrio, falou Karina.

— É que foi pouco para ele...

— Engraçadinha!...

Assim, saímos. Pensei que desceríamos à crosta, mas fomos liberados para as aulas. E como representam muito para mim, fiquei alegre.

No teatro vivo presenciamos várias curas realizadas por Jesus. Ele fazia cumprir as profecias e, dentre elas, a de Isaías, que diz:

Ele mesmo tomou nossas fraquezas e carregou as nossas enfermidades.

Logo a seguir, surgiu a luta de Jesus para manter os Seus seguidores fiéis à Sua obra. Muitos queriam servir, mas sem renúncia. Ele falou, em *Mateus*, Cap. VIII, versículo 20:

As raposas têm seus covis; e as aves do céu seus ninhos; porém o Filho do Homem não tem onde reclinar a cabeça.

— Por que "Filho do Homem"? perguntei.

— Não querendo ser um Messias político e dominador pela força, preferiu ser chamado Filho do Homem, que vem para servir e dar Sua vida para a redenção de muitos. Cristo é o verdadeiro Filho puro e perfeito. A expressão é aramaica.

Diante de nós ficava bem claro que os que são chamados ao trabalho de Cristo têm de suportar injustos conceitos e desconfianças, mesmo no seio da própria família.

Fomos acompanhando a peregrinação de Jesus. Ao pé do Mar da Galiléia Ele proferira as Suas primeiras parábolas. Cristo pregava o dia inteiro e, já noite, a multidão ainda O cercava. Notamos que Ele não parava para tomar alimento ou buscar repouso, todavia era um trabalho árduo e estafante para os apóstolos. Somente tarde da noite repousava em algum lugar solitário, do outro lado do lago, na costa oriental de Genesaré.

Em uma tarde tranqüila, tendo-Se despedido da multidão, Jesus e Seus apóstolos tomaram o barco, sendo seguidos por muitos barquinhos. Cristo, deitado na popa do barco, mantinha os olhos cerrados. O lago resplandecia serenidade. De repente, sombrias nuvens cobriram o céu, o vento soprou rijo das montanhas sobre a costa oriental, desagüando sobre o lago violenta tempestade. O sol desaparecera e a noite baixara sobre o tormentoso mar. Furiosamente açoitadas pelos ventos, as ondas sacudiam com violência o barco dos discípulos, que ameaçava afundar. Embora acostumados às surpresas do mar, aqueles pescadores agora sentiam que sua resistência e habilidade de nada valiam. Achavam-se impotentes diante daquela tormenta. Jesus, entretanto, permanecia imóvel, alheio a tudo o que se passava ao Seu redor. Os apóstolos, vendo a morte de perto, gritavam por Ele: "Senhor, salva-nos, que perecemos!", mas suas vozes eram abafadas pelo rugido da tempestade. Diante do perigo — Jesus, o Filho de Deus — conhecedor de todas as leis da Natureza, não Se perturbou, apenas olhou o vento, permanecendo em Seu semblante a paz dos espíritos puros. A tempestade rugia, as ondas rebentavam sobre eles, relâmpagos clareavam a escuridão. Os apóstolos, em pânico, nunca haviam visto o mar tão enfurecido. Nisso, Jesus levantou-Se e disse; "Cala-te, aquieta-te". Era como se o irmão mais velho dissesse ao menor: "sossegue, deixe-me descansar". Cessou a ventania. As ondas se aquietaram, as nuvens se dispersaram, as estrelas voltaram a emoldurar o céu. A calmaria voltara ao mar. Os apóstolos, atônitos, contemplavam Jesus com ternura e Ele lhes perguntou: "Ainda não tendes fé?" Nisso, Pedro aproximou-se de Jesus e Lhe beijou as mãos, agradecido. Jesus buscou com o olhar os outros pequenos barcos e Se tranqüilizou, porque também eles foram salvos. Todos os tripulantes estavam assombrados, não sabiam eles que ali Se encontrava o Governador da Terra, o Mestre dos mestres, o grande conhecedor dos fluidos e que usara o Seu conhecimento para cessar a tempestade.

Ao presenciarmos, no teatro vivo, a força de Jesus, sentimos uma vontade muito grande de conhecer os fluidos, que muitos confundem com energias. O leitor vai me perguntar: "Por que Luiz Sérgio não fazia perguntas?" Porque estávamos em êxtase, tal a emoção de nos sentirmos junto a Jesus, e achei melhor não interromper a narrativa com perguntas. E, depois, ninguém se atrevia a fazer indagações, diante da beleza que se descortinava à nossa frente.

Jesus chegou à outra margem do lago; o dia já começara a apontar e o sol não tardou a banhar a terra. Os apóstolos de Jesus mal haviam-se recuperado do susto causado pela tormenta, quando surgiram à frente deles dois loucos, desejando atacá-los, armados com pedaços de pau. As roupas rasgadas, os corpos sangrando, longos cabelos em desalinho davam aos seus rostos uma aparência terrível. Os discípulos fugiram apavorados, mas depois perceberam que haviam deixado Jesus para trás e puderam presenciar os enfurecidos homens tentando atacar o Mestre. Jesus apenas levantou a mão e os obsediados caíram no solo, impotentes diante da força magnética de Cristo, que com autoridade ordenou aos subjugadores deixassem em paz aqueles homens. Vejam o que disse um dos obsessores: "Que tenho eu contigo, Jesus, Filho do Deus Altíssimo? Peço que não me atormentes". Dali saíram deixando os homens de joelhos, chorando, agradecidos a Jesus. Ele, com carinho, levantou-os do chão. Mas antes Jesus perguntou aos espíritos trevosos: "— Qual é o teu nome?" E a resposta foi: "— Legião é meu nome, porque somos muitos".

Aqui faço uma parada para perguntar àqueles que não acreditam na Doutrina Espírita: por que Jesus expulsou os trevosos? Quem eram eles? Mas, deixa para lá... Percebemos, então, que aqueles espíritos serviram-se dos atormentados homens como meio de se comunicarem, tanto é que conversaram com Jesus, como fazem os médiuns hoje. E pediram a Ele os enviasse para longe daquela região. Sobre uma montanha, não muito distante, pastava grande manada de porcos. Os trevosos pediram a Jesus permissão para que eles entrassem naqueles animais. Sabemos que é impossível o espírito de um homem ocupar o corpo de um animal. Este não suporta e se arrebenta, porque o homem já passou pelo reino animal e sua força magnética é muito maior que a de um animal. Encontramos essa passagem em *Mateus*, Cap. VIII, versículos 28 a 34. Assustados com os trevosos, vimos os porcos se precipitarem penhasco abaixo. Enquanto isso, operava-se nos dois homens grande transformação. Voltava a luz ao cérebro, brilhavam-lhe os olhos novamente; com a liberdade conquistada, recuperaram a fisionomia de homens normais, porquanto anteriormente pareciam feras. Os ex-possessos louvaram a Jesus, mas os guardiães dos porcos, enfurecidos, queixaram-se contra Ele. Naquela cidade Jesus não foi bem aceito, apesar de muitos terem presenciando a cura daqueles homens que antes eram o terror daquele lugar, pois investiam contra todos os viajantes, com fúria e ódio. Entretanto, para a população, os porcos eram mais importantes do que os homens.

Nesse instante alguém perguntou onde os homens se escondiam.

Resposta: nos sepulcros; os túmulos judaicos eram cavernas naturais ou artificiais cavadas nos jardins, nos campos e freqüentemente nas vertentes dos montes.

Como notamos nesta passagem bíblica, o homem continua o mesmo: apegado às coisas materiais e distante das belezas do espírito. Naquela cidade, muitos quiseram aceitar Jesus. Os possessos curados foram os primeiros mensageiros enviados por Jesus a pregar o Evangelho na região de Decápolis. Os gerasenos não receberam Jesus e pediram ao Mestre que dali Se afastasse, preferindo as coisas materiais, distanciando-se, assim, do Evangelho, mas jamais se esquecendo do poder do Cristo. Os loucos curados por Jesus foram os portadores das Suas palavras.

Subindo para uma pequena barca, tornou a atravessar o lago, voltando para a Sua cidade onde O esperava uma multidão, que O saudou com alegria. Realizou muitas curas. Uma delas a da filha de Jairo. Jesus segurou a mão da menina e proferiu as seguintes palavras: "Menina, a ti te digo, levanta-te". Os olhos abriram-se como se despertasse de um sono e, assustada, buscou a família (*Mateus*, Cap. IX).

Vimos também Jesus na bela casa de Mateus, com os discípulos de João Batista perguntando:

Por que não jejuam os discípulos de Jesus?

E Jesus respondendo:

Porventura podem estar tristes os companheiros do esposo, enquanto o esposo está com eles? (*Mateus*, Cap. IX, versículo 15).

Ele, Jesus, o esposo, voltou para o plano espiritual. Os apóstolos, amigos do esposo, jejuaram depois de Sua partida, isto é, tiveram de enfrentar fadigas e dores no cumprimento da tarefa de missionários do Cristo.

Aqui parou nossa aula. A missão de Jesus, projetada no teatro vivo, era um hino da Doutrina Espírita, um cântico de verdades espirituais, com os chamados "milagres" e as curas dos obsediados.

Capítulo XXI

PARTIDA SEM TRAUMAS

Logo estava eu junto aos meus amigos, pois nova tarefa nos aguardava.

— Aonde vamos agora? perguntei a Sara.

— À Colônia das Acácias, um amigo nosso lá se encontra.

Nada mais falei, apenas não via a hora de chegar ao destino. Quando isso se deu, fiquei muito feliz pois Mário, o recém-desencarnado, apesar de ter somente algumas horas que partira do mundo físico, já se encontrava enturmado, conversando e consolando outros companheiros.

— Como vai, Mário?

— Tudo bem, Luiz Sérgio. E você, meu amigo, como se encontra?

— Graças a Deus, muito bem. Fico contente, Mário, em vê-lo tão bem disposto.

— Sérgio, o homem tem de se preparar para a partida. O mal é que, mesmo se dizendo espírita, na hora "H" luta para não deixar o físico.

— Gostaria de saber como ocorreu o seu desencarne, Mário.

— Alguns meses antes comecei a sentir algo estranho: sonhava que estava partindo, sempre me despedindo da família e dos amigos. Acordava preocupado, com vontade de arrumar meus papéis, querendo tudo muito certo. Até que certa noite eu dormi, e algumas horas depois acordei sufocado; lutei para chamar a esposa, mas os meus braços se encontravam paralisados. Tentei gritar, mas já não falava. Nessa luta, ouvi uma espécie de explosão e me senti projetado para cima, expulso do corpo físico. Chamei por Jesus: "Senhor, salva-me". No mesmo instante, me vi seguro por dois irmãos, que me convidaram a deitar na maca. Queria falar, mas a voz não saía. Pensei: "Meu Deus, onde estou, o que aconteceu?" O irmão José me falou: "— Mário, o teu corpo físico te devolveu para a verdadeira pátria" "— Então morri?! Mas eu desfrutava de excelente saúde, o que houve?" "— Apenas sofreste uma parada cardíaca, só isso."

— Só isso, irmão? falei, sorrindo, e Mário continuou seu relato:

— Depois de socorrido, perguntei ao irmão José como se encontravam minha esposa e filhos. Ele respondeu: "Desesperados. Tua esposa pensa até em se matar".

— Posso ir consolá-la? perguntei. Leve-me até ela. José olhou para o outro companheiro, como a indagar: "O que achas?" O outro nada respondeu, somente aplicou-me um passe magnético, e me vi diante de minha família. Não pude conter as lágrimas, era como se tivesse partido, ou melhor, fugido, abandonando as responsabilidades familiares. Eu deixara de existir no plano físico. Sempre era eu que fazia tudo, pagava as contas, cuidava das finanças; Arlete nada sabia, eu a poupava de todas as preocupações. E agora ela teria de caminhar sozinha. Desejei abraçá-la, mas estava tão distante de mim quanto eu dela. Foram horas muito tristes. Voltei a falar aos meus protetores: "Como posso fazer para ficar ao lado dos meus familiares nessa hora tão difícil? Gostaria de voltar à terra como espírito desencarnado; nada temam, eu tenho conhecimento. Não posso ficar alheio ao que está acontecendo com outro pedaço meu — o meu corpo físico — uma vez que ainda me vejo dependendo dele.

— Nisso — prosseguiu Mário — doutor Monteiro chegou e disse: "Podem atendê-lo. Levante-se que o acompanharemos até seu corpo físico". E assim aconteceu. Logo me vi assistindo ao meu funeral. Fiz tudo muito equilibradamente, consolava a esposa e a família; meus filhos ainda pequenos não estavam a par do acontecido. Não lhe digo que foi fácil. Aquele corpo cadavérico, inchado e roxo, não podia ter-me pertencido. Mas, por mais que eu quisesse estar sereno, sempre chorava ao sentir que tudo ficara para trás. O ambiente era de paz, música e oração. Apesar de minha esposa nunca ter seguido minha fé, relutando em aceitar a Doutrina Espírita, ali estava ela, fazendo tudo o que julgava que eu gostaria que fizesse com meu corpo. Os encarregados da minha recuperação me aconselharam a sentar e ficar menos tenso, mas o desespero dos meus bons amigos, dos familiares, era um quadro constrangedor. Como ficar feliz, quando minha vida ia tomar nova direção? Eu estava entendendo todas as minhas realidades e não sabia como seria minha nova vida. O corpo físico, a veste amiga, petrificado dava o último adeus. Bem junto a ele sentia-me ainda muito ligado àquele corpo sem vida. Temi pelo sepultamento, o que me levou até José. Colocado a par das minhas preocupações, tranqüilizou-me:

— Nada tema, daqui a alguns minutos vamos levá-lo, não para a sala ao lado, mas para sua nova morada.

— Mas já? falei, relutante.

José manteve-se calado, apenas no momento preciso me disse:

— Despeça-se de todos e vamos embora.

Aproximei-me de Arlete, e ela começou a gritar, vindo a desmaiar. Quis ainda ficar, mas José me advertiu:

— Vamos embora, Mário, você está muito bem, não estrague este momento, por favor.

Ao desenrolar-se a despedida, não pude evitar o sofrimento da separação e perdi os sentidos, vindo a dar conta de mim aqui na Colônia das Acácias. Também, ao acordar, levantei-me e logo pedi serviço.

Enquanto conversávamos, entrou uma irmã trazendo um caldo reconfortante. Mário o recusou:

— Não, irmã, quero ver se consigo ficar livre de qualquer alimento, o mais rápido possível.

Não pude conter o riso.

— Irmão, vamos com calma, conheça primeiro o mundo espiritual, depois tome as decisões.

— Não, Luiz. No corpo físico eu fazia jejum, não comia carne, enfim, já me preparava para viver em espírito.

— Quer um conselho, Mário? Não se precipite, espere que as coisas aconteçam naturalmente.

Ouvindo isso, ele foi faminto ao caldo, e nós fingimos não notar a sua avidez. Assim, aquele irmão começava a viver a nova vida, bem diferente de outros espíritos, sem qualquer conhecimento da vida após vida. Mário agradeceu à irmã e falou que dali para frente alimentar-se-ia na cozinha. E se lá tivesse serviço, queria ajudá-la. Ela sorriu, dizendo:

— Teremos prazer em tê-lo junto a nós.

Com a maior simplicidade, Mário se despediu.

— Luiz Sérgio, obrigado pela visita e até mais. Agora vou até a cozinha, ajudar a irmã.

— Mas, irmão, espere até o momento de ser chamado.

— Não, enquanto não for chamado quero ser útil.

Prontifiquei-me a acompanhá-lo. Lá chegando, Mário pegou imediatamente uma bandeja e foi servir os recém-desencarnados, muitos com mais tempo no mundo espiritual do que ele. Acompanhei-o até o quarto três, onde Sebastião se encontrava. Quando Mário ofertou-lhe o caldo, ele falou:

— Quero ir para casa, preciso falar com Joaquina, ela vai acabar com o meu dinheiro. Nunca teve acesso às minhas contas, e agora é capaz de endoidar.

Mário perguntou:

— Há quanto tempo você aqui se encontra?

— Há quinze dias, e você?

— Há trinta horas, respondeu Mário, que já ajeitava o quarto.

— Quê? Só isso e já está assim, tão bem?

— Sim. Por que irei me preocupar com algo que não me diz respeito? Nada tenho de material no plano físico, lá somente deixei o sentimento.

— Não é possível, irmão. O que fez para pensar assim? Eu sofro ao saber que meus cartões de crédito, meus talões de cheque, tudo está em outras mãos. Meus chinelos, meus objetos, meu travesseiro, como posso viver sem eles?

— Sabe que nem tinha parado para pensar nisso? Veja só. Agora me admiro do irmão estar tão apegado a essas coisas tão simples, enquanto aqui temos tanto a descobrir.

— Não adianta, eu não quero nada deste mundo, não pedi para vir para cá.

Eu ouvia calado aquela conversa, vendo Mário, firme e descontraído, ir pouco a pouco doutrinando aquele irmão materialista. Enquanto Sebastião relutava em aceitar a nova vida, Mário lá estava, vivendo como se sempre ali trabalhasse. Por fim, quando se despediu de Sebastião, este lhe falou:

— Volte logo, foi bom ter conversado com você.

— Volto sim e que Deus o abençoe.

Abracei Mário.

— Irmão, como é bom saber que existem espíritos como você, preparados para enfrentar qualquer situação.

— Como posso temer o mundo espiritual, Luiz Sérgio, se quando encarnado preparei-me tanto para ele? Como posso odiar a morte, quando sempre disse que ela não existia? O homem tem de conscientizar-se de que só deve dizer o que realmente está em seu coração.

Ao chegarmos ao refeitório, irmã Catarina perguntou a Mário se ele desejava trabalhar ali ou buscar outro serviço. Lá eles agradeciam a presença dele.

— Não, irmã, se posso ser útil aqui, prefiro permanecer até que Sebastião se sinta feliz.

— Quem é Sebastião?

— O doente do quarto três.

— Está bem, Mário, mas você tem bônus-hora para tornar-se um mensageiro.

— Mas aqui também me sinto um mensageiro da Caridade. Sebastião precisa levantar-se e andar em direção ao Pai.

Despedi-me de Mário.

— Se desejar trabalhar com o nosso grupo, junto a nós...

— Obrigado, Luiz, interrompeu-me polidamente. Um dia, talvez, quando eu tiver melhorado.

E deu-me mais um abraço.

Mal terminei de lhe falar, ele já pegava uma vassoura para varrer o refeitório. Sacudi a cabeça e pisquei para irmã Catarina. Ela me sorriu e falou:

— Como seria fácil se todos se preparassem para esta inesperada viagem! Como seria belo!

— É mesmo, irmã, é mesmo.

Capítulo XXII

A PEREGRINAÇÃO DE JESUS

Cheguei cedo à aula e aproveitei para reparar tudo com amor e respeito, não vendo a hora de reiniciar meus estudos. Quando o projetor iluminou o palco, trêmulo de emoção, orei em silêncio. A figura de Jesus, deslumbrante de pureza, tomava conta do palco e, como sempre, os fariseus preparavam-Lhe uma cilada; aliás, viviam em busca constante de algum motivo para acusá-Lo. A maior queixa contra Jesus foi por desconsiderar certos preceitos tradicionais. Os fariseus consideravam mais importante lavar as mãos antes das refeições — que era um preceito rabínico — que a própria lei de Deus. A purificação cerimonial, a negligência das formalidades observadas antes de comer eram consideradas um odioso pecado, digno de ser punido. As regras concernentes à purificação eram tantas que, se alguém vivesse duzentos anos, mal daria para aprendê-las todas. Era uma interminável série de oblações e purificações. Cristo e Seus discípulos empenhavam-se no trabalho da caridade e não tinham tempo para essas oblações. Eles partiam em direção à dor e ao desespero, sem ficarem trancafiados nas sinagogas, por isso os apóstolos eram atacados. Os fariseus perguntavam: "Por que transgridem os teus discípulos a tradição dos anciãos, pois não lavam as mãos quando comem pão?"

Cristo a tudo escutava e não O víamos gritar que Sua Doutrina era a verdadeira mas, sim, tornar-Se a luz de Deus entre os homens; pregava as Escrituras, dando-nos a certeza de que nela se encontra toda a verdade. Ele recitou este trecho: *Honra teu pai e tua mãe e quem maldisser o pai e a mãe que seja punido de morte. Vós, porém, dizeis: Se um homem disser ao pai ou à mãe: "Aquilo que puderes aproveitar de mim é Corbã", isto é, oferta ao Senhor, esse não precisa honrar nem a seu pai ou sua mãe.*

Aqui se constata que a lei rabínica punha de parte este mandamento, considerando-o de somenos importância, mas eram por demais exatos em executar as tradições dos anciãos. Ensinavam que a dádiva de sua propriedade ao Templo era um dever mais sagrado que o sentimento filial, e que, por maior que fosse a necessidade, seria sacrilégio dar ao pai e à mãe qualquer parte do que fora assim consagrado. Um filho desobediente precisava proferir a palavra "Corbã" acerca de seus bens, dedicando-os assim a Deus, e poderia conservá-los enquanto vivesse. Por sua morte, ficavam esses bens pertencendo ao serviço do templo. Estava assim o filho, tanto em vida como na morte, na liberdade de desonrar e prejudicar os pais, sob a máscara da pretendida dedicação a Deus. Enquanto os fariseus, enfurecidos, acusavam o Mestre, Este, sem condená-los, ia pregando em nome de Deus. *Hipócritas!* — disse Ele, dirigindo-se aos espias — *bem profetizou Isaías a vosso respeito, dizendo: "Este povo honra-me com os seus lábios, mas seu coração está longe de mim. E, em vão me adoram ensinando doutrinas que são preceitos dos homens"*. As palavras de Cristo eram uma acusação a todo tipo de farisaísmo. Os rabis se colocavam acima de Deus, criando tradições que transgrediam as leis divinas. Mas Cristo continuava dizendo aos homens: "Toda planta que Meu Pai celestial não plantou será arrancada". Tudo o que for do homem na terra ficará. A lei de Deus é uma só: o amor d'Ele por Suas criaturas e estas fazendo desse sentimento um canteiro de amor ao próximo. Cristo é sábio e nos adverte: "Em vão me adoram, ensinando doutrinas que são preceitos dos homens".

Dali, de Cafarnaum, Jesus Se retirou, atravessando a Galiléia e descendo pelas montanhas da Fenícia, chegando às planícies das antigas cidades Tiro e Sidon, com seus templos pagãos, magníficos palácios e mercados, e ainda os portos cheios de embarcações. Além, a extensão azul do Mediterrâneo. Jesus defrontou-Se com a dor e o desespero, junto àquela gente que pertencia à antiga raça cananéia, desprezada e odiada pelos judeus, porque eram idólatras. Jesus nos ensinou que não existe separação na Sua doutrina. Todos serão consolados, pois para Deus não importa por qual caminho estejamos transitando. O importante é a bagagem que estamos levando na alma, porque *todo aquele que invocar o nome do senhor será salvo* (*Atos*, Cap. II, versículo 21).

Jesus, saindo de Tiro e Sidon, dirigiu-Se até o mar da Galiléia, pelos confins de Decápolis, onde foram curados os endemoninhados geraseus, cujo povo, alarmado com a destruição dos porcos, havia pedido a retirada de Jesus. Ao retornar Jesus àquele lugar, o povo dessa vez reuniu-se a Ele, onde curou o surdo e gago. Depois subiu a montanha, acompanhando-O a multidão, que conduzia coxos e enfermos, depositando-os a Seus pés. A todos Ele curou e o povo pagão glorificou a Deus. Por três dias eles continuaram a se aglomerar em torno de Jesus, dormindo ao ar livre. Durante o dia, comprimiam-se para ouvir as palavras de Cristo e testemunhar Suas obras. Ao fim desses três dias acabou a comida que tinham; Jesus não queria que fossem embora com fome e mandou que os discípulos lhes dessem de comer. Os apóstolos, olhando aqueles gentios e pagãos, perguntaram ao Mestre: “O que podemos fazer para alimentar esse povo faminto?” Jesus permaneceu calado, apenas o Seu olhar amoroso pairou sobre aquele povo tão sofrido. Pedro era o que mais preocupação demonstrava, mesmo assim pegou os sete pães existentes e uns peixinhos. E a força do amor alimentou aquela multidão de homens, mulheres e crianças, ainda sobrando sete grandes cestos. Cheios de alegria, Jesus os despediu, dando a cada seguidor Seu exemplo de que, para alimentar alguém, não é preciso saber o tamanho da sua fome e se é digno ou não de ser alimentado. Jesus voltou à praia, entrou no barco e acenou para o povo, que gritava o Seu nome. Ele e Seus discípulos partiram para Magdala, do outro lado do lago, ao extremo sul de Genesaré. Quando estivera em Decápolis o povo pagão Lhe escutara as palavras e O recebera com alegria. Uma delegação de fariseus uniu-se com ricos e altivos saduceus, contra Cristo. Pediram a Jesus um sinal. Disse Jesus: "Sabeis diferenciar a face do céu; estudando o céu podem predizer o tempo, e não conheceis os sinais do tempo? Por que pede, geração má e adúltera, um sinal? Nenhum sinal será dado, senão o sinal do profeta Jonas".

Aconteceu com Cristo o que se dá com os espíritas hoje: eles podem curar as chagas, secar as lágrimas, curar e expulsar os trevosos e ainda lhes pedem sinais.

Jesus olhava fixamente aquelas criaturas tão sem fé. Por que só os incrédulos pedem sinais aos missionários, quando estes só se preocupam com o bem da Humanidade? Jesus voltou ao barco com os discípulos, que indagavam entre si o motivo pelo qual o Mestre não mostrara o valor do Seu espírito, se Ele tinha poder para isso. Jesus tomou a direção de Betsaida, próximo ao local onde foram alimentadas as cinco mil pessoas, bem distante do lugar que haviam deixado. O Mestre advertiu os apóstolos que Sua doutrina não era feita de sinais e sim de exemplos de amor. Os discípulos estavam tristonhos, sem entender por que Jesus não quisera atender ao pedido dos inimigos. Disse Jesus: *Acautelai-vos principalmente do fermento dos fariseus, que é a hipocrisia* (*Lucas,* Cap. XII, v. 1).

Deslumbrados, assistíamos no teatro vivo à peregrinação de Cristo e Seus apóstolos. Ninguém ousava fazer uma pergunta sequer, como se estivéssemos paralisados. Vimos Jesus chegando junto aos apóstolos a uma das cidades nas cercanias de Cesaréia de Filipe, além dos limites da Galiléia; naquela região predominava a idolatria. Era um lugar repleto de superstições. Jesus aproveitou para ensinar os discípulos e aquele povo pagão. Ficamos sabendo que muitos seguidores de João Batista abandonaram Jesus, julgando que Ele não era possuidor de força suficiente para lutar pelo trono de Davi. Mas Pedro e seus companheiros permaneceram junto ao Mestre. Jesus disse: "Se alguém quiser vir a mim, renuncie a si mesmo, tome sobre si a sua cruz e siga-me". Jesus não pregou um caminho de flores para Seus seguidores, mas prometeu ficar ao lado de Seus irmãos. Os apóstolos às vezes falavam entre si em voz baixa, tristes, temerosos do amanhã. Jesus, na Sua fé em Deus, prosseguia Sua peregrinação.

Para provar aos queridos discípulos que a morte não existe, Cristo, ao anoitecer, chamou para junto de Si três dos Seus discípulos, Pedro, Tiago e João, e os conduziu por acidentada vereda a uma deserta encosta da montanha. Aos fariseus hipócritas Cristo não deu sinal algum, mas aos Seus irmãos Ele provou a imortalidade da alma. Diante daqueles três fatigados discípulos, realizou a primeira sessão espírita disciplinada e cristã; orou, curvado sobre o pedregoso solo. Jesus brilhava como o sol e os apóstolos se davam conta de que estavam diante do Governador do Planeta. Seu semblante resplandecia; suas vestes tornaram-se brancas, transluzentes, e todo o monte iluminou-se; com temor e espanto fitavam a figura radiante de Jesus. Os apóstolos não compreendiam por que Moisés e Elias ali se encontravam. Mas Cristo quis dizer-lhes que os dois eram um único espírito e que Ele, Jesus, também não morreria, porque os Espíritos do Senhor não morrem, passam de uma vida para a outra. Muita coisa importante aconteceu no momento em que Jesus pôs os discípulos a par da reencarnação. Elias, em outra época, fora Moisés e, no tempo de Jesus, João Batista. Passaram a noite toda naquele monte e o nascer do sol encontrou Jesus e os discípulos a caminho da planície. João, Pedro e Tiago seguiam pensativos. Quando desceram, um grupo os aguardava ao pé do monte, juntamente com os outros discípulos que não foram convidados. Ali mesmo Jesus falou para os discípulos sobre a morte e a reencarnação. Ao conviver com o espírito de Elias quis Jesus ensinar aos discípulos tudo sobre o intercâmbio mediúnico, mas eles não compreenderam e indagaram o que queria dizer "ressuscitar dentre os mortos".

Nesse trecho, percebemos que Jesus tanto falou da reencarnação que os apóstolos perguntaram por Elias, ao que Ele respondeu:

...Em verdade Elias tem que vir e restabelecer todas as coisas.

Jesus continuou:

Mas eu vos digo que Elias já veio, eles não o conheceram e contra ele fizeram tudo o que quiseram. Assim também farão sofrer o filho do Homem (*Mateus*, Cap. XVII, vv. 11-12).

Não precisa muita coisa para chegarmos à conclusão de que Jesus e Seus apóstolos conversaram no monte sobre o desencarnar e o reencarnar.

Diante de nós, reafirmava-se a teoria das vidas sucessivas. Elias voltara como João Batista, ele era o profeta que havia de vir. O espírita não pode desprezar o Antigo Testamento, pois nele encontramos a confirmação da Doutrina. O essencial é estudá-la para compreender as verdades espirituais. Quem desejar aprofundar-se no assunto, procure no *Salmo* CXII (CXIII) e lá encontrará a reencarnação novamente:

Seja bendito o Senhor, vós, desde agora e para sempre. Excelso é o Senhor sobre todas as nações e Sua glória está acima dos céus. Quem há como o Senhor nosso Deus que habita nas alturas e atende as criaturas humildes no céu e na terra? Levanta (do pó da terra) o desvalido e tira da imundície o pobre, para colocar com os príncipes, com os nobres do seu povo. E a mulher estéril, fá-la viver em sua casa, alegre, (ao ver-se) rodeada de filhos.

"Levantar do pó" significa que devolvemos o corpo à terra e o nosso espírito ressurge em um novo corpo, portanto, aquele que sofreu a carência de recursos pode voltar como príncipe. A mulher estéril pode retornar em outra vida rodeada de filhos — é Deus concedendo ao homem o perdão, dando liberdade aos oprimidos.

Distraíra-me nessas divagações e, ao voltar a atenção ao palco, Jesus descia do monte e os discípulos buscavam-nO para expulsar um espírito trevoso. Lá em cima, Cristo conversara com os mensageiros celestes e agora, mais uma vez, estava Ele diante de um espírito inferior. Como negar este intercâmbio, quando Jesus, grande doutrinador, teve diante d'Ele esses pobres espíritos sem esclarecimento algum? O lunático debatia-se diante d'Ele e com que carinho e autoridade Jesus o curou! Os nove discípulos indagaram: *por que não pudemos nós expulsá-lo?* Jesus respondeu: *Por causa da sua pouca fé* (*Mateus*, Cap. XVII, vv. 19-20).

Os nove apóstolos estavam enciumados porque não tinham sido levados até o monte. Depois deste episódio, Jesus procurou elucidar os apóstolos sobre o ciúme. Ao voltar para Cafarnaum buscou com os discípulos a casa que Lhe devia servir de lar. Ali Jesus os preparou, dizendo que em Jerusalém seria morto e ressuscitado. Mas os apóstolos não acreditaram, julgavam-nO tão poderoso que até a morte venceria. Jesus fingia não ouvir a conversa dos discípulos, que comentavam sobre "quem era o maior no reino dos Céus". *Se alguém quiser ser o primeiro, será o derradeiro de todos e o servo de todos.*

Terminara a aula. Quanta coisa Cristo nos ensinou e nós ainda não aprendemos, principalmente a sermos humildes. O espírita tem de lutar para tirar a mancha do orgulho de seu perispírito e ver-se livre da vaidade. Quem já descobriu a porta estreita de Jesus não pode permanecer orgulhoso. Cristo nos elucida em Seu Evangelho acerca da conquista da humildade e a Doutrina Espírita nos esclarece por que temos de nos tornar humildes: porque o que é da terra na terra fica e um ser humilde já se despojou de tudo o que atrapalha sua passagem pela porta estreita.

— Por que está tão pensativo, Luiz?

— Estou tentando elevar meu espírito para conquistar a humildade, veste divina que nos faz voar.

— Tem razão, Luiz, o homem sofre porque ainda está muito apegado à matéria.

— E não adianta, Olegário, o homem apenas dizer-se espírita, católico ou crente; se ele não buscar o Cristo e Lhe seguir os passos, jamais se despojará do orgulho.

— Luiz, desde que o homem surgiu na Terra, os mensageiros de Deus o ensinam o caminho da perfeição, mas mesmo assim o orgulho continua a ser a perdição da Humanidade.

— Tem razão, irmão, fico abismado quando me defronto com espíritas teóricos: acham lindos os ensinamentos, mas nada fazem para melhorar-se. Cultivam a vaidade, desejando possuir o dom da profecia e o da oratória, para serem admirados; entretanto, sair em busca do sofredor para lhe amenizar as dores, isso não, alegam falta de tempo; eles aprenderam, mas infelizmente não colocaram o conhecimento em prática. Ao espírita muito será cobrado e queira Deus ninguém venha a se arrepender por ter brincado com o Espírito Santo.

— Luiz, hoje temos de descer à Crosta. Um irmão nosso voltará para a espiritualidade. Pode dar um passeio pelos jardins, logo mais o espero no Departamento das Flores.

— Está bem, amigo, até já.

Assim, fiquei a recordar-me de Jesus e me vi em Cafarnaum, cidade onde o Mestre permaneceu por mais tempo. Situava-se na praia do Mar da Galiléia e próxima às bordas da bela planície de Genesaré. A profunda depressão do lago, chamado de mar, dava à planície que margeia as praias o clima do Sul. As palmeiras e as oliveiras, pomares e vinhas, as belas flores e campos verdejantes eram regados por correntes d'água que brotavam das rochas. As colinas, as praias do lago davam a Cafarnaum uma beleza ímpar; localizava-se na estrada que unia Damasco a Jerusalém, conduzindo ao Egito e ao Mar Mediterrâneo; o grande mar era importante via de comunicação. Sentiame em Cafarnaum, recordando o Cristo e Seus discípulos. Que grande Ser, que bendita época, quanto amor fluiu na Terra!

— Meu Deus, o que te aconteceu? Estás pairando nas nuvens?

Nada respondi, continuei sonhando com Cafarnaum, vendo o grande movimento das suas embarcações.

— Está bem, não te incomodo mais. Depois não reclames se ficares para trás, continua no mundo da lua, embalado pela luz das estrelas.

— Perdoe-me, Sara, estava recordando nossas aulas.

— Pelo visto, Luiz, só desejas as aulas, relutas em enfrentar as duras realidades.

— Não é bem assim, Sara, é que estou imensamente feliz com tamanha bênção; quando saio fico a recordar-me do grande Mestre.

— Tens razão, Luiz, são dois mundos diferentes.

Nisso, os outros se juntaram a nós e Olegário, antes de nos dirigirmos ao local do socorro, convidou-nos à prece.

"Senhor da vida, protegei-nos, fazendo de cada um de nós um instrumento útil de ajuda ao próximo. Como espíritos ainda imperfeitos, podemos ter os passos resvalados, mas com a Vossa ajuda podemos chegar até o final do caminho. Dai-nos a humildade no trabalho, a força nas decisões, a fé nas dúvidas, a perseverança e o amor. Senhor, que a Vossa luz ilumine os caminhos que temos de trilhar. Ajudai-nos, Senhor!"

Quando Olegário terminou, meus olhos estavam marejados de lágrimas. Ainda fiquei orando em silêncio:

"Mestre amado, eu Vos convido para nos acompanhar nesta tarefa de socorro, onde irmãos ainda imperfeitos precisam dar o grande pulo da vida encarnada para o mundo espiritual. Dai-nos, Senhor Jesus, as Vossas mãos de Irmão querido, só elas nos darão forças para termos condição de pescá-los. Amado Mestre, obrigado pela Vossa bondade e que estejais conosco hoje e sempre."

Capítulo XXIII

FLUIDO E ENERGIA
O APAGAR DAS LUZES

Saímos em busca do nosso irmão que agonizava no leito de um hospital. Rogério devia ter uns cinqüenta anos, estava muito mal, com cirrose hepática. Quando chegamos, os técnicos já o estavam desligando. A esposa gritava, assim como os filhos, mas por mercê de Deus Rogério estava alheio ao drama de sua família.

A doença o maltratava muito, ele queria ver-se livre do pesado fardo da matéria. Recordei Jesus dizendo: "O meu fardo é leve e suave o meu jugo". Sim, quando estamos com Jesus o fardo torna-se leve e as dores são suavizadas pela fé. Rogério, ao se ver expulso do corpo físico e amparado pelos familiares desencarnados, chorou, aliviado; todavia sua família gritava e sofria demais, e ele, mesmo atordoado, não sabia como proceder, quando percebeu que havia desencarnado.

— O que vamos fazer, já que não pertencemos à equipe do desencarne? indaguei a Olegário.

Ele nada respondeu, apenas aproveitou para nos elucidar sobre o suicídio inconsciente. Rogério bebia "socialmente" e fumava quatro carteiras de cigarro por dia. E, agora, ali estava como suicida. Aproveitei para olhar melhor os corpos de Rogério e pude ver que, mesmo separado do físico, este ainda o mantinha preso, pois os fios energéticos ainda estavam ligados aos centros de força do perispírito.

— Mas ele não vai se livrar do corpo físico, Olegário?

— Vai, mas por muito tempo sentirá a tortura da prisão carnal. Vejam bem os centros de força condutores do fluido vital: não há como eliminá-lo. Por mercê de Deus, o fluido vital não se evapora; por ser tão precioso, ele tem de ser usado. Se isso não acontecer — o caso dos suicidas — existem equipes de socorro para retirá-lo, mas mesmo assim o espírito se vê sufocado e se debate por muito tempo, até que nele cesse a vitalidade. Quando o homem gasta o seu fluido no tempo certo, os seus condutores se mantêm saudáveis e, ao cessar a vida orgânica, os fios energéticos se alojam no perispírito de maneira natural, o que não é o caso de Rogério. Olhem atentamente: parece que um descuidado enrolou os fios em desalinho.

— O que é preciso fazer?

— Primeiro, a equipe socorrista aproveita os fluidos e, à medida que eles vão desprendendo-se, seus condutores se alojam nos órgãos correspondentes do perispírito.

— E se o irmão não for socorrido?

— Enterrado o seu corpo físico, sofrerá junto a ele por mais tempo. Prestem atenção, antigamente os suicidas demoravam mais a serem socorridos, mas hoje eles têm maior assistência; mesmo assim, é dolorosa a sua vida espiritual. Ele carrega pelo caminho além-túmulo não só as dores que o levaram ao suicídio, como também o desequilíbrio que ocorre no seu perispírito.

Rogério reencarnara com fluido vital para viver até os oitenta anos e ali jazia, desencarnado, como suicida. Ficamos ainda por alguns momentos. Olegário e um outro instrutor, Gerônimo, nos elucidaram sobre o desencarne de Rogério. Em seguida, fomos até o Centro espírita e lá recebemos uma aula sobre fluido vital. O espírito que nos elucidou é um técnico do departamento reencarnatório; ele e seus colegas apresentavam através de um painel, com aproximadamente quatro metros, projeções sobre o fluido vital. Não devemos confundir fluido com energia ou bioenergia. Energia é força em ação que produz trabalho. Os fluidos são formas de matéria elementar, primitiva, conquanto rarefeita e invisível, cujas modificações constituem as variedades de corpos da Natureza. O fluido assume dois estados distintos: ou o de eterização ou o de ponderabilidade. No de eterização o fluido cósmico não é uniforme, mesmo assim não deixa de ser etéreo, e apenas sofre modificações que constituem fluidos distintos; embora partindo do mesmo princípio, são dotados de propriedades especiais. Muito grande é a responsabilidade de um espírito quando reencarnado, pois para que ocorra a sua volta ao físico técnicos capacitados fazem a ligação perispírito-corpo físico. Atuando os fluidos espirituais sobre o perispírito, este, a seu turno, reage sobre o corpo físico, iniciando o contato molecular. Aqui começa o trabalho energia e fluido. No corpo físico o fluido vital circula nas veias misturado ao sangue, influindo na organização humana. Além dele — fluido vital — o homem possui o fluido nervoso e o fluido espiritual. O fluido nervoso serve para imprimir elasticidade aos músculos, nervos e articulações; o fluido espiritual serve para o desenvolvimento da inteligência; ele envolve a matéria cerebral, sendo o cérebro a sede de impulsão e direção dos fluidos espiritual, nervoso e vital. Em todas as células agitam-se interruptores e condutores, elementos de emissão e recepção, sendo a mente a orientadora desse universo. A célula nervosa é entidade de natureza elétrica, mas que diariamente se nutre dos fluidos. Desse modo, a mente é a orientadora desse universo, em que bilhões de fluidos e energias múltiplas se consagram a seu serviço. Portanto, se a nossa mente vai mal, todo o cosmo celular se desequilibra. E o suicida tem a mente perturbada, razão pela qual, ele, mesmo desencarnado, encontra dificuldade em se equilibrar.

Ainda nos foi mostrada a aura espiritual captando os fluidos do universo e abastecendo os centros de força alojados no perispírito e estes levando até a mente — sede do espírito — os fluidos do Universo; e a mente os transformando em fluido vital, espiritual e nervoso, sendo ela o reservatório e a sede da impulsão e direção desses fluidos que dela partem para os chamados chacras — para nós, os espíritos, rodas energéticas — alojados no duplo etérico. Aqui se faz a união energia e fluidos que são distribuidos até as células e órgãos, enfim, para todo o corpo humano. O fluido espiritual, o fluido nervoso e o fluido vital encontram nas rodas energéticas a energia, e caminham lado a lado com elas, mas obedecendo à mente, que a tudo orienta. Conseguintemente, o corpo humano é composto de fluidos e energia; a célula nervosa, conforme já disse, é entidade de natureza elétrica, que diariamente se nutre de fluidos. *Fluido*, em conseqüência, designa vários estados da matéria mais rarefeitos que o gás. *Energia* é a força em ação capaz de produzir trabalho. Agora, toda essa beleza divina não pode ser jogada fora em um suicídio. Para chegar ao físico, ela obedeceu às leis da natureza e não é um ato impensado que vai destruí-la. Os fluidos e a energia de um corpo físico são o combustível para fazê-lo ter vida.

Recebemos ainda muitas elucidações e recordamos as rodas energéticas — não como criação dos hindus nem dos espíritos, elas estão registradas no Antigo Testamento (*Eclesiastes*, Cap. XII — *A Velhice*):

1 *Lembra-te do teu Criador nos dias da mocidade, antes que venha o tempo da aflição, e cheguem os anos dos quais tu dirás: esta idade não me agrada.*

2 *Antes que escureça o sol, a luz, a lua, as estrelas, e voltem as nuvens depois da chuva:*

3 *quando os guardas de tua casa começarem a tremer e os homens vigorosos a vergar e estiverem ociosos e em pouco número os moedores e esses que olham pela janela precipitarem a cobrir-se de trevas:*

4 *e quando se fecharem as portas que dão para fora, pela voz baixa do ruído do moinho e se levantarem aos primeiros cânticos dos pássaros madrugadores e todos os filhos da harmonia ensurdecerem.*

5 *Eles terão medo também dos lugares altos e temerão no caminho. A amendoeira florirá, o gafanhoto engordará, e a alcaparra perderá o sabor: porque o homem irá para a casa da sua eternidade carpindo ao redor dele, o irão acompanhando pelas ruas.*

6 *Antes que se rompa o cordão de prata e se retire a fita de ouro e se quebre o cântaro sobre a fonte e se desfaça a roda sobre a cisterna,*

7 *e o pó volte à terra de onde saiu, e o espírito volte para Deus, que o deu.*

Este capítulo do *Eclesiastes* já foi mencionado no meu livro *Chama Eterna*[5], entretanto aqui volto para lembrar aos meus leitores que as rodas energéticas são verdades que não podemos ignorar. O apagar das luzes da vida humana é uma realidade para o ancião; o sol, a lua, as estrelas parecem ir-se apagando — é o corpo que vai perdendo sua vitalidade.

No versículo 3: *os guardas da casa* que ficam trêmulos são os braços;

os homens vigorosos que se curvam são os ombros e as pernas;

os *moedores* que param de moer, porque já são poucos, são os dentes do velho, escassos e ruins;

esses que olham pela janela e se embaraçam são os olhos.

(5) N.E. — 11º livro da série Luiz Sérgio, Cap. 34 — *O Cordão de Prata.*

No versículo 4: *portas que dão para fora* e vão se fechando são os ouvidos;

o ruído do moinho que vai enfraquecendo é a voz que se faz trêmula;

aos primeiros cânticos dos pássaros madrugadores refere-se ao ancião, que vai perdendo o sono e passa a se levantar muito cedo;

os *filhos da harmonia* que enfraquecem são os dedos, que vão ficando cada vez menos aptos a tocar um instrumento ou executar um trabalho.

No versículo 5: há alusão ao andar trôpego do velho, que já custa a vencer uma subida, apresentando taquicardia, falta de ar e cansaço;

a amendoeira florirá, chegam os cabelos brancos;

o gafanhoto engordará representa o corpo, outrora ágil, tornando-se pesado;

a alcaparra perderá o sabor, isso quer dizer que o velho poderá ficar com o paladar menos aguçado.

No versículo 6: *Antes que se rompa o cordão de prata* — sabemos nós que o cordão de prata é desamarrado no momento do desencarne, ele é que nos liga ao físico;

se retire a fita de ouro, o laço fluídico se desata;

e se quebre o cântaro sobre a fonte, separação perispírito-corpo físico;

se desfaça a roda sobre a cisterna, referência às rodas energéticas do duplo etérico que, com o rompimento do cordão de prata, param de receber fluidos e vão, conseqüentemente, deixando de funcionar, rompendo a ligação com o corpo físico (cisterna ou poço). Lembremos que o corpo físico é quase todo composto de água.

Versículo 7: *o pó volta à terra de onde saiu*, o corpo é enterrado e se decompõe;

o espírito volte para Deus, eis aí o reconhecimento da imortalidade do espírito.

o O o

Adoro esta passagem, considero-a muito oportuna, porque muitas pessoas estão esperando chegar à velhice para trabalhar em favor de seu próximo, quando devemos buscar Deus em qualquer idade, só assim seremos felizes. Muitos vivem no corpo físico julgando-se donos dele e, longe das verdades espirituais, vão-se afundando na matéria.

Fui chamado por Olegário: mais um irmão necessitava de socorro. Logo estávamos em uma casa onde todos se encontravam em desespero, pois um jovem de doze anos havia tentado o suicídio. Aquela criança debatia-se em agonia. Olhei súplice para meus amigos e foi Olegário quem me esclareceu:

— Luiz nesta casa não existe um momento para oração, dizem-se católicos mas os filhos vivem brigando entre si. Os pais não estão preocupados em orientar os filhos e estes se perdem no materialismo. Resultado: numa briga qualquer as conseqüências às vezes são trágicas. As grandes brigas começam sempre por motivos banais e podem levar a situações dramáticas. Este menino se encontra neste estado porque nunca recebeu elucidação religiosa; os pais se dizem católicos, mas se fossem realmente religiosos, o filho jamais optaria pelo suicídio, porque a Igreja católica também luta pela vida, tanto é assim que combate o aborto.

O garoto estava sendo levado para o hospital. Seu cérebro havia sido lesado por uma bala; os pais, em desespero, esperavam que se recuperasse e apesar da luta dos médicos dos dois planos o menino desencarnou. Diante daquele corpo jovem, repleto de fluido vital, recordei-me do ancião que vai enfraquecendo, porque o seu combustível gradativamente escasseia. O corpo físico é uma casa cujas luzes vão-se apagando ou enfraquecendo; os braços ficam trêmulos, os ombros se curvam, os dentes vão ficando escassos e ruins; os olhos embaçam; a voz enfraquece; os ouvidos vão-se fechando. O ancião dorme pouco, anda com dificuldade. Enfim, o homem que espera o cordão de prata desatar-se naturalmente é um felizardo, pois cumpriu a tarefa reencarnatória. No entanto, o garoto suicida retardou o plano de Deus, voltaria ao pó um corpo repleto de vitalidade.

— O que podemos fazer por ele? indaguei, aproximando-me de Olegário.

— Somente orar.

Nisso, um grupo de técnicos especializados no atendimento a suicidas aproximou-se e foi dispersando os fluidos; mas as energias daquele corpo eram tantas que faziam com que o corpo físico reagisse como se fosse um imã, atraindo vigorosamente o perispirito. E este, mesmo socorrido, não tinha como afastar-se do físico. Pairando sobre o corpo material, o espírito era o guardião do corpo de carne. Olegário explicava:

— Quando cessa o fluido vital, o físico expulsa o espírito. A carne já não o comporta. Neste caso está acontecendo o contrário, o físico está repleto de fluido e energia, e não deseja ver-se livre do espírito, que ainda teria de ficar na cadeia, por não haver cumprido seu tempo encarnatório.

O espírito de Márcio sofria uma agonia terrível, sentia o sangue escorrer do orifício da bala, o cérebro em desalinho. Os técnicos amigos ministravam-lhe passes reconfortantes, mas por mais que o tentassem, o socorro não surtia o efeito desejado, porque o homem é possuidor do livre-arbítrio e ai daquele que abusar. Olhei aquele corpo de criança: a cabeça enfaixada, os olhos inquietos, apavorados. Pensei: "será que Deus não pode perdoá-lo e lhe abreviar o sofrimento?"

— Luiz, Luiz, Márcio tem um corpo infantil mas um espírito velho e depois, veja bem, não é Deus quem castiga, somos nós que saímos do Seu caminho. Olhe a fiação que parte dos centros de força e repare como está maltratada; embora os técnicos estejam operando, eles não têm o poder de realizar um serviço que o físico teria de fazer se ocorresse um desencarne natural. Excelentes médicos realizam operações, mas por mais que se esforcem, não conseguem realizar a tarefa que os órgãos executariam com perfeição, em um desencarne normal.

— É mesmo, Olegário. Coitados dos técnicos, e de Márcio, que sofrerá as conseqüências do seu insensato gesto.

Queria saber mais sobre o que iria acontecer a Márcio, mas fui convidado a sair e, cabisbaixo, acompanhei meu grupo. Ainda olhei para trás. Doía-me ver aquela criança sofrendo tanto. Olegário, vendo-me triste, falou:

— O que o Departamento de Socorro puder fazer ele fará, Luiz.

— Gostaria de acompanhar Márcio no plano espiritual, ver o que ele irá enfrentar.

— Sim, mas antes vamos ao grupo de cura dos suicidas.

Só faltei beijar Olegário, não queria deixar o garoto, e feliz fiquei por acompanhá-lo. Logo estávamos na Casa espírita onde oravam para os suicidas. Ali reencontramos Márcio, desencarnado, junto a outros companheiros de infortúnio. Enquanto eram realizadas as preces, médicos especialistas em tratar perispíritos doentes operavam verdadeiros milagres, tal a capacidade de cada um. Talvez as pessoas que comparecem às preces não imaginem o quanto estão ajudando os doentes. De início recebiam um banho de luz azul para tranqüilizá-los. Em seguida eram limpos, principalmente os que se encontravam banhados de sangue. Ficamos ajudando aqueles irmãos apenas com orações, mas os operários de Deus os tratavam com amor e respeito. Encerrada a prece, dirigimo-nos a um grupo de outra Casa espírita, especializado em cura perispiritual. Alguns suicidas tiveram suas dores aliviadas, não podemos dizer curadas, porque o suicida compromete seriamente em seu corpo perispiritual os centros da vida, que são os centros de força. Naquele momento, os médiuns eram o remédio que os técnicos precisavam para separar os suicidas do corpo físico e Márcio recebeu um tratamento tão especial que me emocionou, mas mesmo assim seu corpo jovem, repleto de fluido vital, buscava-o desesperadamente.

— Por que não dispersam os fluidos do físico? perguntei.

— É o que outra equipe está tentando fazer, mas não se esqueça de que Márcio tem apenas doze anos, e quase não gastou seu combustível.

O médium em silêncio não sabia que estava aliviando um espírito do tormento do remorso. Terminada aquela bela reunião espírita com Jesus, vi Márcio ser transportado para o comboio; deitado na sua maca, estava sendo levado para tratamento. Perguntei a Olegário:

— Ele vai para o Vale dos Suicidas?

— Não, todos irão para o Hospital de Maria.

— Graças a Deus, falei.

Cerrei os olhos e orei:

"Mãe querida, eu Vos amo do fundo de minh'alma, por isso tenho coragem de tentar enlaçar Vossa cintura, como fazia com a minha mãe carnal e, chorando, Vos implorar: perdoai a todos os Vossos filhos que desconhecem o amor e a fé. Senhora, eles não sabem o que fazem, por isso matam a si mesmos e, nessa morte, encontram a dor e o desespero. Ajudai, Senhora, esses irmãos que perambulam nos vales do sofrimento. Sede a luz para os cegos, o amparo para os caídos e mãe para os desesperados. Maria, seja louvado o Vosso nome, aqui na terra como nos céus dos espíritos imaculados. Eu Vos dou graças e Vos abraço, dizendo: Mãe Santíssima, cuidai de todos nós, hoje e sempre."

Capítulo XXIV

A FONTE DA VIDA ETERNA

Outros trabalhos de aprendizado realizamos.

— Ficaremos mais tempo aqui? perguntei a Hilário.

— Não, logo iremos para casa.

Senti que a vibração da Crosta se encontrava pesada. Nada perguntei, porém Sara indagou a Olegário:

— O que vai acontecer? Sinto algo diferente no ar.

— Precisamos orar muito. A irresponsabilidade do homem leva-o a plantar desespero em seu caminho, e este País vai sofrer as conseqüências do abuso do livre-arbítrio.

Tentei iniciar um diálogo, mas Olegário apenas citou este trecho de *Jeremias*, Cap. IV, versículo 7:

Saiu o leão do seu covil, levantou-se o destruidor das gentes; saiu do seu país, para reduzir a Terra a um deserto; as tuas cidades serão destruídas, sem que nelas fique habitante algum.

Estávamos em uma Casa espírita onde se realizava uma vigília pela paz, tendo à frente o nosso querido Jacó. Que grande alma! Um apóstolo de Jesus. Fui notado por ele e recebi seu olhar de amor, dando um sorriso de esperança. Muitas horas ali ficamos a meditar, até que nos convidaram a voltar para as colônias de socorro. Não via a hora de ajudar Márcio, o menino suicida. Assim, quando chegamos à Universidade, perguntei a Hilário se eu poderia ir até o hospital onde Márcio fora levado. Ele perguntou a Olegário e este me deu permissão, com a condição de esperar mais um dia, pois teria de ir com Sara e Hilário. Agradeci ao amigo e confesso que não via a hora de reencontrar aquele garoto que, por falta de conhecimento, havia contraído uma dívida terrível. Aproveitei a folga e fui até a sala de aula.

Parecia que minha poltrona já me esperava, tal o conforto que senti ao sentar-me.

Iniciou-se a explicação da passagem da Festa dos Tabernáculos ou das cabanas, assim chamada porque durante os dias de sua celebração os judeus habitavam tendas feitas de folhagem verde para comemorar a longa estada no deserto. A finalidade da festa era agradecer a Deus os bens recebidos. Encontramos esta passagem em *João*, Cap. VII, versículos 15 e 37-39. Aquele povo sofrido ia agradecer a Deus a colheita; velhos, moços e crianças, ricos e pobres, todos louvavam ao Senhor. Era tanta gente que cabanas eram erguidas nas ruas e nos pátios do templo. De manhã os sacerdotes faziam ressoar as trombetas de prata e, carregando ânforas com água e vinho, iam eles ao compasso da música, subindo os amplos degraus do templo, com o andar cadenciado, alcançando o altar. Ali se encontravam duas bacias de prata, tendo um sacerdote ao pé de cada uma. A ânfora contendo água era despejada em uma bacia, e uma ânfora de vinho em outra. O conteúdo das duas corria por um túnel que ia até a planície de Cedrom e dali ao Mar Morto. Esse ritual da água consagrada representava a fonte que Deus mandava para dessedentar os filhos de Israel. O povo cantava: *com alegria tirareis águas das fontes da Salvação* (*Isaías*, Cap. XII, versículo 3). Víamos os filhos de José convidando Jesus para a festa e Este alheio às convenções. Indagaram-Lhe por que não mais comparecia às reuniões nacionais. Jesus nada disse, mas os filhos de José e os apóstolos compreenderam que Ele evitava inúteis conflitos com os chefes de Jerusalém. Só labutava na Galiléia, o que levava os Seus discípulos e Seus irmãos à preocupação, porque Ele, que tanto pregava o amor, não respeitava as exigências tradicionais, como guardar o sábado e lavar as mãos antes das refeições. O Cristo não assentiu aos pedidos dos filhos de José e dos discípulos que insistiam para que fosse à festa, mas Ele apenas respondeu: *O mundo não vos aborrece, mas ele me aborrece a mim*, querendo dizer que o mundo não aborrece aos que se lhe assemelham. Assim, os irmãos abandonaram Jesus, buscando o mundo. Ele ali ficou, pensativo, até que resolveu caminhar por uma estrada pouco transitada; queria evitar os viajantes. Chegou a Jerusalém, indo até o templo. Quando o adentrou o silêncio se fez; Sua figura divina levava o povo ao êxtase e Ele, majestoso e belo, iniciou a preleção. Suas palavras eram claríssimas e *o povo ficou deslumbrado com sua doutrina, porque a sua palavra era dita com autoridade* (*Lucas*, Cap. IV, versículo 32). Cristo disse àquele povo que não gostaria que se cumprissem as profecias. Ele orava para não ser rejeitado por Sua própria nação, Ele queria salvar Israel da culpa de tal ato. O povo, maravilhado, indagava entre si: como pode possuir tal conhecimento, se não estudou nas escolas dos rabinos? Ele e João Batista eram tidos como ignorantes. Jesus ali ficou, dia após dia, ensinando aquele povo e, para terminar, como se quisesse salvar Israel, falou em voz suplicante:

Se alguém tem sede venha a mim e beba. Quem tem sede, venha; e quem quiser tome de graça da água da vida (*João*, Cap. VII, vv. 37 e 38).

Aquele que beber da água que Eu lhe der, nunca terá sede, porque a água que Eu lhe der se fará nele numa fonte d'água que salte para a vida eterna (*Apocalipse*, Cap. XXII, v. 17).

Terminada a festa, Jesus foi seguido e vigiado por espias. Os sacerdotes estavam esperando a hora de prendê-Lo. Desde a cura em Betsaida vinham eles tramando Sua morte. Diziam que as maravilhosas obras de Jesus eram incitadas por um mau espírito. Cristo não lhes dava ouvidos, continuava a curar os doentes. Devolveu a visão a um cego, o que irritou os príncipes dos sacerdotes e os fariseus, até que mandaram soldados para prendê-Lo, mas estes, ao escutarem as palavras de Jesus, voltaram sem Ele. E indagaram (*João*, Cap. VII, vv. 47-49):

Por que não o trouxeste preso? Responderam os agentes: Nunca homem algum falou como este homem. Replicaram-lhes então os fariseus: Porventura também vós fostes seduzidos? Houve, porventura, alguém dentre os chefes do povo ou um dos fariseus que cresse nele? Mas esta plebe, que não conhece a lei, é maldita.

Queria dizer que só o povo humilde inebriado ficava com Sua palavra.

Versículos 50-51: *Disse-lhe Nicodemos, que era um deles e que tinha ido de noite ter com Jesus. Ainda indagou: A nossa lei condena, porventura, algum homem, antes de o ouvir e antes de se informar sobre o que Ele fez?*

Neste trecho quase pulei da cadeira, emocionado ao ver Nicodemos defender Jesus, dizendo àqueles orgulhosos que não eram só os humildes que se curvavam deslumbrados com as palavras do Mestre; ele, Nicodemos, era um dos que tinham ido ter com Jesus.

Jesus foi para o Monte das Oliveiras; pela manhã seguiu para o Templo e o povo foi ter com Ele. Os fariseus vieram apresentar-Lhe uma mulher adúltera para incriminá-Lo. Jesus condenou a culpa, e não a pessoa, demonstrando que nós, pecadores que somos, devemos usar mais indulgência para com o próximo. Olhou aquela mulher trêmula e desesperada e fitou os guardas com Seu olhar divino. Disse, então: *Aquele que dentre vós estiver sem pecado que atire a primeira pedra* (*João*, Cap. VIII, v. 7). Estes, envergonhados, deixaram a mulher sozinha diante de Jesus, que lhe falou: *Vai-te e não peques mais*. Muitos julgam que esta mulher seja Madalena, mas não é; aqueles pretensos guardas da justiça é que haviam induzido a vítima ao pecado a fim de pegar Jesus numa armadilha.

E assim o Mestre ia cumprindo Sua missão. Ainda O víamos transitando no Templo, no pórtico de Salomão. Era a Festa da Dedicação, celebrada no início do inverno (*João*, Cap. X, v. 22). Ali Jesus pregou para um povo endurecido e incrédulo que tentou prendê-Lo, mas Ele mais uma vez viu-Se livre, indo para além-Jordão, onde ficou algum tempo, para depois voltar a Jerusalém.

Aqui terminou minha aula. Ainda fiquei recordando tudo o que vira. E amei Jesus muito mais.

Capítulo XXV

JESUS, ESPERANÇA E PAZ PARA A TERRA

Pensava na luta difícil do homem consigo mesmo para seguir a lei de Deus. A maioria reluta em servir ao próximo, por achar mais fácil ir caminhando pela estrada larga do materialismo. Nisso, reencontrei meus amigos.

— Luiz, vamos até a Casa espírita prestar socorro a Lourenço, avisou Olegário.

— Iremos agora ou dá tempo de ir até minha casa?

— Acho mais prudente seguirmos agora para lá, Lourenço está precisando de ajuda.

Acompanhei os amigos ao plano físico. Ao chegarmos à Casa espírita, dirigimo-nos ao grupo onde Lourenço trabalhava. Estava intrigado, mas nada perguntei, ficando em prece. O dirigente explanou o Evangelho e logo iniciou o trabalho prático. Estranhei, pois sabemos nós que todos os grupos de uma Casa espírita precisam, e muito, dos estudos doutrinários. Mas aquele irmão tinha pressa em passar para o desenvolvimento mediúnico. Observei os médiuns sentados naquela mesa e pensei: "que grande responsabilidade assume um dirigente de grupo! Quem chega até ele está repleto de dúvidas, precisando de alguém que lhe ensine a descobrir as verdades da Doutrina. Colocar um aprendiz diante de espíritos violentos é falta de caridade. Um dirigente tem de orientar seu grupo até a manusear os livros; se isto não fizer, estará contrariando os ensinos doutrinários. Não se concebe um grupo mediúnico somente preocupado com os fenômenos. O dirigente tem de pregar o Evangelho com atos; há necessidade das pessoas se conhecerem umas às outras, para exercitarem a humildade e a caridade". Naquele grupo ninguém se conhecia, quem chegava não era apresentado aos antigos médiuns. Assim iam seguindo, cada um por si, mal se cumprimentando.

Estava intrigado: o que estaríamos fazendo ali e como poderíamos ajudar Lourenço? Olhei-o: expressão muito triste, olheiras profundas, e assim mesmo o dirigente não percebia que Lourenço estava sofrendo, pois ele só se preocupava com o sofrimento dos espíritos desencarnados. Depois de certo tempo a reunião chegou ao fim e Olegário nos falou:

— Vamos aproximar-nos de Lourenço dando-lhe fluidos para que se equilibre.

Logo que terminou a reunião, Lourenço saiu ligeiro, sem despedir-se. Fomos convidados a segui-lo. No carro, ele chorou muito; sua mulher o trocara por outro, levando sua filhinha. Fora mandado embora do emprego; apesar de ser engenheiro elétrico, encontrava dificuldade em arrumar outro trabalho. Estava vivendo da bondade dos pais. Quando entrou em casa, a mãe o esperava com o jantar, mas Lourenço não quis se alimentar, alegando dor de cabeça. A senhora, muito amorosa, falou:

— Filho, não fique assim, tudo vai dar certo. Você hoje pediu ao senhor Tarcídio para que o grupo orasse por você?

— Não, mamãe, fiquei com vergonha. Existem lá tantos espíritos desesperados que o meu problema é mínimo diante deles.

— Engana-se, Lourenço, quem mais precisa de oração são os encarnados, pois estamos num mundo de provas e expiações. Não é fácil viver como encarnado. Os espíritos precisam de nós, mas acredito eu que eles, quando vêm aqui no plano físico, já estão socorridos.

Lourenço nada mais acrescentou, foi até o quarto e tomou alguns comprimidos para dormir. Não demorou a estar passando mal. Os médicos que nos acompanhavam o assistiram enquanto intuíamos os pais a levarem-no para o hospital. Lourenço havia tido uma crise alérgica com o medicamento. Muitas horas transcorreram. Os pais se encontravam desesperados. Poucos colegas de grupo telefonaram para saber do seu estado. O dirigente nem uma visita fez ao doente, alegando falta de tempo. E Lourenço ali estava, torcendo para desencarnar, mas não havia chegado ainda a hora e graças a Deus ele conseguiu sair da crise, porque senão voltaria como suicida.

— Precisamos arrumar um emprego para Lourenço, falei.

Todos me olharam, assustados.

— Sim, meus amigos, se nós não o ajudarmos quem é que vai fazê-lo?

— Tem razão, vamos intuir Lourenço a buscar trabalho, mas não podemos violentar o seu livre-arbítrio.

Assim fizemos. Dias mais tarde, Lourenço se encontrava na sala de espera de um consultório médico quando travou conversa com Apolônio e este lhe perguntou onde ele trabalhava. Envergonhado, disse que fora despedido. Apolônio nada disse, continuando a conversação, até que foi chamado pela enfermeira, mas antes deu o seu cartão para Lourenço, convidando-o para dar uma chegada à sua firma de construção. E o nosso amigo foi contratado, com a ajuda de Deus. Lourenço era um bom homem, honesto e caridoso, por isso foi possível a ajuda espiritual. Fizemos o que os seus colegas encarnados poderiam ter feito, mas infelizmente ainda existe grupo de "amigos" que não se preocupam se o seu colega está ou não precisando de ajuda.

— Viemos apenas ajudar Lourenço?

— Sim, seu avô pediu a Maria de Nazaré que ajudasse a Lourenço e fomos designados; graças a Deus o conseguimos.

Quando estávamos preparando-nos para voltar ao plano espiritual, fomos chamados ao socorro: ocorrera um desastre e várias pessoas se encontravam queimadas. Rumamos para o local onde encontramos muitos ainda com vida. Gritos e gemidos eram um lamento de desespero. Corremos, dando socorro a um e a outro. Segurei Esmeralda em meus braços, tentando aliviar-lhe as dores da queimadura. Ela não suportou, dando o último suspiro. Eu lhe segurava o corpo físico quando ela foi-se desprendendo, entrando em agonia. Os corpos se separaram. Pensei: "o que faço? Não sou técnico para desatar o cordão fluídico..." mas Lívio, de uma das equipes do desencarne, aproximou-se e o fez com muita perícia, e eu me vi não mais com o corpo físico, mas com o corpo perispiritual de Esmeralda desmaiada em meus braços. Logo providenciei o seu socorro no comboio. Esmeralda tinha uns quarenta anos; senti por ela grande ternura, mesmo percebendo algo estranho em sua aura. Vi-a deitada no comboio onde queridos amigos lhe prestavam auxílio. E continuamos o socorro. Volto a dizer: não sei como o encarnado ainda é possuidor de tanto orgulho. Todos terão de deixar o corpo físico, e ninguém está preparado para esse momento. A bagagem de muitos está pesada de egoísmo, vaidade, falta de caráter, orgulho, e no momento exato da chamada "morte" defrontam com o desespero. Naquele humilde lugar, as pessoas socorridas eram levadas de acordo com seu campo vibratório. Feliz fiquei ao saber que Esmeralda não seria conduzida para os vales de sofrimento.

Vocês irão perguntar: "vale do sofrimento, mesmo já tendo sido socorrida?" Sim, meus irmãos, *a cada um é dado de acordo com suas obras*. Muitos ali eram assassinos, estupradores, enfim, pessoas bastante cruéis. Como na terra, até o pior assassino é tratado em um hospital, no plano espiritual também, na hora do socorro, não são contados os nossos erros. Depois, sim. Como é que o pior assassino pode ficar ao lado de espíritos bons? Eles são socorridos e levados para o lugar que mais se assemelha aos seus fluidos magnéticos e à sua casa mental. Em cada vale existe uma casa transitória; digo sempre que é o céu ao lado do inferno. Notem bem, nesses locais de socorro estão os mais sublimes espíritos, abnegados e bons, que já podiam estar onde só houvesse luz, mas estão clareando as consciências doentes e desesperadas. Ainda olhei os comboios: parecem os ônibus do plano físico. Cada comboio ia levando para lugar específico os acidentados.

Quando andava por entre os escombros, deparei com um jovem de quinze anos que gritava muito, tendo na cintura dois revólveres. Aproximei-me e reparei estar ele todo arrebentado. Desejei prestar-lhe ajuda, mas ele segurou mais fortemente as armas quando me viu, pois já se encontrava semi-desprendido.

— O que deseja? perguntou, rispidamente.

— Ajudar-lhe, respondi.

— Antes, guarde as minhas armas, não posso perdê-las, elas são o meu material de trabalho.

— Irmão, no mundo espiritual a única arma que usamos é a prece.

— Carola, hem?

— Não, sou um filho de Deus em trabalho.

Nisso, deu um grito e vi o seu perispírito encontrando dificuldade em se separar do físico. O técnico presente tudo fazia, mas cada vez mais o corpo material reclamava a companhia do duplo e do perispírito. Acompanhei o olhar do técnico e pude perceber que um grupo de espíritos vingativos, usando a força mental, não queria que o jovem deixasse o físico, desejando que ele sofresse muito, pois aquele corpo não estava mais em condições de alojar seu espírito. Eu e o técnico oramos juntos e eles, revoltados, gritavam:

— Deixem esse bandido, ele é nosso! Fomos assassinados por ele e hoje vamos recebê-lo!

Por mais que eu e o Lívio fizéssemos não conseguíamos afastá-lo do corpo físico, eram muitos os espíritos e vinham em busca do garoto que, quando conseguiu divisá-los, também os xingou. No momento em que eles se aproximavam, nosso grupo reuniu-se em oração e eles saíram correndo. Pudemos, então, levá-lo para o comboio. O garoto me perguntou mais uma vez:

— Onde estão minhas armas? Vou precisar delas para me defender desses bandidos.

Não respondi. Logo ele recebeu socorro dos Samaritanos de Jesus. Voltei para junto de Lívio para prestar auxílio a outras vítimas e constatei que cada caso é um caso, pois não existem desencarnes iguais. Ficamos algumas horas ainda, depois partimos para o Departamento do Trabalho, onde prestamos contas das tarefas realizadas. Depois disso, fomos dispensados por dois dias.

Aproveitei para curtir a vovó, a minha casa, enfim, o mundo onde vivo. Mas, não tardei a me dirigir à Universidade, onde busquei o teatro vivo. Com que alegria reencontrei João e Corina! Eles me cumprimentaram pela dedicação aos estudos. Falei que sou grato à minha mãe e a todos os meus leitores, que muito me ajudam a trilhar o caminho de Jesus. Despedimo-nos, pois ambos tinham de dar aulas. Abracei-os com carinho. Eles me fitaram com um olhar tão belo que as lágrimas afloraram em meus olhos. Nisso, Sara deparou-se comigo.

— Luiz, o que aconteceu? Estás triste?

— Sim, triste, muito triste; o meu coração é um mar de saudade.

— Não acredito, está com saudade de João e Corina?

— Estou com saudade de tudo de bom que já me aconteceu. João e Corina, há pouco os reencontrei.

Nisso, entramos. O perfume de rosas deu-nos as boas-vindas. Sentei em minha cadeira e orei por algum tempo, até o início da aula.

Todo o tempo que Jesus passou em Jerusalém foi vigiado por espias. Os sacerdotes estavam atentos para desmoralizá-Lo a qualquer momento. Mas Jesus sempre dizia: *A minha doutrina não é minha* (*João*, Cap. VII, vv. 16-36; 40-53; Cap. VIII, vv. 1-11). E Jesus passava por eles, deixando um rastro de dignidade. Nesse momento recordei-me dos espíritas, que deveriam mirar-se no Mestre para serem respeitados. De nada adianta bater no peito e dizer-se espírita, quando os seus atos não são dignos de um cristão. "Quem fala de si mesmo busca a sua própria glória, mas o que busca a glória d'Aquele que o enviou, esse é verdadeiro, e não há nele injustiça". Quantos religiosos julgam-se os donos da verdade.

Diante de nós, desenrolou-se toda a trama para matar Jesus. Percebemos que Deus não força o homem a crer n'Ele. O homem tem de fazer a escolha; perante ele está a luz e a treva, a verdade e o erro.

Ante nossos olhos, Jesus adentrou o pátio do Templo para a Festa dos Tabernáculos. No centro do pátio erguiam-se dois altos pilares, sustentando a iluminação. Quando acendiam as lamparinas, Jerusalém banhava-se de luz. A multidão cantava e dançava. Pela manhã, o sol brilhava sobre o Monte das Oliveiras e seus raios incidiam em ofuscante claridade no mármore dos palácios, fazendo rebrilhar o ouro das paredes do Templo. Jesus olhou tudo aquilo e disse: *Eu sou a luz do mundo.* Os fariseus julgaram que Cristo estava provocando o Sinédrio. À medida que se aproximava o término da missão de Cristo, alterava-se Sua maneira de trabalhar. Antes, evitava agitação e publicidade mas, agora, Ele tinha pressa e ali, no Templo de Jerusalém, Jesus foi a voz de Deus, pouco Se importando com aqueles que não criam n'Ele.

Dali foi para a Judéia, além do Jordão, e a multidão com Ele. Cristo orientava o povo e Seus discípulos a enfrentarem a pobreza e as perseguições. Dizia Jesus:

Não temais. Vendei o que tendes, e dai esmolas. Fazei para vós bolsos que não desgastem; tesouro nos Céus que nunca acabe, aonde o ladrão e a traça não corrói. Porque onde estiver o vosso tesouro, ali estará o vosso coração (*Lucas*, Cap. XII, versículos 32 a 34).

E, assim, Jesus foi ensinando os apóstolos com belas parábolas: uma delas a do bom Samaritano, quando Jesus deixa bem claro que a verdadeira fé é aquela que busca na consciência a lei de Deus e a vive em sua plenitude. Não adianta nos dizermos cristãos se não agimos como Cristo. Ele vestiu os nus e alimentou os famintos. Portanto, muito cuidado, você que defende uma doutrina mas não perfuma a sua vida com a caridade. Jesus ensinou a todos nós o caminho da perfeição.

Quando Ele disse: *Deixai vir a mim os pequeninos e não os impeçais*, diante de nós abençoou as crianças, querendo dizer a todas as mães para buscarem-nO quando seus filhos estiverem necessitando de esclarecimento. A cena é por demais comovente: Jesus segura no colo as crianças, como se quisesse protegê-las. Quantas mães, por falta de tempo, deixam de apresentar Cristo a seus filhos!

Pondo-Se Jesus a caminho, correu para Ele um homem: *Bom Mestre, que farei para herdar a vida eterna?* E Cristo orientou o jovem de que não vale apenas conhecermos as leis de Deus, temos de vivê-las; e lhe falou: *Se queres ser perfeito, vai, vende tudo o que tens e dá-o aos pobres, e terás um tesouro no céu; e vem e segue-me* (*Mateus*, Cap. XIX, versículo 21). Cristo submeteu esse homem à prova, chamou-o a escolher entre o tesouro celestial e a mundana vida física. Aquele jovem rico respondeu a Jesus: *Tudo isso eu guardei desde a minha mocidade*. Sim, o jovem conhecia as leis de Deus e julgava vivê-las. Mas Cristo acrescentou: *Falta-te uma coisa, se queres ser per-*

feito, vai, vende tudo o que tens e dá-o aos pobres, e terás um tesouro no Céu; e vem, e segue-me. Cristo conhecia o coração daquele jovem, por isso submeteu-o a uma prova. Ele amava a riqueza e julgava que ela lhe pertencia, quando o homem é apenas um operário de Deus na terra. Nada lhe pertence nem o seu corpo físico. Renunciar à fortuna material, que era visível, pela celestial, que não podia ver, era arriscar demais. Recusou a mão de Jesus e foi embora. Não sabia aquele jovem rico que logo iria desencarnar e teria de deixar sua riqueza.

Jesus ia plantando na terra as sementes do amor. Vimo-Lo em Seu encontro com Lázaro (*Lucas*, Cap. X, versículos 38 a 42; *João*, Capítulo XI, versículos 1 a 44). Divisamos Cristo chegando à casa de Lázaro e suas irmãs, Maria e Marta, e pregando naquele lar; Maria sentou-se aos pés do Mestre, embevecida, e Marta, preocupada com o dia-a-dia, deixava passar as horas sem aproveitá-las ao lado de Cristo. Dias depois, a dor se instalou naquele lar amigo: Lázaro foi acometido de repentina moléstia e as irmãs chamavam por Jesus. Este, com sabedoria, respondia: *Esta enfermidade não é para a morte.* Por dois dias Ele, Jesus, demorou-Se no lugar em que Se achava. Os discípulos, impacientes, não entendiam por que Jesus não atendia ao chamado das irmãs de Lázaro. Pedro pensava: "...que conforto seria para aquela família a presença do Mestre". Nesses dois dias, Cristo não tocara no nome de Lázaro, deixando os discípulos preocupados. Nisso, Jesus disse: *Vamos outra vez para a Judéia.* Os apóstolos só viam ali o perigo e disseram: *Senhor, ainda os judeus procuram apedrejar-Te, e tornarás para lá?* Respondeu-lhes Jesus: *Acho-me sob a direção de meu Pai.*

E Cristo dirigiu-Se à Betânia. No caminho ia socorrendo os enfermos e necessitados. Ao retornar à cidade mandou avisar Marta e Maria da Sua chegada. Marta correu para junto d'Ele e Jesus, então, lhe falou: *Teu irmão há de ressuscitar.* Jesus foi ao encontro de Maria, irmã de Lázaro; junto a ela várias pessoas choravam. O Mestre sacudiu a cabeça, pois muitos ali só simulavam sofrimento; olhou o grupo que chorava, chorava. Nada disse, apenas pediu perdão a Deus por aquelas pobres criaturas tão sem amor, que se aproveitavam da dor do seu semelhante em busca de novidades. Perguntou Jesus a Maria: *Onde o puseste?* Disse-Lhe: *Senhor, vem e vê.* Juntos, foram até o sepulcro. As irmãs de Lázaro e os seus verdadeiros amigos choravam. Jesus, fixando o olhar nas pessoas, falou: *Tirai a pedra.* A ordem foi obedecida. Retiraram a pedra. Ali jazia o corpo de Lázaro, no sepulcro da rocha. Cristo, orando ao Pai, estava resplandecente de luz. Alguns inimigos de Jesus O acusaram de blasfêmia e tinham apanhado pedras para atirar n'Ele. Mas ficaram estupefatos com a doçura da voz do Mestre: *Lázaro, vem para fora.* Sua voz suave soa aos ouvidos de Lázaro. Todos, com olhares fixos no sepulcro, esperavam ansiosos. Eis que ouviram um ruído na silenciosa tumba e Lázaro, cambaleante, apareceu à entrada. A mortalha lhe atrapalhava os passos. *Desligai-o e deixai-o ir*, disse Jesus para os amigos espirituais, que O estavam ajudando a curar Lázaro da doença: a catalepsia. Desligado Lázaro do sono cataléptico que vivia no momento, o povo, mudo de espanto, junto com suas irmãs, comentava a ressurreição. Quando buscaram o Mestre, Ele já Se havia retirado, oferecendo ao homem grande lição de humildade.

Betânia ficava tão próxima de Jerusalém que as notícias chegaram logo à cidade. Os príncipes judaicos rapidamente ficaram sabendo dos fatos e entraram em pânico: com que poder Cristo dava vida aos mortos? era a pergunta. Reuniões e reuniões eram feitas por eles, todavia, cautelosamente. Nessas reuniões eles faziam uma busca no Antigo Testamento. E assim os deixamos, tramando a prisão de Jesus.

Ainda permaneci sentado. Estava deslumbrado. Contemplei meus companheiros, dei graças ao Senhor Jesus por tê-Lo encontrado e, silenciosamente, fiz esta prece:

"Meu Mestre querido, perdoe-me as lágrimas que banham meu rosto. Elas traduzem meu sentimento de gratidão por tudo

o que o Senhor me tem ofertado. Quantas lições de amor e humildade! Se ainda caminho pelas veredas da morte e da dor é porque um dia não Lhe ouvi a voz. Se convivo, Senhor, com o desespero e a injustiça, é porque um dia eu os plantei no meu jardim da vida terráquea. Mas como o Senhor nos disse para perdoar não sete mas setenta vezes sete, sei que me perdoará muito mais. Por isso, Senhor, peço-Lhe que continue a curar os doentes do corpo e do espírito; que console aqueles que choram; que alivie o desespero de alguns corações; que dê à criança o amparo e o amor de um lar bendito; que faça cair sobre a Terra a esperança e a paz. Que os homens se respeitem para que o respeito se faça presente na sociedade.

Meu Jesus amado, Irmão mais velho desta Humanidade sofredora, agasalhe todos os velhos, principalmente os doentes e abandonados pela família. Dê, meu Senhor, aos homens poderosos a luz do esclarecimento, para que cessem as injustiças e as inverdades; que cada cidadão possa ser livre e feliz. Jesus, que os orgulhosos tombem diante da humildade; que os avaros se conscientizem de que a fome e a penúria são um mal social; que os violentos plantem flores para perfumar os canteiros da Terra, para que a Humanidade sofra menos.

Meu Senhor amigo, ajude-me a segurar as mãos através das quais encontrei o meio de me fazer presente junto àqueles que ficaram ainda no corpo físico, cumprindo com o plano de Deus; que não só as mãos que me afagam o coração, mas também as mãos de todos os médiuns, possam ser firmes nas suas tarefas, cumprindo com o dever de transmitir a verdade, porque só a Sua verdade trará paz à Terra. Ajude-nos, Senhor, já que não temos ainda um corpo sublimado como o Seu, mas temos as Suas mãos para segurar as nossas e com a Sua força e o Seu amor podemos dizer a todos aqueles que crêem na imortalidade da alma: levantem-se e andem, não se apeguem às coisas materiais, porque à terra elas pertencem. Ajude-me, Senhor, a ser fiel aos Seus ensinos, não me deixe cair em tentação. Faça, Senhor, com que eu seja uma estrela pequenina, mas se ainda não tenho tal mérito, ajude-me com a Sua luz para que eu possa clarear, pouco que seja, a consciência de todos aqueles que ainda não O conhecem.

Obrigado, Irmão querido, por ter-me ouvido pacientemente. Obrigado, Senhor."

o O o

Quando terminei a prece, Olegário e Sara tinham os olhos marejados de lágrimas. Fui-me afastando daquele salão, com o coração repleto de agradecimento à minha família carnal, mas ainda mais feliz por minha família espiritual, que são todos os filhos do meu Deus.

Capítulo XXVI

A MISSÃO DE PAULINA NO CHARCO DA DOR

— Querido Olegário, gostaria de dar uma chegada ao Hospital de Maria.

— Tem todo o tempo que desejar, pois só amanhã continuaremos os estudos evangélicos.

Sara prontificou-se a acompanhar-me e então fomos até o local onde Esmeralda estava em tratamento.

Da portaria, fomos encaminhados para uma sala de meditação, onde teríamos de nos reequilibrar. O salão azul, com suas poltronas confortáveis, era um convite ao *relax*. Como estávamos precisando! Sentei-me, cerrando os olhos. Um perfume de rosas e suave melodia davam um toque acolhedor. As paredes azuis refletiam sobre nós a sua luz. Só aí percebi que naquela sala havia muitas outras pessoas.

Quando a música parou, uma voz suave nos convidou à meditação:

— Vamos abraçar Deus. À nossa frente surge um campo verdejante. Vamos andar bem devagar e pouco a pouco vamos flutuando, flutuando. As flores, de todos os matizes, acariciam nossos corpos. Tocamo-las. Com que suavidade elas nos perfumam! As árvores vão-nos fazendo companhia; vemos uma de tamanho incalculável. Tentamos abraçá-la, mas ela é imensa, não só na altura, como também no diâmetro. Quando a abraçamos, sentimos o poder de Deus, principalmente quando suas folhas nos tocam o corpo. Continuamos a caminhar. Os pássaros, com seus trinados, conversam conosco, dando-nos boas-vindas. As palmeiras, beijadas pelos ventos, indicam a banda ocidental do Vale, que se estende em uma planície de tropical e luxuriante beleza. As palmeiras e os preciosos jardins, regados por fontes naturais, refulgem qual esmeraldas, no engaste das calcáreas colinas e desolados barrancos. Mas nós, neste instante, devido à nossa pequenez, vamos fazer como Zaqueu: logo à nossa frente, vamos subir em uma bela e copada figueira à beira da estrada. Que delícia! Quanta proteção esta árvore nos oferece! Fiquemos em silêncio, prendendo a respiração, pois nesse instante Jesus passa por nós, ergue os olhos para a figueira e nos diz: "Irmão, desce depressa, porque hoje me convém pousar em tua casa". Vamos abrigar Jesus no coração. Ele, neste momento, pousa em nosso coração e este, trêmulo de felicidade, banha todo o nosso corpo com fluidos de amor.

A voz se calou, a suavidade da música continuou a embalar-nos. Meu coração aprisionara Jesus e me senti voando, voando, voando. Só despertei quando Samuel carinhosamente avisou-me de que o tempo se havia esgotado. Buscando os outros, percebi que estava sozinho. Levantei-me ligeiro, despedindo-me, pois um outro grupo de visitantes ia adentrar o salão. Juntei-me a Sara, falando:

— Como seria bom se no plano físico os visitantes recebessem, antes de qualquer visita, um tratamento reequilibrante, pois muitas vezes os familiares transmitem aos doentes muitas e muitas preocupações.

Coitados dos hospitais, principalmente os brasileiros, que hoje enfrentam momentos terríveis! Se não for criada a medicina social, o brasileiro vai ficar cada vez mais doente.

O Hospital de Maria de Nazaré nos recebia para visitarmos Esmeralda. Um jovem enfermeiro nos levou até a enfermaria dez, onde uma música suave acalentava os vinte irmãos que ali se encontravam. Desejei voltar, mas Sara segurou meu braço.

— Vamos, Luiz, eles não estão dormindo, apenas descansam.

O enfermeiro me mostrou Esmeralda, que, de olhos cerrados, parecia dormir. Ficamos a observá-la. Pude constatar que seu corpo perispiritual encontrava-se doente, pois estava todo enleado de um material que nos lembra a gaze; só os olhos estavam descobertos. E estes, quando abriram, brilharam de alegria ao me ver.

— Moço, foi você que me trouxe para cá. Obrigada, muito obrigada. Responda-me: por que meus pais ainda não vieram me ver? E Cleto, por que me esqueceu? Como vou fazer para pagar as despesas? Este hospital tem convênio com...?

— Irmã, vamos por parte. Este hospital pertence a todos os filhos de Deus. Aqui a moeda corrente é a do coração.

— Obrigada, amigo.

Nisso, a enfermeira entrou para dar assistência a Esmeralda. Virou-se para mim, dizendo:

— Luiz, gostaria que colocasse Esmeralda a par do acontecido.

— Logo eu, irmã?...

— Sim, ninguém melhor do que você — falou, deixando a mim e a Sara com a doente. Esmeralda, então, perguntou:

— O que ela quis dizer?

— Esmeralda, você sofreu um acidente, eu a socorri, não como um encarnado, porque já não o sou mais. Há vários anos meu corpo físico me expulsou o espírito.

— Quê? Você é um morto?

— Não, morto não sou, segure no meu peito e sinta que meu coração está funcionando igual ao seu. E estas paredes, camas, quadros, tudo isso pertence a este hospital.

— Pelo amor de Deus, não me enlouqueça, fale logo: eu morri?

— Não, você trocou de roupa, porque a física estava muito estragada.

— E por que eu estou queimada?

— Simplesmente, porque, ao se separar do físico, o seu perispírito não se desprendeu dos miasmas do fogo, por isso você está em tratamento; mas à medida que a irmã for limpando sua casa mental, seu corpo irá recuperando-se.

— E meus pais, o que será deles? Sabe, eu me virava para sustentá-los. Muitas vezes esquecia de mim mesma. Ultimamente vivia com o Cleto, um homem casado, que muito me ajudava financeiramente. Sei que é pecado, mas eu o amo muito e ele não vive bem com a esposa.

— Esmeralda, não tenho nada com a sua vida, mas já vi esse filme: quase todos os adúlteros dizem que não vivem bem. E têm razão, quem ama não trai. Quando a socorri, percebi na sua aura algo estranho. Já fez algum aborto?

— Sim, Cleto não quis o filho. Faz dois meses que abortei.

— Você foi socorrida porque o amor cobre a multidão de pecados, e o seu amor filial é muito grande, assim como o seu lado caridoso. As inúmeras pessoas que você ajudou têm sido um hino de prece em seu louvor. Mas, pelo amor de Deus, peça perdão por um dia ter renegado um pedaço de sua alma.

— Mas ele iria morrer do mesmo jeito... Eu estaria com quatro meses de gestação agora...

— É, mas você, Esmeralda, estaria em uma maternidade espiritual esperando o seu filho e ele lhe faria companhia, porque a maternidade é bênção de Deus.

Esmeralda me ouvia atentamente. Ficamos conversando com ela por muito tempo. Quando nos despedimos, ela implorou:

— Voltem sempre, não me deixem aqui sozinha.

— Está sendo injusta, sua avó sempre vem lhe ver.

— É verdade? Eu ainda não a vi.

Apertei sua mão e dali saímos. Quando passamos pelo auditório, o doutor Murilo dava uma aula sobre a pele. Pedimos permissão para entrar. Sendo aquele um hospital de pessoas que desencarnam com problemas de pele, principalmente queimaduras, os técnicos que trabalham no plano físico eram elucidados. Líamos, no painel: "A pele é uma cobertura protetora que se estende sobre todo o corpo humano. A pele de uma pessoa adulta pesa mais ou menos 2,75 k. A estrutura da pele é composta de três camadas: uma externa, chamada córnea; a seguinte, chamada epiderme ou pele verdadeira, e a terceira camada, mais interna, onde se encontram os vasos sangüíneos e linfáticos e estruturas similares, vitais para a saúde da pele. A pele está em constante renovação, desde o nascimento até a morte. Milhões de novas células são criadas a cada dia, enquanto milhares de células córneas, mortas, se desprendem do corpo. A pele ajuda a prevenir a perda de fluidos orgânicos e é o órgão fundamental do tato. A pele também é um órgão, da mesma maneira que o são o fígado, o coração e os pulmões."

A aula prosseguia. Não sou médico, mas assim mesmo tirei algum proveito. O expositor dava aula sobre a pele e uma das partes mais estudadas foi a da queimadura. Os internos daquele hospital haviam desencarnado com queimaduras de terceiro grau, que causam a destruição dos tecidos; nestes casos a pele sofre perda de fluidos. Quando foram permitidas perguntas, indaguei:

— Por que os que desencarnam com queimaduras trazem para o plano espiritual o perispírito em igual situação à do corpo físico?

— É só a casa mental. O corpo físico, quando é carbonizado, perde os fluidos; quando ocorre o choque da desencarnação as funções dos órgãos ficam diminuídas e cessa a vida orgânica. Quando o corpo físico sofre o choque, o perispírito, sede do espírito, sofre muito mais, pois nele também existe uma pele. Essa pele é um pouco diferente da pele do corpo físico. Ao ocorrer o fato, há o desligamento, porém a mente registra na "pele perispiritual" as sensações da dor da queimadura.

Um dos assistentes observou:

— Na aula anterior percebi que as células da pele, chamadas fibroblastos, são similares às dos olhos.

— É verdade, e isto vai ser de muita utilidade para a ciência.

— O espírito, quando se materializa, aparece igualzinho a um encarnado, isso ocorre por que temos no perispírito uma pele? perguntei.

— Sim, tanto que quando o homem foi expulso do *paraíso*, ele recebeu uma "pele". Encontramos em *Gênesis*, Cap. II, versículo 25:

Ora, os dois estavam nus, o homem e a mulher, e não se envergonharam.

No Cap. III, versículo 21:

Deus fez para o homem e para a mulher uma túnica de pele, e os vestiu.

E no versículo 23:

E eles foram banidos do jardim do Éden.

Aproveitei para assistir a outras aulas sobre a força da casa mental, o porquê do espírito levar do plano físico suas dores e suas alegrias.

Olegário tinha outros afazeres e fomos chamados para acompanhá-lo. Nada lhe perguntei, estava sonhando acordado com tudo o que venho aprendendo. Dirigi meu olhar para Sara e a amei muito mais, era a minha grande companheira de aprendizado. Extasiava-me, contemplando as flores, as cascatas, enfim, tudo o que me rodeava, e me sentia muito feliz por ter sido criado por Ele, o nosso Pai amado. Em dado momento percebi que já estávamos saindo da colônia que abrigava o hospital. Nossos instrutores não conversavam, pois estavam orando. Passamos primeiro por um alambrado, depois o solo foi ficando áspero, parecia que estávamos descendo uma rampa. Hilário, Olegário e outros deslizavam, mas o papai aqui patinava.

— Para onde será que estamos indo? indagou-me Sara.

Sacudi a cabeça.

— Não sei.

Continuamos a andar. A atmosfera era diferente, uma sensação muito forte nos cercava. Só o caminho era visível, graças a uma luz que o iluminava. Nisso, distinguimos gritos estridentes, quase uivos, algo terrível. E o pior é que nos pareceu que a rampa era uma ponte sem proteção alguma. Olegário parou por um instante e pediu que ninguém olhasse para os lados. Fomos indo, até avistarmos um ponto luminoso ao longe. Era o chalé de Paulina. Não via a hora de chegarmos até ele, tamanha a dificuldade do trajeto. Tinha a sensação de que, quanto mais andava, o chalé mais distante ficava. Indaguei aos meus amigos e eles me disseram que minha ansiedade causava essa impressão. Procurei acalmar-me e logo o nevoeiro foi-se dissipando, até surgir o chalé, todo florido. Já nos esperava no portão o irmão Macário que, com respeito, cumprimentou a todos. Quando adentramos o pequeno jardim de violetas silvestres, senti que estava chegando ao "céu". Macário abriu a porta do chalé e entramos. Quanta emoção! Irmã Paulina, vestida com sua túnica azul, recebeu-nos sorridente:

— Sejam benvindos ao trabalho de Jesus.

A pequena sala era adornada com belos quadros, sendo um piano a peça que mais se destacava; talvez porque, creio eu, Paulina tirasse das suas teclas os mais belos acordes. Percebendo minha observação, disse:

— Primeiro, vamos servir um suco, pois estão muito cansados, não é fácil aqui chegar; depois, prometo, Luiz, tocar algo para alegrá-los.

E assim aconteceu. Ao saborear o suco, perguntei de que era e ela respondeu:

— De flores silvestres.

— Existem muitas variedades aqui?

— Sim, em nosso jardim; o irmão amanhã terá a oportunidade de apreciá-lo.

— Irmã, ao descer, descer e descer pensei que estava chegando ao inferno.

— Não existe inferno, irmãozinho, existem locais mal assistidos.

Calei-me. Enquanto isso, ela conversava com os instrutores. Sentou-se ao piano e sua bela voz ressoou em todo o vale, acredito até que aquela neblina pavorosa se dissipou com o som daquela maravilhosa voz. Inebriados, nós a escutávamos:

Das profundezas clamo por Ti
Senhor, ouve o meu grito!
Que Teus ouvidos estejam
atentos ao meu pedido
Aqui jazem tantas almas sofredoras
Necessitando do Teu perdão

Sei que são muito pecadoras
Mas, por favor, estende a Tua mão
Só Tu podes
Fazer subir as nuvens do horizonte
Fazer relâmpagos para que chova
Tirar o vento do teu reservatório
Fazer tudo o que desejas
Portanto, Tu podes, Senhor,
Levantar por amor estes espíritos
Que rastejam no charco da dor
Orvalho de amor vem descendo
Sobre estes seres sofredores
Esperando e chorando
Como exilados que somos
Sabemos que estás chegando
Porque o Teu amor é para sempre
Não abandones a obra de Tuas mãos!

Ao terminar o canto, estávamos enlevados pela beleza da interpretação e até Olegário tinha os olhos marejados de lágrimas e nem conto para vocês minha emoção. Aproximei-me e lhe beijei as mãos, dizendo:

— Obrigado, só as grandes almas oram com o coração.

Dali fomos para outra sala, onde recebemos as orientações de trabalho. Paulina não vivia sozinha ali, tinha uns dez auxiliares. Asaf e Lícia eram os mais diretos. Não agüentava mais de curiosidade para saber que lugar era aquele. Mais tarde Asaf nos informou que naquele local estavam confinados os falsos profetas, todos os que abusaram do poder, do mando, os que escravizaram consciências.

— Abrigamos desde sacerdotes famosos, religiosos conceituados no plano físico, falsos espíritas, até artistas que pregaram escândalos. Todos estão neste lugar de dor.

— O que estamos fazendo aqui? perguntei.

Lícia respondeu:

— O irmão ouviu a súplica de Paulina: vocês são o relâmpago, o orvalho que chega até nós para nos ajudar.

Pensei: "quem sou eu, meu Deus?"

Paulina respondeu:

— Um raiozinho de sol do céu de Maria.

Reclinei-me, respeitosamente. Este foi o nosso primeiro dia naquela casa de Deus. Logo estávamos diante daqueles que brincaram com o Espírito Santo, os religiosos e aqueles que abusaram do poder e iludiram o próximo. Ninguém pode imaginar a degradação perispiritual desses seres. Há pouco presenciáramos médicos curando os recém-desencarnados por queimaduras e agora, diante de nós, tínhamos irmãos com deformações terríveis, principalmente mentais. Tive a impressão de me encontrar em um manicômio. Gritavam uns com os outros, davam ordens, pregavam suas religiões, querendo ser obedecidos. Não preciso dizer que só em olhá-los sabíamos o que haviam feito de pernicioso ao próximo. Observei um famoso artista, que jazia em estado desesperador. Quantos jovens ele levara ao vício e ao desespero!

— Aqui é uma prisão? indaguei.

Asaf respondeu:

— Não, eles estão resguardados, pois esse local não deixa de ser um pequeno hospital de Deus. Mas eles acreditam estarem confinados em campos de concentração ou hospitais psiquiátricos, tal o estado de demência em que se encontram. Julgam-se ainda os donos da verdade e do mundo. Todos os homens que desejam dominar o seu próximo são doentes da alma, pois vivem longe do amor, por isso pregam doutrinas diferentes e vão fazendo vítimas com suas idéias doentias.

Olhei aquele povo e pensei: "se o homem parasse para pensar, pouco que fosse, na vida após a "morte", lutaria para viver em verdade".

Aquele campo úmido e tenebroso ainda era um lugar de socorro e eles deviam dar graças a Deus por ali estarem. No entanto, encontravam-se revoltados, principalmente um artista, que só ensinou aos jovens sexo, droga e orgias; e também assim o religioso, que levou seus seguidores ao suicídio. Encontramos a dor corroendo desde o mau político, o falso religioso, até o artista que leva multidões ao delírio, mas também à degradação sexual e moral. Quando desencarna não encontra seu público, mas encontra as conseqüências dos seus atos levianos. Sensibilizei-me ao vê-los deitados, outros andando de um lado para outro. Entramos no pátio e uns correram em nossa direção, dizendo: "sabem quem sou? Político fulano, reverendo tal, grande cientista..." Já estávamos quase sufocados por eles.

Nisso, ouvimos a voz de Paulina, que recitava *Provérbios*, Cap. XII, versículo 13:

Na falsidade dos lábios há uma armadilha funesta, mas o justo escapa da penúria.

Versículo 14:

Do fruto de sua boca o homem sacia-se com o que é bom e cada qual receberá a recompensa por suas obras.

Versículo 17:

Quem revela a verdade proclama a justiça, a falsa testemunha diz mentira.

Versículo 18:

Há quem tenha língua como espada, mas a língua dos sábios cura.

Versículo 20:

No coração do mal, a fraude; nos conselhos pacíficos, a alegria.

Versículo 21:

Ao justo nada acontece de mal, mas os ímpios estão cheios de enfermidade.

Versículo 25:

A melancolia no coração do homem o abaterá, e com boas palavras se alegrará.

Versículo 26:

Aquele que por amor de seu amigo não faz caso de passar por alguma perda, é justo; mas o caminho dos ímpios seduzi-los-á.

Versículo 28:

A vida está na vereda da justiça: mas o caminho que é descaminho, guia para a morte.

Diante dessas palavras, os revoltados foram logo se acalmando e encaminhados para os ambulatórios, onde receberiam tratamento psiquiátrico.

— Então, todos os que levam outrem ao erro ou à dor são doentes mentais? indaguei.

— Os homens de comunicação, sim. Geralmente são muito amados, possuindo muito magnetismo.

— O que fazemos aqui? inquiri.

— Vimos buscar quatro deles, que já estão em condições de serem transferidos para as colônias-escolas.

— E como iremos subir a ladeira com quatro doentes?

— Carregando-os no colo.

— É mesmo, você é o mais forte, pode levar uns dois. Eu fico com os mais franzinos.

Todos riram. Ainda perguntei:

— Por que o conducéu não desce aqui?

— Porque é tão baixa a vibração que nenhum meio de transporte chega até este campo de sofrimento. Só o homem pode até aqui chegar, e graças a Deus, estamos no trabalho de Jesus.

— Só levaremos quatro? Por mim levaria quantos fossem preciso.

— Por isso gosto dos meus irmãos e você, Luiz, pode ajudar, tem muito jeito para lidar com pessoas desequilibradas, falou Sara.

— Engraçadinha... vou estudar o seu caso.

Alguns dias ainda permanecemos ajudando aquele grupo de abnegados espíritos. A equipe de Paulina era composta de grandes almas, desprendidas e amigas. Com emoção despedimo-nos de Paulina, que muito nos ensinou. Fixando-me bem nos olhos, ela falou:

— Os irmãos Tiago e João, quando avistaram o monte Carmelo onde Elias matara os falsos profetas, disseram: "Senhor, queres que digamos que desça fogo do Céu e os consuma, como Elias o fez?" Ficaram surpreendidos de ver que Jesus Se entristecera com as palavras deles, e ainda mais a ouvirem-Lhe a censura. Jesus respondeu: "Vós não sabeis que espírito sois; porque o Filho do Homem não veio para destruir a alma dos homens, mas para salvá-las". Jesus estava sempre demostrando misericórdia, por isso temos de compreendê-Lo e procurar ajudá-Lo. O espírito que deseja despir-se das imperfeições precisa olhar o seu próximo com amor e respeito. Estamos aqui não para obrigar ninguém a ser bom, mas para que estes irmãos sofredores tornem-se bons por causa do Cristo que vive em nós.

Olhei-a com admiração e lhe beijei as mãos, que deixaram perfume em meus lábios.

— Irmã Paulina, que Cristo abençoe o seu trabalho.

Voltamos, levando alguns daqueles sofridos irmãos, esperando que cada um deles se recuperasse logo.

Não vou contar para vocês o que foi nossa volta, parecia que a rampa estava muito mais escorregadia; várias vezes tínhamos de parar para descansar. Os doentes não sentiam qualquer sacrifício, tão acostumados já se encontravam com as dificuldades daquele solo. Quando chegamos ao alto e divisamos a luz e a paz, sentamos e oramos a Deus, agradecidos. Recebemos permissão para o descanso e como não gosto de perder tempo, corri para a Universidade. É inacreditável este outro mundo, onde a paz nos faz companhia. No teatro vivo, a figura majestosa de Cristo era o sol a brilhar em nossa consciência, chamando-nos para junto d'Ele.

Desfilaram à nossa frente as ciladas dos fariseus. Um doutor da lei, aproximando-se de Jesus, perguntou: "Qual é o primeiro de todos os mandamentos?" Jesus respondeu: "O primeiro de todos os mandamentos é: Ouve, Israel, o Senhor nosso Deus é o único Senhor. Amarás, pois, o Senhor teu Deus de todo o teu coracão, e de toda a tua alma, e de todo o teu entendimento, e de todas as tuas forças: este é o primeiro. O segundo é semelhante ao primeiro", disse Cristo, "pois emana dele: Amarás o teu próximo como a ti mesmo. Não há outro mandamento maior que este". Quando amamos a Deus de todo coração, amamos também ao próximo e não infringimos os outros mandamentos, uma vez que todos os mandamentos se resumem no amor a Deus e ao homem.

O escriba ficou admirado, ele, que era bem versado na lei. Jesus no Templo era o Mestre, deixando para os homens grandes lições de humildade. Com surpresa, vimos que os judeus daquela época julgavam que os preceitos das Escrituras deviam ser usados sobre o corpo. Eram escritos em tiras de pergaminho, presas ostensivamente em torno da cabeça e dos pulsos. Esses pergaminhos eram usados meramente como insígnias, para chamar a atenção. Jesus falou: "Trazem todas as obras para serem vistas pelos homens: pois trazem largos filactérios e alargam as franjas de seus vestidos, e amam os primeiros lugares nas ceias e as primeiras cadeiras nas sinagogas, e as saudações nas praças e serem chamados pelos homens de Rabi. Não queiramos ser chamados de Rabi, porque um só é o vosso Mestre e todos vós sois irmãos. E a ninguém na terra chamais vosso Pai, porque um só é nosso Pai que está nos céus". Quando Cristo disse estas palavras, o assombro tomou conta dos doutores da lei. Passaram pela nossa frente muitos e muitos ensinamentos: *Ai de vós, escribas e fariseus hipócritas! pois fechais aos homens o reino dos Céus; vós não entrais nem deixais entrar os que estão entrando. Ai de vós, escribas e fariseus hipócritas! pois devoram as casas das viúvas, sob pretexto de prolongadas orações, por isso sofrerão mais rigoroso juízo* (*Mateus*, Cap. XXIII). Assistimos a Jesus no pátio onde se achava a arca do tesuro e observava os que ali iam depositar as ofertas. Os ricos deitavam largas somas, mas Jesus feliz ficou quando pobre viúva aproximou-se, hesitante, como receosa de ser observada. Olhou a dádiva que tinha na mão, era demasiado pequena em comparação com a dos ricos e altivos senhores. Envergonhada, olhou de um lado para outro. Era tão pouco o que tinha para doar.... mas o fazia com o coração, ela acreditava na obra de Deus. Após depositar a moeda, virou-se e já ia se afastar ligeiro, porém encontrou o olhar de Jesus cravado nela. Quanta doçura! Quem não conhece a parábola do óbulo da viúva? E assim Jesus ia pregando. Ouvimos o Mestre falar: "Ai de vós escribas e fariseus hipócritas! pois edificais os sepulcros dos profetas e adorais os monumentos dos justos e dizeis: Se existíssemos no tempo dos nossos pais, nunca nos associaríamos com eles para derramar o sangue dos profetas. Assim, vós mesmos testificais que sois filhos dos que mataram os profetas". Os judeus eram muito zelosos com os túmulos dos profetas mortos, mas negligenciavam os seus ensinos. Como somos culpados em negligenciar as viúvas, os órfãos, os doentes, em construirmos mausoléus para os mortos!

Acompanhávamos a narrativa. Cristo lutava contra a hipocrisia, os erros pelos quais os homens estavam destruindo a própria alma. O semblante de Jesus estampava divina piedade, quando falou: "Jerusalém, Jerusalém que mata os profetas, e apedrejas os que te são enviados. Quantas vezes quis Eu ajuntar os teus filhos como a galinha junta os seus pintinhos debaixo das asas, e tu não quiseste!" Jesus já Se despedia, olhando fixamente para cada pessoa, e falou: *Eis que vossa casa vai ficar deserta* (*Mateus*, Cap. XXIII).

Lenta e dolorosamente deixou Cristo, para sempre, os limites do Templo. O povo que amava Jesus chorou, os sacerdotes principais encheram-se de terror. Indagaram: por que Ele proferiu tais palavras? Diante de nós, Cristo preparava-Se para deixar a Crosta, ficando bem claro que Seu amor não se restringia a uma classe; que Seus seguidores não poderiam viver separados, tinham de se considerar irmãos uns dos outros, e que um filho de Deus pratica uma boa ação a cada minuto. Neste trecho Cristo só falou em caridade, frisando que um bom homem tem de confortar os tristes, proteger os que estão em perigo, enfim, fazer o que Ele fez quando na terra. Ai daquele que não abrir a porta aos necessitados e sofredores, pois não devemos negligenciar os pobres e estropiados; Deus deu ao rico fortuna para que socorra e conforte Seus filhos sofredores.

Aqui encerrou a aula, mas como gostaríamos de permanecer mais tempo. Logo estávamos no pátio da Universidade. A vontade era de cerrar os olhos e correr para os braços de Jesus. Se ontem eu O amava, hoje Ele é para meu espírito o ar que respiro. Senti-me muito feliz em fazer parte da Sua família, principalmente quando Ele nos diz: *Que vos ameis uns aos outros, assim como Eu vos amei* (*João*, Capítulo XV, versículo 12).

Karina aproximou-se:

— Sérgio, você já foi até o Departamento da Recuperação?

— Não, pedi para acompanhar a mais um pouco a vida do Cristo.

— Dirijo-me para lá, me acompanha?

— Se a senhorita me ofertar seu coração e seu braço para me apoiar, com todo prazer lhe acompanho.

No momento em que íamos saindo, Zil e seu assistente nos cumprimentaram, convidando-nos a acompanhá-los.

— Luiz Sérgio e Karina, precisamos de vocês no Departamento Quarenta.

— Com todo prazer, senhor.

— Senhor só Deus o é, chama-me irmão, retrucou.

Falei baixinho para Karina:

— O que será que ele deseja de nós no seu Departamento?

Captando minha curiosidade, sorriu com aquele sorriso dos grandes espíritos: o sorriso da alma. E que alma!

Capítulo XXVII

A AÇÃO E A REAÇÃO

Acompanhamos Zil e Hêber. Estava louco de curiosidade para saber o que íamos fazer, mas me contive. Chegamos ao Departamento e os outros lá já se encontravam. Sorri para Sara, a grande amiga. O Departamento era muito amplo, com paredes brancas, translúcidas. No auditório, íamos assistir a uma aula.

Primeiro assunto: é certo fumar?

Não. Um bom médium deve abandonar completamente o fumo; ele não só prejudica a saúde, como vai criando uma crosta de miasmas negativos nas rodas energéticas. Estas vão alterando-se e causando problemas à sua saúde, atingindo principalmente a parte respiratória. O fumo é veículo de muitos males à saúde. O espírito que se comunica com aquele que fuma às vezes o faz para saciar seus próprios vícios pretéritos. Quem deseja servir em uma Casa espírita tem por dever cuidar da sua saúde física e espiritual.

Segundo assunto: a bebida.

Ao médium não é dado o direito de abusar. Um médium consciencioso tem de renunciar a muitas coisas; se não o fizer, sentirá o *ranger de dentes*. Um médium que gosta de bebidas alcoólicas é forte candidato a se tornar um veículo através do qual muitos alcoólatras desencarnados continuarão seus vícios.

Terceiro assunto: o sexo. O médium pode praticar sexo no dia de trabalho?

O prudente seria evitá-lo. Não que seja pecado, mas no ato sexual o corpo físico sofre uma descarga elétrica; no momento do ato, todo o corpo físico se altera, voltando ao normal somente vinte e quatro horas depois. Para um contato com os desencarnados, o médium precisa estar com os seus centros de força equilibrados e com suas rodas energéticas abastecidas, no ponto exato chamado equilíbrio. Se assim acontecer, as comunicações sairão perfeitas. Mas com isto, não queremos que o médium considere pecaminoso o sexo; ele é antes de tudo uma obra de Deus e muitas pessoas até ficam doentes quando não estão preparadas para uma abstinência sexual. Este é um assunto muito delicado, entretanto devemos pedir ao médium para que, em dia de trabalho, evite a prática sexual. Se não for possível evitá-la, que não entre em martírio, apenas procure trabalhar com amor. Dizemos isso, porque várias mulheres vêem-se impossibilitadas de dizer não ao companheiro, e vice-versa.

O amigo palestrante elucidou ainda que a Doutrina nada proíbe, pede unicamente que se evite o fumo, o álcool, o sexo, principalmente em dia de trabalho. Quem gosta de bebida alcoólica só deve ingeri-la quarenta e oito horas antes do trabalho; a carne, vinte e quatro horas antes da reunião; e quem fuma deve deixar o vício, pois torna-se difícil trabalhar com o fumante, pois o seu perispírito fica impregnado de tal forma que transmite para os demais médiuns e para os espíritos os miasmas que estão no seu organismo. O álcool é anti-energético, porque dilui o ectoplasma; ele permanece por dois dias no organismo. A espiritualidade não exige que todos se tornem vegetarianos, pede apenas que não consumam carne em dia de trabalho, porque ela torna o corpo físico mais denso, energiza as rodas magnéticas, com as quais trabalhamos, bloqueando a comunicação com os centros de força, onde estão os fluidos. Levantei a mão, pedindo a palavra:

— Irmão, o que dizer do médium que vive revelando as encarnações dos que lhe cercam?

— A Doutrina Espírita é um jardim, cujo jardineiro, Jesus, saiu a semear e plantou apenas a semente da verdade. Ele nos disse que não tinha tempo de plantar todas as sementes no jardim da Terra, mas que mandaria um novo jardineiro. E ele chegou: o Consolador, que todos nós sabemos vir a ser a Doutrina Espírita. Quem deseja estudá-la, compreendê-la e trabalhar por ela precisa lutar para se tornar humilde, pois em suas fileiras não há lugar para vaidosos e egoístas. A Doutrina, por ser muito simples, deve ser respeitada. Não se concebe que uma pessoa que se diz seguidora da Doutrina viva a falar do passado de outrem que não lhe diz respeito. É lamentável nos defrontarmos com médiuns que fazem de tudo para denegrir a Doutrina. Hoje, outro grande perigo são as misturas de cunho filosófico-religioso que estão ocorrendo em alguns Centros tidos como respeitados: o esoterismo, a umbanda, as práticas orientais... Alguns espíritas dizem que trabalham com espíritos vestidos como os antigos marajás: turbante e pedras preciosas. Complementando sua resposta, Luiz Sérgio, você, que trabalha com os Lanceiros de Maria, sabe que esses irmãos vestem-se simplesmente, porque possuem o espírito humilde e hoje não falam mais *lavâi killâ*, que quer dizer "castelos nos ares"; eles, as verdadeiras almas, que hoje trabalham na Doutrina, trajavam-se com roupas feitas de *khâdi* e não fantasias de marajás. Esses espíritos vestem hoje túnicas semelhantes à do Cristo, mesmo ontem tendo morado no Oriente. Alguns médiuns e Centros espíritas estão misturando as culturas e isso não é bom para qualquer uma delas. O preto velho sente-se melhor no seu local próprio de trabalho, onde pode praticar seus rituais. Os orientais de turbante também trabalham melhor onde se pratica o misticismo e as cerimônias com seus rituais. Em um Centro espírita, com base na Doutrina Espírita, não se concebe rituais, o que vem ocorrendo muito ultimamente.

Sara fez outra pergunta:

— O que mais estamos vendo hoje em dia são Centros espíritas com grupos mistos, isto é, misturando umbanda e Doutrina Espírita. Como distinguir uma da outra?

— A umbanda também estuda Kardec como complementação; seus adeptos realizam seus trabalhos em "terreiros", possuem muitos rituais e usam oferendas. Em sua maioria, nos centros de umbanda os "guias" tudo fazem pelos encarnados, ajudam a arrumar marido ou mulher, vender ou comprar imóveis, enfim, lutam para realizar os pedidos dos encarnados, e estes muitas vezes abusam deles. A Doutrina Espírita é uma filosofia de vida e tem por meta a melhoria do homem, nela o homem aprende a se policiar para aceitar os seus semelhantes. Ele aprende que está na terra de passagem e tem por obrigação lutar por sua perfeição, sem se tornar escravo das coisas terrenas; embora trabalhando e lutando pelos bens materiais, é conscientizado de que não é escravo deles. Ele sabe que tem de batalhar para se tornar melhor, que tem de aceitar as dores e lutar para possuir a fé, porque só ela irá consolá-lo. A umbanda deve ser respeitada, entretanto não podemos confundi-la com a Doutrina Espírita, ou desejar que um umbandista renegue os rituais e suas oferendas. Os umbandistas têm de lutar pela prática do bem em seus "terreiros", pois hoje eles estão bem organizados. Seus freqüentadores estudam e lutam pela verdade; como todas as religiões, existem adeptos que brincam com a boa fé do próximo. Assim como a umbanda, as Casas espíritas estão enfrentando semelhantes e tristes fatos. Aqueles que se dizem espíritas receitam *banhos de descarrego*, não tendo uma atitude cristã, iludindo o seu semelhante, usando até nomes memoráveis, porque ainda possuem a vaidade; não se conscientizaram ainda de que a Doutrina Espírita é um caminho estreito que leva até a porta estreita de Jesus. Se ainda não estamos preparados para deixar as vestes, as oferendas, os rituais, é preferível tornar-nos bons umbandistas ao invés de péssimos espíritas. Acreditamos também que os umbandistas desejam o mesmo com alguns de seus adeptos, que querem demolir altares, quebrar as imagens dos santos, acabar com as oferendas, proibir as roupas brancas; então, que eles sejam bons espíritas, mas não perturbem a umbanda. Devemos respeitar todas as religiões, ninguém tem o direito de ridicularizá-las, e é isso que fazemos quando não as conhecemos realmente. Irmãos, muitas pessoas que se consideravam santas hoje choram nas zonas de sofrimento.

Ele encerrou a aula alertando-nos do perigo de buscarmos culturas que não temos condição de compreender. Ainda discorreu sobre outros assuntos, até fazer a prece de encerramento, após o que, saímos. Perguntei a Olegário por que o homem quando encarnado esquece tudo.

— Por conveniência.

— É mesmo?

Zil e Hêber, que estavam junto a nós, sorriram. Adorei o Zil.

— Vai trabalhar conosco? indaguei.

Sacudiu a cabeça, dizendo que sim. Hêber falou-me que eles iriam levar-nos em outra zona de sofrimento: o Vale do Martírio.

— Vale do Martírio? Eu, hem, acho que não vou lá não, é demais para mim.

— É um lugar muito triste, esclareceu Hêber, mas fomos incumbidos de levá-los até lá. Pensando bem, é bom conhecer um pouco da dor do próximo.

Silenciamos para orar. Abri as *Escrituras*. Só elas me acalmam e acalentam os meus sonhos. *Desapego das riquezas e confiança em Deus* (*Eclesiástico*, Cap. XI, vv. 10 e 11):

Meu filho, não te entregues a muitos negócios, se os multiplicares, não sairás ileso, correndo atrás de muito, nada alcançarás e não conseguirás escapar pela fuga. Há quem trabalha, se fatiga e se apressa, ficando, no entanto, cada vez mais para trás.

"Isso mesmo, pensei, ninguém pode correr para todos os lados; precisamos de um local para descansar e trabalhar".

Logo estávamos descendo para o vale, onde o caminho não só era tortuoso como tinha um odor desagradável muito forte. Olegário parou um pouco para orarmos e Zil aplicou passes no grupo. Confesso que nunca me concentrei tanto. Aquele lugar só podia ser o inferno apregoado pelos católicos. Prosseguimos viagem e logo o Vale do Martírio colocou-nos face a face com a dor, onde víamos homens — se assim posso chamá-los — com terríveis sofrimentos. Fixei bem aqueles corpos. Quando encarnados não podemos imaginar que temos outros corpos, e o perispírito é tão igual ao físico, que também adoece, tanto isso é verdade que deparamos com homens e mulheres desesperados; uns, ensangüentados, outros segurando o estômago, vomitando; outros, ainda, deixando à mostra as partes corroídas pelos tóxicos. Fiquei apavorado. Um jovem passou por nós correndo, tendo o corpo em chamas; aqueles cujos corpos pareciam apodrecidos, fétidos, gritavam como loucos.

— Estamos no Vale dos Suicidas? perguntei para Hilário.

— Não, estamos em um vale de assassinos.

— Mas se foram assassinos, por que estão em tal estado?

— Eles sofrem as penas morais e vivem o drama que causaram a outrem. Luiz, neste vale estamos tentando socorrer irmãos nossos que "em nome da religião" levaram a dor ao próximo.

— Mas pensei que as seitas que exigem sacrifício humano fossem poucas e aqui são tantos os sofridos...

— Tem razão, ninguém imagina quantas criaturas são sacrificadas em rituais sangrentos. Ai daquele que brincar com o Espírito Santo, disse Jesus. Esses espíritos abusaram da inocência e ignorância dos seus irmãos, e hoje, como sofrem!

Adentrávamos uma cidade das trevas, cujas habitações eram semelhantes a barracos, em péssimas condições, porque eles, os seus habitantes, não possuíam condições mentais para torná-las agradáveis. Eram barracos sem jardim, só víamos pedras, lamaçais, sombras e espinhos. As ruas, se assim podemos denominar, eram um atoleiro só. A impressão era que não nos viam, tal o estado de demência em que se encontravam.

— Aqui há espíritos de todas as religiões? perguntei ao instrutor.

— Sim, não só os que mentiram em nome de Deus, como também os feiticeiros e aqueles que brincaram com a saúde do doente e ainda lhe tomaram dinheiro.

— Irmão, este vale não devia se chamar Vale do Martírio, mas sim "vale dos mentirosos".

— Luiz, ninguém imagina o que está plantando para colher quando, abusando do livre-arbítrio, pratica inúmeras injustiças. Você não faz idéia de quantas pessoas desencarnam levadas pelo fanatismo religioso e de quantos *gurus* abusam de inocentes jovens e crianças. Este lugar é o único que eles encontram em sintonia com a vibração de seus perispíritos.

— Por que muitos deles ardem em brasa, outros possuem o estômago corroído, como se tivessem tomado soda cáustica?

— A consciência é um juiz implacável e eles sofrem pelo que plantaram.

Os dois instrutores já conheciam bem o lugar, andavam com desenvoltura; eu parecia um pato, balançando daqui prá lá na lama, até chegarmos ao casarão chamado por todos de Hospital de Maria. Senti-me aliviado quando o alcançamos. Seu aspecto era humilde, mas bem limpo, onde os mensageiros de Deus tratavam aqueles farrapos humanos. Fomos recebidos por Úria, que gentilmente nos ofertou um bom refresco.

— Existem internos em tratamento?

— Não, só os tratamos quando nos buscam.

— Qual é o mal de que mais se queixam?

— Depressão, saudades da terra; eles têm a mente doente e o sistema nervoso alterado.

Pedimos permissão para conhecer o hospital, principalmente o ambulatório, que se encontrava lotado; médicos solícitos e pacientes atendiam imensa fila de desesperados. Impressionado, perguntei:

— Hêber, daqui serão levados para uma colônia redentora?

— Não, irmão, ainda não estão em condições de daqui saírem.

Nisso, Romina foi atendida. Tinha as mãos deformadas, andava com dificuldade e pedia pelo amor de Deus que a fizessem enxergar.

— Que fez ela? indaguei.

— Sacrificava crianças do sexo feminino e tinha prazer em lhes arrancar os olhos, principalmente se fossem azuis.

— Mas para um espírito tão perverso até que ela está bem, comentei.

Mal acabei de falar, ela retirou a roupa que lhe restava e o seu corpo perispiritual apresentou-se aos nossos olhos com queimaduras dolorosas. Este vale tortuoso é um alerta para todos os condutores de almas; não façam o mal, pois ele vai esperar-lhe mais adiante. Se você tem algum dom espiritual, não abuse dele; cuidado, pois o inferno existe e se chama Vale do Martírio, só quem está ali confinado conhece o seu horror.

Estava curioso para saber o que viéramos fazer; no final da noite, quando fomos convidados à prece é que tomei conhecimento de que todas as semanas aquele hospital recebia a visita de um grupo para fortalecê-los e para trocar a guarda.

— Quê? Quem vai ficar? indaguei logo.

Sorrindo, Olegário comunicou:

— Nós.

Confesso que nem liguei, achei até que seria bom para meu espírito ajudar aquelas almas tão sofredoras. Olegário, que estava esperando outra reação minha, abraçou-me, contente:

— Parabéns, irmão, sinto-me feliz pelo seu crescimento, já não é mais o garoto Luiz Sérgio, mas sim um operário de Cristo.

Mesmo sem graça, estufei o peito, dizendo:

— Às suas ordens, professor.

Que noite passamos! Os gritos eram de arrepiar. Como louvo o meu Deus por tanta bondade! Os mensageiros que trabalham naquele vale são os verdadeiros santos, porque o lugar é tenebroso; reúne a escória do mundo espiritual, aqueles que viveram na terra longe de Deus, só pensando neles próprios e no dinheiro. As irmãs cantavam naquele inferno, como para abafar os uivos.

— Hilário, esses religiosos fizeram muita maldade, não foi?

— Sim, muita.

— Pode enunciá-las para mim?

— Não é prudente, Luiz, só sabemos que este precipício dos falsos profetas é o gemer da consciência.

E, assim, estávamos nós convivendo com aqueles espíritos que abusaram do poder quando encarnados, não só como religiosos, mas também como autoridades.

Pela manhã, olhei através da janela, constatando a tristeza do lugar. Encontrava-me pensativo, quando Hilário me avisou:

— Luiz, é hora de partirmos.

— Mas não vamos ficar aqui?

— Não, só Zil e Hêber. Os outros voltarão conosco, pois já se encontram trabalhando aqui há um ano.

Falei, sem sentir:

— Coitados, acho que nem vão acreditar quando virem de novo as colônias.

Nisso, Hussam, um dos irmãos que íam ser substituídos, me respondeu:

— Engana-se, servir a Deus neste lugar é uma lição de amor da qual todos nós necessitamos. Voltaremos às nossas casas, mas aqui deixaremos um pedaço das nossas almas, pois conhecemos a dor de perto.

Aproximou-se também Teman, que apenas me sorriu. Aqueles dois homens, em um ano de trabalho, como devem ter convivido com a dor!

— Teman, no Brasil sacrificam-se também pessoas em rituais?

— Sim, mas neste vale existem não somente brasileiros, mas também espíritos de outros países. Veja aquele homem ali, em péssimas condições perispirituais. Ele foi um torturador. Inúmeras pessoas torturou, aplicava choques elétricos nos órgãos genitais, arrancava unhas, queimava os seios das mulheres, enfim, praticou as mais terríveis sevícias. E hoje, sofre o que fez sofrerem suas vítimas.

Observei os órgãos sexuais daquele homem e compreendi o ditado popular: "quem com ferro fere, com ferro será ferido". Depois de algumas horas, despedimo-nos daqueles abnegados amigos que ficaram. Em seus semblantes a alegria do dever cumprido, e nós, que partíamos, levávamos no espírito a glória de ter conhecido grandes almas amigas em missão junto a seres que, quando na terra, abusaram do poder. Quantos, para seu próprio benefício, enganaram inocentes! Para encobrir sua desonestidade, faziam orações em público e grande ostentação de piedade. Essa hipocrisia Cristo declarou que lhes traria maior condenação.

Por isso, amigos, quando fizerem grande profissão de piedade, não deixem suas vidas serem manchadas pela avareza e pelo egoísmo, porque ninguém engana a Deus, que julgará todo homem segundo suas ações.

A volta foi menos tortuosa. Aquele terrível lugar era para nós uma grande lição de vida. Hussam, Teman, Olegário, Sara, Karina, Hilário e outros nada falavam, só eu ia cantando esta canção:

Eu Te amo, Senhor,
Na alegria, na dor
Eu Te amo, Senhor,
Na alegria, na dor
Quando defronto com a tristeza
Recordo de Ti, da Tua firmeza
E canto bem alto
Pra alguém me escutar
Jesus é a força em qualquer lugar
Eu Te amo, Senhor,
Eu Te amo.

Avistamos a colônia. Dei uma de menino: corri e beijei as árvores. Hussam e Teman pararam, reverenciando a natureza. Eles tinham os olhos marejados de lágrimas. Chegamos até o Departamento do Trabalho, onde os instrutores apresentaram o relatório da viagem. Eu, Sara e Karina fomos liberados. Abracei Teman e Hussam e dei uma chegada ao alojamento para repousar um pouco. Mas logo estava eu na Universidade Maria de Nazaré.

Acomodei-me na minha cadeira, sentindo-me muito feliz por ser um filho de Deus. Olhei para o alto e mandei milhões de beijos para o melhor Pai do Universo, que perdoa, que ama e que nos ensina o amor.

À minha frente, Jesus. Muita gente estava aglomerada à Sua volta e o Mestre dizia: *Eis que vossa casa vos vai ficar deserta* (*Mateus*, Cap. XXIII, versículo 38). Sentimos nos semblantes dos discípulos a preocupação, como se algo viesse a acontecer. Ficaram mais preocupados quando, ao saírem com Ele do Templo, chamaram-Lhe a atenção para sua estrutura e beleza. As pedras eram do mais puro mármore, bem branco, e algumas delas de dimensões quase fabulosas. Pensavam os discípulos na solidez daquelas paredes: "como pode derrubar-se tal esplendor cujas paredes são sólido bloco de pedra tirado inteiro da pedreira?" Captando os pensamentos dos discípulos, Jesus falou: *Vós pensais que essas paredes são indestrutíveis. Escutai, então. Dia virá que não ficará pedra sobre pedra que não seja derrubada*. Cristo alertou os discípulos sobre *quando verdes Jerusalém cercada de exércitos, sabei que é chegada a sua desolação. Os mortos ressuscitarão incorruptíveis, e nós seremos transformados* (*Lucas*, Cap. XXIV, vv. 6,20 e 28).

Diante de meus olhos, aparecia algo tão atual. O que Cristo dizia há quase dois mil anos hoje a sociedade enfrenta. O mundo cheio de rixas, repleto de ímpios prazeres, acha-se adormecido em regência carnal, afundando-se nas sensações inferiores. Há tempestades, terremotos, incêndios, inundações, homicídios de toda a espécie. Enquanto uns buscam a fé em Jesus para suportar seus males, outros só procuram o prazer. No teatro vivo, Cristo falava aos apóstolos o que hoje a Humanidade está vivendo: a morte dos valores morais. Depois, no Monte das Oliveiras, Cristo advertiu os homens para o perigo de ficarmos longe d'Ele. Recordei-me de alguns abnegados irmãos nossos que distribuem escassa provisão de pão ao faminto, que oferecem insuficientes roupas para abrigar o pobre do frio. Será que eles sabem que estão servindo é ao Mestre? Defronte de todos nós, Cristo ensinava os discípulos a respeitarem aqueles que necessitam, dizendo que todos podem encontrar qualquer coisa para fazer em prol dos carentes. Disse ainda que seriam perdoados os nossos pecados à medida que prestássemos auxílio aos necessitados e que os que servissem aos outros estariam servindo ao Senhor. E, ainda: *Certamente eu serei contigo* (*Êxodo*, Cap. XXXIII, versículo 14, e Cap. III, versículo 12). Fiquei impressionado com aquela cena que desfilava à minha frente: Cristo falando sobre a caridade! O espírita que renega a caridade precisa urgentemente estudar o Evangelho de Jesus ou o Antigo Testamento, porque não pode existir religião que não seja alicerçada na caridade. Toda a vida de Cristo foi de abnegado serviço ao próximo. *Não veio para ser servido, mas para servir* (*Mateus*, Cap. XX, versículo 28).

Sentíamos o perfume da caridade tão praticada por Jesus e hoje negligenciada por muitos que se dizem cristãos.

Com que carinho Jesus Se dirigiu a Zaqueu! Descortinava-se-nos Jericó, com suas palmeiras e preciosos jardins regados por fontes naturais. Jericó estava sempre em festa, muitos sacerdotes residiam naquela cidade. Grande centro de comércio, repletava-se de oficiais e soldados romanos, como estrangeiros de vários pontos; até a Coletoria da Alfândega ali estava sediada, tornando-se morada dos publicanos. Zaqueu era um riquíssimo israelita, porém detestado pelos seus patrícios. Foi esse homem rico que, ao saber da chegada de Jesus, buscou-O. Queria vê-Lo. Correu pelas ruas de Jericó, mas nada podia ver por sobre as cabeças do povo, pois sua pequena estatura dificultava-lhe a visão. Viu um sicômoro à beira da estrada, nele subiu e sentou entre seus galhos. Zaqueu buscava Jesus e se emocionou ao ver o Mestre a fitá-lo, parado embaixo da árvore. O coração de Zaqueu disparou e lágrimas rolaram pelo seu rosto, principalmente quando o Mestre o chamou: "Zaqueu, desce depressa, porque hoje me convém pousar em tua casa". O povo espantou-se. Como o Mestre dirigia-Se a um pecador?

Esta cena muito me comoveu. Quantos zaqueus encontramos em nosso caminho, principalmente no caminho daqueles que se dizem cristãos, mas temem contaminar-se ao contato com os pecadores. Jesus, no Seu encontro com Zaqueu, quis provar-nos que todos somos filhos de Deus, não importa o erro que tenhamos praticado, o importante é escutarmos o chamado de Cristo que nos chega de várias maneiras.

Em seguida estávamos diante da estrada por onde Jesus caminhava em Jerusalém. Quinhentos e poucos anos antes do nascimento de Cristo, o profeta Zacarias assim predisse:

Alegra-te muito, filho de Sião; exulta, ó filha de Jerusalém, eis que teu Rei virá a ti, justo e salvador, pobre e montado num jumentinho, sobre um asninho, filho da jumenta (*Zacarias*, Cap. IX, versículo 9).

Jesus entrou em Jerusalém no domingo, primeiro dia da semana. O povo que havia ido vê-Lo em Betânia acompanhava-O. Junto a eles também se encontrava muita gente que ia a Jerusalém celebrar a Páscoa. A natureza sorria, as árvores verdejavam, as flores espargiam pelo ar todo o seu perfume, e Jesus, montado no asninho, dava entrada triunfal em Jerusalém; mas eis que parou e Seu olhar contemplou o sol que banhava o Templo que atraía todos os olhares, tal a sua beleza. Majestoso, suntuoso, destacava-se de todos os outros edifícios. Ele era o orgulho da nação judaica. Os romanos uniram-se aos judeus para embelezá-lo, e o imperador de Roma o enriquecera, fazendo dele uma das maravilhas do mundo. O puro e alvo mármore das paredes do Templo cintilavam, beijadas pelo sol. Na entrada achava-se uma videira de ouro e prata, com verdes folhagens e maciços cachos de uvas, feitos pelos mais hábeis artistas da época. Todo esse deslumbramento representava Israel como uma próspera vinha. No olhar de Jesus estampava-se a tristeza; e a multidão, que antes cantava e gritava, silenciou, encantada com tal esplendor. As pessoas não compreenderam por que Jesus estava triste diante de tanta beleza. O povo, que antes agitava os ramos de palmeira, olhava a cena sem compreender a causa de tanto desalento no olhar de Jesus. Os discípulos pensavam fosse porque logo adiante estava a porta das ovelhas, pela qual, durante séculos, haviam sido conduzidos os animais destinados às ofertas sacrificiais. Mas não era essa a tristeza de Jesus. Em seguida, vimos Jesus no templo expulsando os vendilhões. *A minha casa será chamada casa de oração, mas vós fizestes dela covil de ladrões*. Ele curava os cegos e os coxos, mostrando ao povo que templo não é lugar de comércio, é um hospital de Deus, onde o homem vai para curar a alma. O Templo tinha diversos átrios: dos sacerdotes, dos israelitas, e um externo chamado dos gentios, que era uma espécie de praça diante dele, na qual podiam entrar também os pagãos, onde os negociantes vendiam os animais para os sacrifícios e os cambistas trocavam moedas profanas pelas sagradas, únicas válidas para as ofertas. Deste Templo Jesus expulsou os vendilhões e, com eles, seus animais. Era um comércio contrastante com a pureza que deveria existir num lugar de oração. Jesus não chicoteou quem quer que fosse, apenas usou o chicote das palavras, e estas, por serem verdadeiras, doeram por demais. Se Jesus houvesse chicoteado os animais e ficado furioso, como alguns interpretaram esta passagem, Ele deitaria por terra toda a Sua Doutrina. E Ele, que é o caminho, a verdade e a vida, não ia enfurecer-Se jamais, como diz este trecho do Evangelho. O chicote usado pelo Mestre foi o chicote da verdade. Quantos de nós, quando o sentimos no espírito, sofremos por demais.

Saindo do Templo, Jesus, pela manhã, voltava para a cidade. Vendo uma figueira junto ao caminho, aproximou-Se dela e não encontrando senão folhas, disse-lhe: *Nunca mais nasça fruto de ti*. Nesta passagem Jesus nos deixou uma lição; notamos que aconteceu algo após a cena do Templo; não basta nos dizermos crentes em Deus, precisamos dar frutos e respeitar os hospitais da alma, que são os templos de pedra, erguidos para nos curar das imperfeições. Na Palestina, as figueiras são muito numerosas e dão frutos durante dez meses no ano, e também quando não produziam podiam ter algum figo serôdio, ou temporão; eis porque Jesus, mesmo não estando na estação dos frutos, foi procurá-los. Ele queria ensinar aos discípulos que a figueira era o símbolo do povo judeu: cheio de folhas, mas sem frutos. Esta parte quem nos elucidou foi o instrutor do teatro vivo. Aqui terminou minha aula. Sentia-me um zaqueu da vida, chamado por Jesus para entrar no Seu reino de amor.

Capítulo XXVIII

O NOVO MUNDO DE MARCELO

No jardim da Universidade, reencontrei os amigos. Convidado por Karina, fui até a ala dos recém-desencarnados. Ali encontramos Marcelo, que não se conformava com a separação, pois deixara família e muitos compromissos.

— Como vai, companheiro?

— Como posso estar? Péssimo, não é? Quem pode dizer que está bem, quando o retiram do corpo físico de maneira violenta? De um momento para o outro, deixamos tudo: família, casa, dinheiro, cheque, cartão de crédito, enfim, até nosso chinelo fica jogado sob a cama. Não posso conformar-me, se ao menos tivesse sido preparado... mas, não; ela chega e com sua força nos domina. E aqui estamos, começando tudo do zero, como se fôssemos um bebê indefeso. O bebê ainda tem uma família que o ajuda. E nós aqui? Hospitalizados, sozinhos e infelizes.

— Irmão, olhe ao seu redor e veja se está só.

— Estou sim, não conheço ninguém.

— Seus parentes não o cercam de carinho?

— Eu mal os conheço, já haviam desencarnado quando nasci.

— Marcelo, cada homem quando nasce tem de ser registrado em cartório. A família faz o registro e daí por diante ele é mais um cidadão a habitar a Terra; a partir desse registro, ele pertence à sociedade e tem para com ela grande responsabilidade. Cada cidadão é incentivado a procurar o aprendizado, o trabalho, enfim, a viver como ser encarnado. Mas nesse seu crescimento físico ele tem também de buscar a si mesmo e indagar: por que vivo? Por que terei de "morrer" um dia? Poucos se preocupam em obter as respostas. Muitos jovens se suicidam, sujam seus nomes nos distritos policiais, envergonham a família. E também quantos adultos cometem erros, lesando companheiros e a comunidade, porém é difícil encontrar quem se detenha para pensar: o que vim fazer na terra? Está certo meu procedimento? E assim vão passando os dias, sem tempo de olhar o céu, as flores, as crianças. Dizem aproveitar a vida, afundando-se nas bebidas, no sexo desregrado, no fumo e nas drogas. Todos nós, quando de volta à terra, temos o dia certo da nossa retirada do hotel. Fechamos a conta e deixamos o plano físico como chegamos: sem qualquer bagagem física. Só trazemos para o mundo espiritual o que fazemos de bom e de mal.

Ele me interrompeu:

— Saímos do hotel, não, somos expulsos sem aviso prévio. Você acha isso certo?

— Engana-se, todas as pessoas que desencarnam têm alguma premonição de que está chegando a hora de voltar para a Pátria-Mãe. Nenhum de seus amigos desencarnou?

— Muitos, coitados.

— Coitados, Marcelo? Acho que você precisa dar uma volta pelo jardim e, se desejar acompanhar-me, gostaria que assistisse a um filme sobre as regiões trevosas. O irmão está sendo amparado num hospital de Maria, enquanto milhares de criaturas gemem nos vales do desespero.

— Mas eles foram para o inferno porque são maus.

— Engana-se, Marcelo, eles lá estão porque não se prepararam para ver Deus. Você agora está aqui, mas pode também dar uma chegadinha até lá. Pensando bem, acho que você gostaria muito dos vales.

— Você é maluco! Por que está preocupado comigo?

— Não, não estou, apenas vim a esta enfermaria visitar os recém-chegados. Se estou incomodando, tchau.

— Não se vá, venha cá, amigo, desculpe-me.

Nesse ínterim, a enfermeira Mariana entrou, trazendo um suco para o nosso doente.

— Aproveito para dizer: lá no vale não existem essas mordomias, sabia?

— Marcelo, o irmão Antunes o espera na sala quatro, informou Mariana, sorrindo.

— O que ele deseja, mandar-me para um dos vales?

— Não sei, irmão, mas espero que isso não aconteça. Com licença.

— Mariana, posso acompanhar Marcelo até Antunes?

— Claro, amigo, e o ajude, se for possível; ele não é tão intransigente como deseja mostrar.

Retirando-se Mariana, falei a Marcelo:

— Vá trocar-se ligeiro, Antunes nos espera.

— Trocar o quê, se só tenho esta roupa? Foi com ela que desencarnei.

— Ainda bem que não estava nu.

— E se eu estivesse tomando banho nu, estaria agora aqui sem roupa?

— Não, Marcelo, todos nós somos socorridos e ninguém passa por tal situação.

— Ainda bem.

Abracei-o e buscamos a sala de Antunes, que nos recebeu sorridente.

— Como vai, Luiz? E você, Marcelo, mais consciente da nova vida?

— Senhor Antunes, sou um revoltado com a morte, ela é fria e injusta, vai de encontro a pais de família, jovens, enfim, quem não deseja morrer e deixa aqueles que estão loucos para se suicidar. Isso é o que não dá para entender.

Antunes olhou-o fixamente e interrogou:

— Você deseja voltar ao plano físico? Agora faz trinta dias que desencarnou e já deseja voltar para sua família?

— Posso?

— Sim. Sua filha de quinze anos engravidou.

— Minha filha Sandrinha? Eu mato aquele moleque!

— Responda, Marcelo: deseja? Se o desejar, vou providenciar seu regresso.

— Ele tem condição, amigo? inquiri a Antunes.

— Sim. Apesar da sua revolta, foi bom homem, caridoso, cumpridor dos seus deveres. Agora, ficar aqui desse jeito, reclamando e revoltado, é que não pode.

— Posso levar Marcelo comigo, Antunes?

— Pode, se ele quiser. Mas antes ele precisa receber o visto de trânsito.

— Deseja vir comigo, Marcelo?

— Antes gostaria de rever minha família.

Consultei Antunes com o olhar e ele sacudiu a cabeça em consentimento. Pelo seu olhar compreendi sua preocupação com a tal visita. Despedimo-nos de Antunes e fomos até o Departamento de Pessoal fazer a ficha de trabalho de Marcelo, só depois ele poderia circular pela colônia.

— Posso trocar de roupa? perguntou. Não agüento mais este terno azul-marinho e esta gravata.

— Sinto muito, se você fosse mais humilde, pediríamos neste departamento um uniforme dos operários de Jesus.

Pensou um momento e retrucou:

— Que seja qualquer trapo, mas quero tirar esta roupa.

Falei com Sebastiana, do Departamento de Pessoal, e imediatamente foi providenciada uma vestimenta simples, apropriada ao trabalho que teríamos a fazer. E assim fomos passeando pelas alamedas daquela colônia de recuperação. Marcelo, nervosíssimo, queria perguntar-me quando chegaríamos até seu lar. Fui falando sem parar sobre o valor da libertação do espírito após o desencarne. Marcelo, sem se conter, falou:

— Sérgio, quero voltar para casa, preciso rever minha família, falar com ela.

— Não se esqueça, amigo, de que sua família não vai vê-lo nem ouvi-lo. Vou levá-lo, mas antes quero que me acompanhe até o salão quarenta onde ouviremos belas explanações.

Embora relutante, acompanhou-nos. Lá chegando, irmã Eli e Jerônimo vieram nos receber.

— Sejam benvindos, irmãos. Novos trabalhos, Luiz?

— Não, apenas desejo levar o irmão até o segundo pavimento para que o conheça.

— Mas ele tem condição de acompanhá-lo?

— Não só tem, como precisa.

Jerônimo nos levou até um belo jardim, mas Marcelo mostrava-se indiferente, até chegarmos a um lugar parecido com um coreto daqueles de antigamente, onde a banda da cidade tocava aos domingos. Jerônimo despediu-se de nós, depois de abrir a porta em frente da escada. Após transpô-la, fomos descendo, descendo, e a temperatura foi ficando tão baixa que Marcelo começou a gemer. Tive de brincar com ele, para distraí-lo:

— Pare, irmão, senão você desencarna mais uma vez.

— E isso pode acontecer?

— Ah, pode... Você tem um corpo perispiritual, se também não o respeitar, logo seu espírito ficará inerte, podendo até dormir, como se estivesse morto.

Chegamos ao destino e ao nosso encontro veio Tamanté:

— Bom dia, irmãos, sejam benvindos.

— Tamanté, gostaria de levar nosso irmão Marcelo até um conhecido dele.

— Acompanhe-me.

— Quem é, Luiz ? perguntou Marcelo, curioso.

— Espere para ver.

Entramos numa enfermaria, onde irmãos dementados gritavam, rasgando as roupas, arrastando-se pelo chão.

— Meu Deus, estamos no inferno ?

— Sim, no inferno mental. Estes irmãos não se conformam com o desencarne; eles e também seus familiares. Talvez a culpa seja mais dos familiares, que os chamam a cada momento. Veja ali Adriano: desencarnou em acidente de carro, foi socorrido, começou a freqüentar aulinhas, mas os pais e os avós, alucinados por ele, o cultuavam tanto, de tal forma que era como se ele ainda estivesse convivendo com eles; tudo como antes. A família estava completamente desequilibrada. Adriano fugiu do hospital da espiritualidade e ficou almoçando, jantando e participando de todas as atividades da família. Mas não suportou por muito tempo, ninguém o via nem o escutava; e então foi ficando doente, queria ajudar o pai e a mãe, sem ter condição para isso. Quando um deles adoeceu, e ele viu que mais nada podia fazer, enlouqueceu. Está me ouvindo, Marcelo? Enlouqueceu. Adriano foi resgatado em sua casa por uma equipe socorrista e tratado pelos médicos espirituais. A família continuava a chamá-lo e ele, dementado, queria ir procurá-los, mas também temia a solidão daquela casa.

— Ele é tão jovem, Luiz! falou Marcelo.

— Sim, dezoito anos.

Aproximamo-nos de Adriano. Sentado em uma cadeira, olhava para o chão.

— Como vai, amigo? perguntei.

Não me respondeu, continuou no seu mundo, mundo no qual achou melhor viver, longe da realidade.

— Ele não vai sair daqui?

— Já tentaram tirá-lo, mas ele piora lá fora, por causa do desespero dos pais e da família. Aqui não chega até ele nenhuma vibração de saudade.

Nisso, a enfermeira Sarita aproximou-se e lhe disse em tom jovial:

— Como vai o meu garotão?

Para ela ele sorriu. Dirigindo-se depois a nós, cumprimentou:

— Como vai, Luiz? Seja benvindo ao Jardim da Saudade.

— Chama-se Jardim da Saudade este triste lugar? perguntou Marcelo.

— O jardim é lá em cima, aqui é rés ao chão.

— Você vem todos os dias conversar com ele?

— Sim, e o levo até o jardim para se distrair.

— E nessa hora a família não está chorando?

— Não. Levo-o ao plano físico geralmente à noite, para que se encontrem. Por isso chamo-o "jardim da saudade".

— E a família de Adriano, já está conformada?

— Não, ele é que está libertando-se dela.

Nisso, vimos Adriano sorrindo, com uma jovem que lhe contava histórias.

— E vocês, o que fazem aqui? perguntou-me Sarita.

— Eu trouxe este meu amigo. Estou pensando em deixá-lo aqui, ele anda muito saudoso do plano físico.

— Enlouqueceu, Luiz? Pelo amor de Deus, não faça isso comigo! Prometo arrumar trabalho e esquecer tudo, mas não quero ficar aqui!

Olhei-o firmemente e lhe falei:

— Aqui você fica resguardado da saudade dos seus e faz uma terapia. Passamos pelo jardim e você nem o admirou, só ficou pensando em chegar ao seu lar. Você desencarnou, cara! Agora a vida é outra, ficar correndo atrás de encarnado é o mesmo que desejar pegar avião no ar.

— E o colega que você disse se encontrar aqui?

— Espere, primeiro vamos despedir-nos de Adriano e da jovem.

Acompanhamos Sarita, que nos levou até um senhor que dormia, como se estivesse morto.

Marcelo, assustado, reconheceu um de seus tios:

— Tio Alfredo, o que fez para estar aqui?

O senhor, de seus quarenta anos, não abriu os olhos. Sarita falou:

— Ele nada fez; até agora a viúva não o deixa, anda de negro, guarda tudo o que é dele e chora diariamente. O coitado não pode sair daqui, porque adoece de tristeza. Numa das inúmeras crises da esposa, ele entrou em estado cataléptico. Não nos ouve, não fala, só se alimenta por sonda.

— Titio, sou eu, Marcelo, olhe-me, estou aqui.

— Desculpe, vamos deixá-lo agora, mas se o irmão o desejar, poderá vir todos os dias visitá-lo.

— Irmã, não sei se ele tem condição; está mais para ficar aqui internado do que para ajudar alguém...

— Você é maluco, Luiz Sérgio, eu prometo ajudar o tio Alfredo, é só vocês me auxiliarem.

— Isso é o que nós esperamos de você, Marcelo. Volte para o seu hospital, matricule-se nos inúmeros cursos e busque trabalho; este de recuperar seu tio já é seu.

— Obrigado, irmão, muito obrigado.

Marcelo beijou o rosto de Alfredo e nos retiramos.

— Agora eu sei como a falta de conhecimento prejudica o espírito!

— O mal do encarnado é que ele se julga imortal na carne. Quando a morte chega, não tem forças para ficar de pé, falta-lhe o que todos os homens devem buscar ainda encarnados: o conhecimento da vida espiritual.

Sarita ressaltou:

— Ultimamente temos tido tantos desencarnes de jovens e crianças, cujos pais, alucinados, não encontram força para viver sem eles, que aqui chegam em total desespero, apesar de não serem viciados. Mas nos vales dos viciados a dor é maior, porque em vez de ajudar com a oração, a família acrescenta nos filhos o sofrimento.

— O que podemos fazer, irmã?

— O que você já faz: orientar os jovens, para que eles vivam como encarnados, mas sejam espíritos libertos de tudo o que nos dificulta a ascensão a Deus.

Demos adeus à irmã e logo alcançamos o Jardim da Saudade, e qual não foi a minha surpresa quando Marcelo a tudo olhava e admirava. Era um novo mundo para ele, o mundo verdadeiro que todos os espíritos têm por obrigação amar. O plano físico a ninguém pertence, mas a Pátria-Mãe, o mundo dos espíritos, é de todos nós e um dia todos terão de se conscientizar disso.

— Luiz, para onde vai-me levar agora?

— Para a sala dos instrutores, onde você vai arrumar trabalho, e não se esqueça de seu tio.

— Posso ficar naquele lugar cuidando não só do meu tio como dos outros?

— Pode, e esse seu gesto muito me emociona. Venha cá um abraço.

Marcelo chorou como criança. Em seguida, levei-o até a sala dos instrutores, onde nos despedimos. Enquanto eu me afastava, ele me acenava, com um carinho imenso nos olhos.

— É isso, amigo, vai em frente que Ele sempre está nos chamando.

Não deixei Marcelo perceber minhas lágrimas. Sei que é duro as pessoas se separarem daqueles que amam, mas quando o Evangelho do Mestre entra em nossos corações, passamos a compreender que quem ama não diz adeus e que as lágrimas da saudade são colírios que nos dilatam a visão para melhor buscarmos as verdades. De repente, esbarrei em Karina.

— O que aconteceu? Foi raptado?

— Não, minha flor, não fui. Sabe, Karina, que aproveito a ocasião para pedir você em casamento? Preciso casar com você!

— Verdade? Estou às suas ordens.

— Combinado, vamos tratar dos papéis.

— Mas antes do grande momento, vamos até o Departamento das Flores, que lá nos estão esperando, disse Olegário, com um sorriso nos lábios.

Olhando-o com "aquele" olhar, resmunguei:

— Nem namorar a gente pode?

— Não, não pode. Estamos em trabalho e a dor e a lágrima não esperam aqueles que só pensam em si mesmos.

Pegando a mão de Karina, lhe falei:

— Não fique triste, querida, logo estaremos tratando do nosso assunto.

— Posso ser o padrinho? interveio Olegário, brincando.

Abracei-o.

— Sabe, Olegário, você é um grande amigo e lhe quero muito bem.

Após aqueles momentos de descontração, fomos até o local onde estávamos sendo esperados e novas orientações foram recebidas. Depois da reunião com nossos instrutores, corri para o teatro vivo de Jesus. Minha cadeira flutuava. Esperei o início das aulas. Antes, cerrei os olhos e me recordei do Cezinha, meu amado irmão, do seu casamento, de tudo, e orei com todo fervor para que ele seja muito feliz; é um cara legal demais!

Capítulo XXIX

APROXIMA-SE O CALVÁRIO

Buscava eu, ansiosamente, no teatro vivo, os ensinamentos do Senhor. Cristo aparecia vivo, bem vivo, diante dos meus olhos, expulsando do Templo os que o profanavam. Via-o, agora, profanado como antes. Jesus olhava os animais mortos, inocentes vítimas, e o seu sangue recolhido pelos sacerdotes e derramado sobre o altar, sem compreender como os judeus consentiam que ocorressem essas cenas tão cruéis de derramamento de sangue. Aqueles sacerdotes haviam endurecido suas almas pelo egoísmo e pela avareza. Eles não estavam preocupados em pregar a palavra de Deus mas sim em transformar aquele lugar num meio de auferir lucro. E o Mestre, com olhar tristonho, proferia as palavras de Samuel:

Tem, porventura, o Senhor tanto prazer em holocaustos e sacrifícios, como em que se obedeça à Palavra do Senhor? Eis que obedecer é melhor do que o sacrifício e o atender melhor do que a gordura de carneiros (*I Samuel*, Cap. XV, v.22).

E ainda citou Isaías:

Ouvi a palavra do Senhor, príncipes de Sodoma e Gomorra; prestai ouvidos à lei do nosso Deus, ó povo de Gomorra. De que me serve a multidão de vossos sacrifícios? diz o Senhor. Já estou farto dos holocaustos de carneiros e de gordura de animais; e não folgo com o sangue dos bezerros, nem dos cordeiros, nem dos bodes. Quando vindes para comparecerdes diante de mim, quem requereu isto de vossas mãos, que viésseis pisar meu átrio? Lavai-vos, purificai-vos, tirai a maldade de vossos atos, de diante de meus olhos, cessai de fazer o mal, aprendei a fazer o bem; praticai o que é reto, ajudai o oprimido; fazei justiça ao órfão, tratai da causa das viúvas (*Isaías*, Cap. I, vv. 10 a 12, 16 e 17).

Os sacerdotes e príncipes voltaram-se para Ele e o penetrante olhar de Jesus percorria todo o pátio do Templo. Pouco a pouco, eles foram fugindo, afastando-se sem olhar para trás. Os sacerdotes e príncipes ouviam em silêncio as repreensões de Jesus, sem se defender, entretanto, ficaram enfurecidos, decididos a armarem-Lhe ciladas. E assim diante de nossos olhos continuou Jesus Sua peregrinação, ofertando a cada ser deste Planeta grandes exemplos de amor e humildade. No entanto, a Seu lado caminhavam espias que fingiam ser Seus seguidores; eram fariseus e herodianos que ao lado de Jesus dissimulavam amizade, esperando a hora de levar aos sacerdotes algum fato que O incriminasse. Acompanhávamos respeitosamente as cenas das belas parábolas: dos talentos, os saduceus e a ressurreição, hipocrisia dos fariseus, o maior mandamento, o servo vigilante e o servo negligente, a parábola das dez virgens e muitas outras mais. O teatro vivo nos mostrou Jesus à mesa com os discípulos, celebrando a Páscoa. Sabia Ele que se aproximava o momento da separação e os discípulos precisavam ainda da Sua presença; muitas coisas tinha Jesus para lhes dizer e inúmeras vezes o Mestre buscou orientá-los. Queria Jesus que Judas compreendesse que Ele viera à terra para servir e não para ser servido, que o Seu reino não era deste mundo. E quando Jesus falou: "Na verdade, na verdade vos digo que um de vós me há de trair", todos se assustaram. "Por que motivo o haveríamos de trair? E entregá-lo a quem?" "Por ventura sou eu, Senhor?" indagaram, mas Judas manteve-se calado e, com seu silêncio, atraiu para si todos os olhares. Sentindo-se envergonhado, perguntou: "porventura sou eu, Rabi?" Jesus respondeu: "Tu o disseste". Judas ergueu-se, apavorado, e saiu, quase fugindo.

Era noite. Judas deixou o Mestre, mas o Senhor continuou junto aos apóstolos, elucidando-os. Nessa oportunidade pregou a parábola *Na casa do Pai há muitas moradas*. Tomé, cheio de dúvidas, inquiriu: "Senhor, nós não sabemos para onde vais, como saber o caminho?" Disse-lhe, Jesus:

Eu sou o caminho, a verdade e a vida. Ninguém vem ao Pai senão por mim (*João*, Cap. XIV, v. 6).

E muitos outros ensinamentos Cristo transmitiu aos apóstolos, que ficaram emocionados quando Ele prometeu o Consolador:

O espírito de verdade que o Pai enviará em meu nome. Esse vos ensinará todas as coisas e vos fará lembrar de tudo o que vos tenho dito (*João*, Cap. XIV, v. 26).

Sereis capazes de tudo compreender (*Efésios*, Cap. III, vv. 18-19).

Parou aqui a minha aula. Com que emoção recebi esta mensagem: era Jesus prometendo-nos a consolação!

Ainda recordava-me de Jesus e Seus discípulos, quando Olegário me chamou:

— Luiz!

— Que bom, Olegário, você se encontrar aqui, ia mesmo procurá-lo. Tivemos uma aula sobre o Consolador.

— E a turma, onde está?

— Deve estar também procurando por você.

Muitos encarnados julgam que ao espírito desencarnado basta cerrar os olhos para estar em qualquer lugar, além de saber de tudo. Até chegar a certo grau de compreensão demora muito. A turma juntou-se a nós e seguimos para a sala de estudos, onde fiquei a meditar, analisando aquele lugar onde tantos ensinamentos os espíritos recebem e muitos deles, ao voltarem ao corpo físico, de tudo esquecem. Sentamo-nos. Um irmão fez uma prece que nos comoveu bastante:

"Obrigado, Mestre, pela paciência com os Seus imperfeitos irmãos. Muitos lutam para colocar os pés nas Suas pegadas, mas sabemos que, quando nos faltam forças, volta para nos buscar. Com carinho nos repete uma por uma as Suas parábolas, mas muitos de nós ainda temos dificuldade para entendê-Lo. Mesmo assim sabemos que não nos deixa cair em tentação quando Lhe pedimos socorro, Mestre querido, filho de Deus que não caiu em erros, permaneceu puro por séculos e séculos, até a eternidade, enquanto nós ainda temos no coração as lembranças dos muitos reinos por onde passamos, principalmente do reino animal. Mestre, sabemos que está ao nosso lado, dizendo: vinde a mim. Obrigado, muito obrigado, ajude-nos a nos tornarmos dignos do chamado de hoje, porque muitos já foram rejeitados. Obrigado, Mestre de todos nós."

Aquele irmão transmitira à platéia uma serenidade tão grande que parecia que todos nós estávamos sendo gradativamente magnetizados por ele, tal a grandeza de seu espírito. Iniciou, depois, a preleção:

— Que Deus, bondoso e amigo, esteja sempre dentro de nós para que a Sua bondade se manifeste através dos nossos atos. Não podemos alegar que não nos foram ministrados ensinamentos desde as mais remotas épocas da humanidade. Portanto, ignorância não podemos alegar, porque em cada minuto da nossa criação como filhos do Grande Pai, Ele esteve ao nosso lado, através dos Seus profetas, dos Seus ministros e do nosso irmão maior: Jesus. Como podemos ainda pretextar ignorância, quando Deus tem gritado os nossos nomes a cada instante? Entretanto, ainda temos dificuldade em ouvi-Lo. Mesmo assim, Ele, como pai bondoso, não Se cansa de nos esperar, sabendo que um dia o Pastor de almas, o Seu querido Jesus, nos guiará até o Seu Reino de glória, onde não mais sentiremos dor nem saudade, sentimento este que ainda machuca corações, mas um dia estaremos todos ao Seu lado, cantando a canção da fraternidade e da paz. Jesus reuniu à Sua volta discípulos e estes saíram levando as mensagens de amor e caridade para os necessitados. O Mestre teve de voltar ao Pai, mas nos prometeu o Consolador, que hoje sabemos ser a Doutrina Espírita, barco luminoso que atravessará o mar da vida, às vezes revolto em noites de tempestade, mas que o singrará incólume, porque tem no leme o Timoneiro Mestre: Jesus Cristo.

'— Que é a Doutrina Espírita? muitos perguntam. Devemos responder que a Doutrina Espírita é a consolação prometida por Jesus, momentos antes de se aproximar Seu calvário. A Doutrina Espírita é um remédio que o homem encarnado precisa lançar mão para não se perder num mundo de poucos valores morais. A Doutrina Espírita não é um amuleto nem um talismã que nos vai livrar de bruxarias, mas sim uma rosa que nos ensinará a conviver com os espinhos sem nos ferirmos. A Doutrina Espírita não foi dada ao homem para que se delicie somente com seus inúmeros ensinamentos, mas para lhe indicar o verdadeiro caminho da perfeição. A Doutrina Espírita veio até os homens para que todos nós pudéssemos alçar vôo além das coisas temporais que nos prendem, quando distante estamos da verdade. A Doutrina Espírita ensina ao homem a se despir do corpo físico ainda encarnado, tanto o amor que ele pode oferecer quando a compreende e a pratica. Nem todos os espiritualistas são espíritas, porque ao espírita não é dado resvalar na sua fé, ele é espírita ou não é; na Doutrina não existe meia-fé, existe uma só fé e por ela lutamos: Cristo — Caminho, Verdade e Vida. Hoje notamos que muitos procuram filosofias e culturas diferentes, mas a Doutrina Espírita permanece inalterável, como foi entregue pelos espíritos ao Codificador Allan Kardec. Os maus espíritas passam, mas ela é uma bandeira de paz a tremular em nossas consciências, por isso devemos prevenir os Centros espíritas do perigo dos rituais de outras seitas e que atualmente invadem algumas Casas menos esclarecidas. Se buscarmos nas obras básicas o esclarecimento, não cairemos no ridículo de pregar uma doutrina que não conhecemos. Entristecidos, presenciamos muitas Casas acrescentando à Doutrina adereços, tentando deformá-la ou desmoralizá-la, mas digo que não conseguirão, porque ninguém consegue apagar a luminosidade do sol, porque a Doutrina Espírita é o Sol de Jesus a nos iluminar o caminho para Deus. *Ninguém pode servir a dois senhores*, disse-nos Jesus. Quando não cremos no que estamos fazendo, traímos não só o nosso Senhor mas a nós mesmos. Alertamos as Casas espíritas: cuidado! Não vamos desejar elitizar a Doutrina, mas lutemos para que os seus adeptos conheçam as obras de Kardec e as estudem com métodos fáceis de serem compreendidos. Não adianta formar grupos com dirigentes orgulhosos, pseudo-sábios, que acrescentam idéias suas nas aulas ditas doutrinárias. Os dirigentes devem tratar cada obra de Allan Kardec como se fosse uma estrelinha capaz de iluminar o céu escuro de nossas consciências. Não é prudente o dirigente de um grupo de estudo deixar os seus colegas sem respostas, mas que estas sejam calcadas em bases doutrinárias. É tremendo erro deixarmos os principiantes sem uma base sólida, a qual só é adquirida com o estudo sistemático das obras básicas. *O Livro dos Espíritos*, já na sua introdução, nos leva a todas as outras obras, é só elaborarmos um estudo sem a companhia do orgulho e da vaidade, inimigos número um dos dirigentes, médiuns, enfim, daqueles que se propuseram a servir à Doutrina. Não me canso de dizer: espiritismo não é Doutrina Espírita. Doutrina Espírita é o espiritismo explicado. Levamos para o plano físico este alerta, porque hoje vemos alguns médiuns buscando doutrinas diferentes e ainda dizendo-se espíritas. O verdadeiro espírita é a mão sempre estendida em direção ao próximo. O verdadeiro espírita não grita que o é, mas nos seus atos Jesus está presente. O verdadeiro espírita não coloca enfeites na Doutrina, porque quando ela veio até os homens já estava completa. "Ai daquele que brincar com o Espírito Santo", disse Jesus, e o que mais vemos nos dias que correm são médiuns, dirigentes, expositores de alguns Centros espíritas traindo a Doutrina, tirando dela proveito próprio. Mas um dia sentirão o ranger dos dentes. Bom trabalho, irmãos. Lázaro José.

No transcorrer da palestra, eu olhava aquele espírito com carinho, admirando sua luta por uma Doutrina cristã, onde os homens busquem as Casas espíritas para curar suas almas e não para doutrinar o seu próximo. Observei aquela platéia: estava repleta de irmãos encarnados que lutam pelas verdades doutrinárias. Quando saímos, quis saber do Olegário:

— Nesta Sala do Consolador é que são elucidados os espíritas encarnados para um trabalho evangélico?

— Sim, mas nem todos os que partem daqui levando as elucidações doutrinárias conseguem se fazer ouvidos pelos seus pupilos.

— É mesmo, Olegário?

— Muitas vezes, Luiz, até que eles escutam os seus mentores, mas na hora de praticar o Evangelho perdem-se no mar da vaidade. É difícil se auto-educar, muitos gostam mais de educar o próximo, por isso, hoje, defrontamos com fatos desagradáveis, homens que se dizem espíritas querendo doutrinar pessoas em qualquer lugar, esquecendo-se de que não devemos jogar pérolas aos porcos. A Doutrina Espírita é uma pérola que Deus nos ofertou através dos exemplos do Cristo, para que nós encontremos o caminho da verdade.

Ao final da caminhada, deparamos com a turma. Dela me despedi, acompanhando Olegário, pois no Departamento Dezenove havia chegado da terra um irmão recém-desencarnado que chamava por mim. Encontrei-o dormindo, cercado por uma luz azul. Fiquei orando ao seu lado. Quando abriu os olhos me perguntou:

— Você é o Luiz Sérgio?

— Sim, Evandro, sou o Luiz Sérgio. Como você está?

— Mal, muito mal. Ainda me vejo em meu lar, não consigo me desprender da esposa e dos filhos, eles também estão sofrendo demais. O que faço para me reequilibrar?

— Cerre os olhos, irmão. Imagine que seu espírito está deixando seu corpo perispiritual. Não pense em nada. Balance o corpo bem devagar. Agora fique estático. Você vai sentir que seu corpo perispiritual está ficando no leito e o seu espírito vai seguir junto ao meu até os lugares onde os sofredores precisam da nossa ajuda.

Assim, Evandro desprendeu-se das preocupações materiais e o seu espírito foi levado até os lugares de sofrimento. No início ele relutava em prestar ajuda, mas logo arregaçou as mangas e trabalhou junto aos sofredores. Ao chegar a hora de retornar ao corpo perispiritual, perguntou-me:

— Posso sempre fazer isso?

— Não, não pode. Este trabalho é para pessoas já capacitadas; nós o trouxemos porque o irmão não havia ainda se desprendido da matéria, possuía méritos para um desligamento e nos permitiu aliviá-lo.

Não teve dificuldade em aproximar-se do corpo e o fez como se isso lhe fosse natural. Nada perguntei, mas confesso que fiquei curioso. Evandro ali na minha frente era outra pessoa, bem mais calmo.

— Luiz, o que você fez para apagar da minha mente os fatos que me prendiam ao meu lar?

— Nada fiz, sua casa mental é que expulsou as tristes lembranças e o seu espírito se conscientizou de que o trabalho junto aos que sofrem ainda é o melhor remédio — isso expliquei já me despedindo, pois outras tarefas me esperavam.

Na porta, a enfermeira Mara me aguardava:

— E aí, Luiz, como ele está?

— Ótimo, mas não sei até quando. Depende dele, se quer sofrer ou se libertar.

— Obrigada, amigo, volte mais vezes.

— Logo que me desocupar, voltarei aqui, se Deus quiser.

Ao ganhar o jardim, não deixei de notar sua beleza. O sol acariciava as plantas, as heras, os lagos, os pássaros, enfim, todo aquele deslumbrante cenário que Deus nos ofertava no nosso belo mundo espiritual. Nisso, uma linda menina chegou-se a mim afertando-me uma flor lilás. Beijei-a, dizendo:

— Obrigado, irmãzinha, vou oferecê-la para Maria, pela saúde e paz de alguém que muito amo.

Ela me presenteou com outra, dizendo:

— Leve esta até Francisca Theresa, para perfumar aqueles que estão em aflição.

— Qual é o seu nome?

— Luana.

— É uma bela menina, que Deus a abençoe, falei, alisando seu cabelo. Logo estava junto de outras pessoas, distribuindo as flores. Cerrei os olhos e orei:

"Senhor, tem piedade das Tuas criaturas. Segura-as bem forte nos Teus braços amigos, dando-lhes a certeza de que és o verdadeiro irmão, que não desamparas aqueles que sofrem e carregas nos braços os fracos e oprimidos; és o Timoneiro daqueles que estão enfrentando as tempestades da vida. Senhor, meu Jesus Cristo, ampara a todos nós, ínfimas criaturas, lutando para merecer a luz que irradias sobre nós. Obrigado, meu Cristo, e que possamos merecer a tua ajuda, hoje e sempre."

Dali, dirigi-me até a Universidade, onde a turma já se encontrava. Acomodei-me na minha cadeira e com emoção assisti Jesus a caminhar ao lado dos discípulos, em direção a Getsêmani. Jesus conversava, orientando os discípulos, porém ao chegar em Getsêmani o Seu semblante turvou-Se de preocupação. Próximo à entrada do Horto das Oliveiras, Jesus deixou Seus discípulos, com exceção de três, levando Consigo Pedro, Tiago e João, penetrando pelos lugares mais retirados do jardim.

Jesus sempre pedia a presença desses três apóstolos e, naquele dia, Ele precisava deles para passar a noite em oração. Jesus desejava que o povo mudasse o comportamento egoísta e mau. Naquela noite, Ele orava pela Humanidade, pedindo por ela. Mas Cristo não pôde contar com aqueles apóstolos, pois, sonolentos, deixaram-se levar pelo sono, ficando Cristo a orar sozinho. Eles julgavam que o Mestre nunca sofreria nem seria aprisionado. E, com surpresa, viram-nO preso. Os três, apavorados, não sabiam o que estava acontecendo: o Cristo de Deus, sendo levado pelos guardas. Já passava da meia-noite e os gritos de vaia da turba que O seguia faziam-se ouvir. Jesus foi conduzido ao palácio de Anás. Anás era o cabeça da família sacerdotal em exercício e, em deferência à sua idade, reconhecido pelo povo como sumo sacerdote. Buscava-se e se cumpria seu conselho como sendo a voz de Deus. Não poucos, entre os sacerdotes e príncipes, ficaram convencidos dos ensinamentos do Cristo; unicamente pelo temor, não o confessavam. Eles bem lembravam da pergunta de Nicodemos: *Porventura condena a nossa lei um homem sem primeiro o ouvir e ter conhecimento do que fez?* (*João*, Cap. VII, v. 51). Pacientemente, escutava Jesus os contraditórios testemunhos. Uma palavra sequer proferia em defesa própria. Os adversários viram-se num emaranhado, ao mesmo tempo confusos e enfurecidos, mas mesmo assim acusavam-nO e esperavam o momento para condená-Lo. Embora oprimido, permaneceu calado. A dignidade de um filho de Deus estampava-se no semblante de Jesus. Seus acusadores eram terríveis, mas com que nobreza Ele enfrentou aquela turba enfurecida! Foi-Lhe jogado à cabeça um pano velho e seus perseguidores batiam-Lhe no rosto, dizendo: "profetiza-nos, Cristo, quem te bateu?" Ao ser retirado o pano, um pobre infeliz cuspiu-Lhe no rosto. Neste episódio foi encerrada a aula.

Fui um dos últimos a sair e quando o fiz, pensei: "será que conto no livro o momento crucial por que passou Jesus? É algo a decidir". Confesso que não gostaria de relembrar algo tão vergonhoso para a Humanidade.

Ganhando a rua, a tudo olhava com carinho. A poucos passos de onde eu me encontrava avistei o Templo de Socorro, de onde parte o auxílio aos encarnados doentes, em resposta às rogativas e preces. Muitos julgam que não estão sendo socorridos. Ah! Se soubessem como os espíritos lutam pela paz do plano físico... Vivem ao lado dos encarnados ajudando-os em tudo o que precisam.

Portanto, leitor, se você está doente, desesperado, não perca a esperança, recorde-se de que Jesus desceu ao "inferno" para amenizar a nossa cruz, porque nos ama. Creia n'Ele e tenha a certeza de que a luz do equilíbrio vai chegar até você e logo as dores que hoje o maltratam serão páginas de lembranças para um crescimento futuro, onde, amadurecidos, trabalharemos mais por Cristo.

Capítulo XXX

É PRECISO HONRAR A MEDIUNIDADE

Amando cada vez mais o mundo que encontrei, rumamos para outra colônia. Passei primeiro pelas câmaras retificadoras e ali encontrei Aureste, que me perguntou:

— Você por aqui, Luiz? O que deseja?

— Apenas saber de vocês se já está na hora de trazer Andréa, ou se ela ainda ficará mais tempo na zona de sofrimento em que se encontra.

— Não, amigo, amanhã mesmo ela já estará aqui.

Agradeci e me retirei, não sem antes apreciar aquele pronto-socorro divino. No dia seguinte, dei uma chegada ao hospital-geral e lá encontrei Sadu, Karina e Carlos, que logo me levaram até a enfermaria oito, onde Andréa se encontrava. Ao me ver, cobriu-se toda. Sentei-me e calado permaneci. Então, foi descobrindo-se devagar.

— Como vai? perguntei.

— Ótima, respondeu-me, meio sem graça.

— Que bom, fico feliz em saber. Vim só lhe fazer uma visita e lhe desejar muita paz.

Ía-me levantar para sair, quando ela me segurou a mão.

— Fique, Luiz Sérgio, sou uma tola. Estou envergonhada de ter passado pelo umbral, logo eu, que vivia pregando o Evangelho.

— E por que está com vergonha de mim, logo de mim?

— Sabe que muitas vezes eu dizia receber mensagens suas e, sem critério algum, mostrava-as aos amigos?

— Andréa, a Doutrina é um farol e ninguém consegue apagá-lo. Em todos os tempos encontramos médiuns mistificadores, mas nem por isso deixamos de crer na imortalidade da alma. O médium passa, mas a Doutrina é a árvore da vida, o alimento de que o homem necessita para se libertar do corpo carnal. Você não foi a primeira nem será a última a proceder dessa maneira. Alguns julgam que mediunidade é apenas passatempo, não abraçando o seu dom com responsabilidade, e o que se tem visto são muitas mentes perturbadas.

— Luiz, eu não tive culpa, meus amigos só desejavam receber mensagens suas, do André Luiz, do Emmanuel, enfim, de espíritos conhecidos.

— Irmã, você não esteve no umbral só porque não honrou sua mediunidade; não foi só isso e você bem sabe a razão.

— Perdoe-me, Luiz Sérgio.

— Quem sou eu para perdoá-la? Quero que saiba que amo você, e muito. Felicidades, Andréa.

Visitei ainda outros conhecidos e quando me retirava fui chamado pela diretora.

— Como vai, meu amigo Luiz Sérgio? saudou-me, ao receber-me.

Cerimonioso, meio sem jeito, cumprimentei-a.

— Sabe, irmão, que você é um dos que mais se preocupa com os espíritos dispostos ao reajuste?

— Fico feliz em poder ajudar. Confesso que gostaria que as pessoas não sofressem, que todo mundo fosse feliz.

— Essa é a lei, meu irmão, nós é que nos desviamos do caminho certo.

Ficamos conversando por muito tempo e eu aproveitei o momento para indicar o nome de onze irmãos necessitados de ajuda e que devido à sua casa mental não conseguimos tirá-los das regiões de sofrimento. Esse foi o meu encontro com a diretora daquele hospital. Ao sair, levei no meu coração o seu sorriso amigo.

Perambulei por vários ministérios, desejando reverenciar cada um deles. Só depois, muito depois, é que fui para o meu departamento. Confesso que me sentia cansado. Lá chegando, a turma me saudou, brincando:

— Pensamos que você tivesse resolvido morar no umbral.

— É mesmo? Engraçadinhos!... Como poderia ir sem levá-los comigo? Sei que vocês morrem de saudades do papai aqui.

— Tudo bem com Andréa? indagou-me Karina.

— Mais ou menos. Acho que ela se culpa demais.

Olegário comentou:

— É, Luiz, a consciência é algo muito sério e quando a violentamos sofremos bastante.

Colocamos o papo em dia, aproveitando aqueles momentos agradáveis.

Capítulo XXXI

O POVO FAZ SUA ESCOLHA

Cada dia é um novo despertar e graças a Deus podemos diariamente renascer. Quantas pessoas desesperadas, ao surgir de um novo dia, encontram a paz na oração e na fé, porque Deus quer que todos sejamos felizes. Hoje o meu dia é de paz, pois desejo que todos a conquistem, principalmente você, leitor amigo, que agora se encontra triste, desiludido. Lembre-se de que tem a seu lado uma plêiade de espíritos consoladores pedindo por sua paz.

Encontrava-me assim, filosofando, quando Olegário chegou, chamando-me a atenção para o horário. Agradeci e saí correndo, sendo um dos últimos a entrar na sala de aula. Cumprimentei meus amigos, recolhendo-me em oração. No palco, víamos a figura de Judas Iscariotes. Pouco antes da Páscoa, ele renovara seu trato com os sacerdotes para entregar Jesus. Judas possuía muito amor ao dinheiro. O amor a mamon sobrepujara o amor a Cristo. Judas era altamente considerado pelos discípulos e exercia sobre eles grande influência. Considerava-os, porém, muito inferiores a ele. Excessivamente vaidoso, julgava-se o salvador da obra do Cristo e foi assim que se tornou presa fácil dos sacerdotes. A alta figura de Judas apresentava-se com o rosto pálido e transtornado, coberto de suor. Aproximando-se do trono do juízo, atirou perante o sumo sacerdote as moedas de prata, preço da sua traição. Agarrando-se às vestes de Caifás, implorou-lhe que soltasse Jesus, dizendo que Ele nada fizera de mal. Vimos Judas gritando: *Pequei, traindo sangue inocente* e os sacerdotes respondendo: *Que nos importa?* Depois, Judas foi lançar-se aos pés do Mestre, suplicando que livrasse a Si mesmo. Jesus depositou em Judas o mais belo olhar que a Terra já contemplou: o olhar do perdão.

Assistindo no teatro vivo a esta cena, comovi-me por demais. Era o Rei, o Cristo de Deus, perdoando. Só neste momento compreendi o que vem a ser o perdão, pois somente as grandes almas têm força para perdoar. Jesus fitara Judas com intensa piedade. Judas sofria demais e o Mestre o perdoou. Ao gritar: *Pequei, traindo o sangue inocente* e ouvir o sumo sacerdote, duro, implacável, responder: *Que nos importa? Isso é contigo* (*Mateus*, Cap. XXVII, v. 4), Judas compreendeu que suas súplicas não seriam ouvidas. Deixou no chão as moedas que recebera pela traição e saiu da sala desesperado. Sentia o peso de sua insensatez e que não teria forças para ver Jesus torturado e crucificado. Logo depois, todos os que passaram por certo local retirado viram, ao pé de uma árvore, o corpo sem vida de Judas. Os cães já o devoravam.

Após esta cena, vimos Jesus na sala de Pilatos; Sua figura digna, linda e majestosa impressionara o Procurador romano, acostumado a lidar com culpados. Junto a ele, encontrava-Se o Mestre, o Governador da Terra. Não via culpa em Jesus, via um homem de aspecto calmo e digno, cujo rosto refletia a paz dos deuses. *Quem é esse homem, e para que o trouxestes? Que acusações trazeis contra este homem?* perguntava Pilatos. Ninguém ousava depor contra Jesus, o que assustou os sacerdotes, que julgaram Pilatos fraco e vacilante. Mas ali estava Ele, diante de Pilatos, e era necessário julgá-Lo. Volvendo o olhar para Jesus, perquiriu: *Vós sois o rei dos judeus?*, ao que Jesus respondeu: *Tu o dizes*. Gritos fizeram-se ouvir, todos pediam a condenação de Jesus. Mesmo assim, Pilatos muitas vezes tentou ajudá-Lo, entretanto seus interesses foram maiores do que o sentimento. Diziam os sacerdotes: "Este homem alvoroça o povo, ensinando por toda a Judéia". Ao ouvir que Cristo era da Judéia, Pilatos decidiu mandá-Lo para Herodes, Governador daquela província. Jesus foi entregue aos soldados e mais uma vez insultado pelo povo enfurecido.

Vimos Cristo sendo levado a Herodes. Este, ao vê-Lo, sorriu de felicidade, pois nutria uma louca vontade de conhecer Jesus pessoalmente. Julgava que Jesus fosse João, que ele assassinara cruelmente. *Este é João, que mandei degolar; ressuscitou dos mortos* (*Marcos*, Cap. VI, v. 16). Muitos sacerdotes e anciãos acompanharam Cristo até Herodes. Ele pediu silêncio e com muito orgulho e arrogância interrogou Jesus, mas o Mestre manteve-Se em completo silêncio. Nisso entraram no recinto coxos, cegos, leprosos, enfim, vários enfermos. Pediu Herodes que Jesus os curasse, prometendo-Lhe sua libertação se curasse um daqueles doentes. O olhar de piedade com que Jesus fixara Herodes era de fazer gelar qualquer criatura, mas o duro Governador continuou atormentando Jesus, dizendo serem os demônios os autores das curas. O silêncio de Jesus enfurecia Herodes, entretanto o Mestre, naquele momento, não ia jogar pérolas aos porcos; viera para dar exemplos e, mesmo que curasse os doentes, não acreditariam n'Ele. Herodes, irado, acusou Jesus, dizendo: "Se és filho de Deus, salva-te a ti mesmo operando milagre". O povo avançou sobre Jesus, instigado por Herodes, mas os soldados romanos não permitiram que Jesus fosse esquartejado. Assim, Herodes não pôde condená-Lo. Mandou-O de volta a Pilatos, que, desorientado, viu-se novamente diante do Mestre, principalmente porque Cláudia, sua esposa, que não era judia, tivera um sonho com Jesus, no qual um anjo lhe contara que Ele era o Príncipe de Deus. Ela era médium vidente e previu tudo o que estava acontecendo. Pilatos, assombrado, não sabia o que fazer. A arriscar sua posição, preferiu entregar Jesus para ser crucificado, mas declarando-se inocente do sangue de Cristo. Caifás, então, gritou, juntamente com a multidão: "Seu sangue cairá sobre nós e sobre nossos filhos". O povo fez sua escolha. Pilatos ainda olhou para o Cristo, deu um passo em Sua direção, mas voltou atrás. O poder era mais importante do que a vida de um homem. Então Cristo, o nosso Jesus, o Homem-deus, o Mestre dos mestres, foi levado ao calvário.

Fiquei a pensar sobre aquela turba ensandecida. Fala-se tanto em violência hoje em dia, mas desde eras remotas os homens julgam-se os donos do mundo e maltratam e matam os humildes. Detive-me naquelas cenas. O sangue de Jesus corria de suas feridas profundas, gota a gota, caindo-Lhe das mãos e dos pés. O nosso Cristo cumpria Sua missão como carta viva de Deus, o Verbo de Deus que Se materializou para deixar para todos nós as verdades do caminho. O nosso Cristo estava sendo assassinado, mas levava no espírito o ideal de um filho de Deus, deixando para todos nós a certeza do caráter nobre de um ser e de que não existem dores eternas.

Quantos exemplos foram dados por Jesus! Por que os que se dizem Seus seguidores ainda falam tanto, defendem-se tanto, acusam tanto? Só não crucificam alguém, porque hoje não é mais permitido. Meu Deus, quanta preocupação com Seus filhos! Enviou o Decálogo, depois o Messias, e finalmente a Doutrina Espírita, o Consolador, que tem por dever levantar hospitais de almas. São Casas onde o encarnado vai buscar a cura para suas dores, onde se ensina o homem a ser bom, nobre, digno e verdadeiro, onde a mentira não encontra guarida. Orei:

"Oh, meu Deus! Dai aos obreiros da Doutrina Espírita a humildade, o amor e a paz, tornando-os Vossos filhos, dignos de pronunciar o Vosso nome e o de Jesus. Peço-Vos, Senhor, não deixeis os meus irmãos perdidos no caminho do fanatismo nem no da mentira. Dai a cada médium, a cada freqüentador de uma Casa espírita o cajado da responsabilidade, porque somos todos capazes de gestos de bondade. Não os deixeis gritando "Barrabás!" nem lavando as mãos como Pilatos. Se alguns deles ainda possuírem na alma o ódio de Herodes, fazei, Senhor, com que a brisa do esclarecimento da Doutrina dê às suas almas uma nova concepção de vida doutrinária. Senhor, fazei com que as Casas que se dizem espíritas não se preocupem tanto com os desencarnados, mas que a cada dia busquem secar as lágrimas dos que

choram, levantem os caídos e curem as almas sofredoras. Senhor, dai também ao meu espírito a força e a luz suficientes para me tornar um digno trabalhador da Vossa seara, a fim de que eu possa abraçar a cada irmão com carinho e respeito e lhe ofereça o que tenho de mais sagrado: o grande amor provindo de Vós, meu Senhor amado."

Capítulo XXXII

OS NOVOS APÓSTOLOS DE CRISTO

Fiquei em dúvida se escrevia ou não sobre a crucificação do Mestre. Gosto de recordá-Lo caminhando ao nosso lado. É muito triste rememorarmos o momento em que O desprezamos.

Depois desta aula saí para dar uma volta e com carinho apreciar aquele jardim florido. Cada irmão que por ali passava era um pedaço do meu coração que me sorria, desejando paz. Vagando pelas alamedas, brinquei com as águas; parecia criança em férias que com tudo se encanta. Depois da minha caminhada, fui até o departamento onde Hilário e Sara já me esperavam.

— Por onde andou o garotão? perguntou-me Sara.

— Pelas alamedas dos sonhos, no bosque da esperança.

— Luiz, disse-me Hilário, pensei que gostaria de dar uma chegada até o Centro de Mensageiros.

Quase gritei de alegria. Abracei Hilário, dizendo:

— Obrigado, amigo, por ter-me esperado.

Karina e Sara sorriram, dizendo:

— Como poderíamos deixar a nossa mascote?

— Muito engraçado... retruquei.

O lugar nos transmitia uma paz tão grande que senti sono. Fomos recebidos por Otelo, que gentilmente nos levou até o imenso salão onde estavam sendo ministradas palestras para os futuros mensageiros e médiuns. Que aulas, amigos! Se os médiuns falham, é porque a vaidade é maior que o sentimento. Ali os médiuns eram colocados diante dos perigos do intercâmbio encarnado-desencarnado. "Meu Deus, pensei, por que ainda deparamos com médiuns desequilibrados, falando de Doutrina sem o mínimo conhecimento?" E qual não foi minha surpresa, quando avistei Lauro ajudando naquele Centro. Queria falar-lhe, mas ele estava tão atento ao trabalho que apenas cerrei os olhos e agradeci a Deus por Sua bondade. Aguardei, em silêncio, a preleção sobre doutrinadores e médiuns. Quando a irmã adentrou o recinto, um perfume de rosas tomou conta de todo o ambiente.

— Deus seja louvado. Que Ele, Criador incriado de todo o Universo, derrame sobre as nossas consciências a luz da verdade para que o equilíbrio possa guiar-nos através das veredas verdejantes da Doutrina Espírita. Não foi o acaso que nos indicou o caminho da mediunidade, e sim nossos compromissos pretéritos. Conscientes do chamado, temos por dever fazer germinar em nossos corações a semente da humildade; sem ela, estamos perdidos numa estrada longa e difícil. Não podemos, por um segundo sequer, negligenciar o Evangelho, remédio divino, néctar de amor que orvalha nossos espíritos para a eternidade. Muitos julgam privilégio receber o talento da mediunidade, e têm certa razão. Privilegiados são todos aqueles aos quais o Senhor confia um trabalho, seja ele até dos mais humildes. Todavia pegar o cajado e orná-lo de vaidades e mentiras é brincar com o plano de Deus. Não é difícil caminhar por essa longa estrada, o difícil é lutar com as mãos que nos dificultam a evolução — as mãos do orgulho, da vaidade, do egoísmo, do amor-próprio, da ganância, enfim, as garras perigosas que entravam a longa caminhada de um médium. Ultimamente estamos sempre alertando para o perigo de usarmos nomes veneráveis em mensagens que recebemos, não desejando um amigo espiritual simples e desconhecido. Sim, corremos atrás de aplausos, como se fôssemos astros que deles necessitássemos para seguir gloriosa carreira, esquecendo-nos de buscar no Evangelho a vida de Jesus, Sua simplicidade como Médium de Deus, lutando pela Doutrina renovadora, bisturi divino que nos molda um corpo sublimado, porque à medida que ela penetra em nossos corações vamos modificando nosso modo de agir em relação ao próximo e a nós mesmos. Vamo-nos tornando juízes severos para com as nossas próprias imperfeições e brandos e misericordiosos para com os erros alheios. Não estejamos preocupados em ver aceitas nossas idéias, mas lutemos para nos tornarmos uma carta viva de Cristo, dando exemplos doutrinários por onde passarmos. Devemos ser luz de amor numa terra cujas nuvens negras do sexo desregrado e dos vícios abatem-se sobre as famílias, querendo destruir seus lares.

'— Os médiuns precisam conscientizar-se de que são os novos apóstolos de Cristo, mensageiros de Deus, tendo o que doar àquele que precisa. Não importa se a sua capacidade seja mínima. Se você tem somente condição de apertar a mão de um sofredor, que o faça com amor e dignidade. Não deixe que o orgulho o leve a desejar algo além da sua capacidade, porque cada ser criado por Deus recebeu d'Ele um talento a ser multiplicado. Portanto lute para se tornar digno da confiança que Ele tem em você. Não vacile nem se julgue maior que outros companheiros, meça suas palavras, não as pronuncie em vão, saiba onde ceifar e, quando o fizer, deixe que o Senhor fale pelos seus lábios. Quando alguém elogiá-lo, baixe sua cabeça num gesto de humildade, porque muitas vezes os elogios são pontiagudos espinhos que fazem aflorar a vaidade. Segure seu Evangelho e não olhe para trás, siga sempre em frente, levando apenas como bagagem os ensinamentos doutrinários que não lhe deixarão cair no ridículo. É lamentável defrontarmo-nos com médiuns vaidosos pregando uma doutrina afastada dos preceitos divinos, esperando colher aplausos e elogios, para tornar conhecida a sua mediunidade, quando Jesus legou-nos o exemplo do verdadeiro mensageiro de Deus. Inquirido várias vezes por Herodes se era capaz de dar vista aos cegos e fazer andar os coxos, Ele Se calou, porque o poder que d'Ele emanava era tão grande, que não precisava de propaganda. Se Jesus não fosse o Verbo de Deus, teria agido de outra maneira, orgulhando-Se do Seu dom. Mas Ele veio à Terra para nos ensinar o caminho da perfeição. Por que, dizendo-nos espíritas, ou crentes em Jesus, ainda relutamos em segui-Lo? Devemos conhecer Sua vida, porque ela está repleta de renúncias. Muitas vezes nossa vaidade não nos deixa caminhar firmemente; preferimos a estrada larga e passageira dos aplausos e dos elogios. Numa casa humilde de Cafarnaum, Jesus orou junto aos Seus apóstolos. Por que não transformarmos nossas Casas espíritas em templos de amor, com o objetivo de nos tornarmos mensageiros do Cristo? A mediunidade é uma rosa que pode desfolhar-se pelo chão, mas quando tem por beija-flor os ensinos doutrinários, perpetua-se em perfume de esclarecimento para todos os sofredores. Portanto, irmãos, logo estaremos sendo chamados. Queira Deus jamais aqui voltemos para pedir nova oportunidade, porque fracassamos; que cada um cumpra com o seu dever; que transforme este cajado numa árvore frondosa cujos frutos venham a alimentar muitas almas famintas. Que Deus nos ajude a trilhar as veredas da vida, levando no coração o amor e na consciência o respeito às Leis de Deus. Assim seja. Francisca Theresa.

Reinava silêncio em todo o auditório e eu tudo fazia para esconder as lágrimas. Ainda falaram muitos outros espíritos, mas aqui deixarei registrada somente a explanação de Francisca Theresa, pedindo-lhe que segure nossas mãos até a eternidade.

Sara perguntou a Hilário:

— Todos os médiuns passam por aqui?

— Sim.

— E por que ultimamente vimo-nos defrontando com fatos tão desagradáveis?

Olegário respondeu:

— O que vem ocorrendo é que os Centros espíritas estão desenvolvendo muitos médiuns e estes, muitas vezes, não estão preparados ainda para o desempenho de suas tarefas. Entretanto o que se está precisando é de estudo, muito estudo; somente ele pode dar ao médium o equilíbrio necessário.

— Olegário — falei — nada mais deprimente do que vermos médiuns negligenciando a Doutrina, e até a ridicularizando, não é mesmo? E o pior é que ainda encontramos quem colabore com eles. Este é um assunto vasto, mas por hoje chega. Aonde vamos agora?

— Às aulas. Mas você disse que não vai narrar a crucificação de Jesus...

Nada falei; apenas enlacei em um abraço os meus amigos e nos pusemos a caminho.

Capítulo XXXIII

FINDA A PEREGRINAÇÃO DE JESUS OPERÁRIO DE CRISTO

Eu relutava em aceitar a crucificação de Jesus Cristo. Esperei o início da narrativa com o coração apertado, porém as músicas que ali ressoavam foram-me acalmando.

Crucificação do Senhor Jesus.

Uma multidão composta de gente de todas as classes sociais O seguiu do tribunal até o Calvário. No átrio do palácio, vimos a cruz preparada para Barrabás. Com que dignidade Jesus reclinou-Se para que a colocassem em Seus ombros! Logo depois veio o gesto fraterno de Simão, ajudando-O a carregar a cruz. Que glória teve Simão, pela coragem de ajudar Jesus, enquanto a multidão gritava: "abri caminho para o rei dos judeus!" Percebemos o olhar do Mestre, buscando as mulheres. Contemplando-as com imenso amor, Ele disse: *Filhas de Jerusalém, não choreis por mim, mas chorai antes por vós mesmas e por vossos filhos* (*Lucas*, Cap. XXIII, v. 28). Que previsão, quanta sabedoria! Jesus antevia o sofrimento das mães ao verem seus filhos tombados pela praga da droga.

Ao mesmo tempo em que Cristo caminhava carregando a cruz, ía demonstrando ao homem a força de Sua fé. Quando o olhar de Jesus vagueava pela multidão que O cercava, uma figura de mulher fez com que Seus olhos brilhassem: ao pé da cruz achava-se Sua Mãe, amparada pelo discípulo João. O rosto de Maria estava abatido pela dor, mas a força de Seu espírito refletia-se na Sua placidez e dignidade. Com que força, com que fé Ela fitava Seu Filho e Seus algozes! Em um momento de rara beleza, Jesus disse: "mulher, eis aí o teu filho", e depois a João: "eis aí tua mãe". A imagem de Maria tocou-me o coração, principalmente quando presenciei Sua peregrinação de fé, mantendo-Se junto ao Filho até o momento da crucificação. Quando Ela Se aproximou, os soldados tentaram impedi-La de tocar no Filho, mas o amor maternal ultrapassou o medo e Ela estendeu Suas mãos para acariciar Seus pés, oferecendo a todas as mulheres um grande exemplo de fé e destemor. Com que carinho João, o discípulo querido, fitou Jesus!

A aula prosseguiu, mas no livro do meu coração as figuras de Maria, Jesus e João se fixaram, comprovando-me que só o amor pode salvar a Humanidade. A preocupação do Cristo era deixar Maria amparada. Para isso confiara em João, dando-lhe a incumbência de cuidar de Sua Mãe. Quantos, que se dizem cristãos, abandonam seus pais, alegando falta de tempo! Amei ainda mais o Cristo ao vê-Lo depois caminhando por Emaús, deixando para a Humanidade a certeza de que não existe a morte. Ele ressuscitou, e todos os filhos de Deus farão o mesmo.

o O o

Era dia de festa na Universidade Maria de Nazaré. Nosso grupo havia conhecido a peregrinação de Jesus no plano material, e para nós as páginas do Livro Sagrado foram-se fechando vagarosamente, enquanto meu coração sussurrava esta prece:

"Mestre Jesus, Divino Rabi da Galiléia, recordamos os Teus atos de coragem no jardim de Getsêmani; suportaste a agonia da indiferença dos apóstolos, quando os convidaste a orar e a vigiar,

já prevendo a angústia da traição e do abandono de Teus discípulos. Quanta fé divisamos em Teu rosto, ao seres levado até Anás, Caifás, Pilatos e Herodes. De um insulto a outro, ouvias as zombarias e sentias os açoites, mas mesmo assim permaneceste fiel ao Pai Todo-Poderoso. A fé não Te deixava fracassar e Teu silêncio era o perfume da Tua dignidade. Portavas-Te com firmeza e serenidade. Filho dileto de Deus foste Tu, Jesus, principalmente quando colocaram em Teus ombros a cruz de Barrabás. Quanto peso carregaste, pois sobre ela se encontravam todas as cruzes dos Teus falidos irmãos, cujos erros vieste à crosta terrena amenizar. Dizem que caíste desmaiado, entretanto nós Te vimos sereno e sobretudo confiante no Pai. Tiveste por momentos a ajuda de Simão, que voltava do campo. Que bênção, Senhor, recebeu Simão, e quanta lição nos deixaste com este gesto: todos nós precisamos de ajuda! Não obstante a ação da massa enfurecida e as duras palavras dos sacerdotes e príncipes, o Teu semblante era de paz e de perdão. Com amor fitaste as mulheres, que Te seguiram corajosamente; elas nada temiam, tamanha a fé de cada uma. E o povo gritava: "Crucifica-O! Crucifica-O!", enquanto isso, buscavas com amor os olhos de Maria, desejando reclinar Tua cabeça para ser afagada pelas Suas abençoadas mãos. Contudo, não Te foi concedido este privilégio. Uma queixa sequer murmuraste. Teu rosto continuava calmo e sereno. Ninguém Te dizia uma só palavra de carinho. O suor Te banhava o rosto belo e radiante. À medida que os soldados executavam as ordens dos sacerdotes, oravas por todos os Teus algozes: "Pai, perdoai-lhes, porque não sabem o que fazem". Nenhum ódio, nenhuma vingança pediste; ao contrário, apiedaste-Te deles por serem tão ignorantes e culpados. Hoje, Senhor, os anos se passaram e permaneces abrigando cada ovelha do redil do Pai, preso sobre a cruz de cada pecador, tendo sempre os braços abertos para nos abraçar quando Te buscamos. Quantos açoites ainda recebes da humanidade materialista, mas Tuas mãos prosseguem nos abençoando; ainda teimamos em mantê-las cravadas na cruz; Tua amada cabeça continua ferida pela coroa de espinhos, que são a falta de moral, os vícios, a perversão sexual, enfim, Jesus, a degeneração da família. Teus lábios trêmulos pareciam sussur-

rar para cada um de nós: "meus irmãos, que as gotas de sangue que correm da minha fronte, das minhas mãos e dos meus pés não tenham sido derramadas em vão, porque elas foram gotas do orvalho divino caídas para despertar a Humanidade, destruindo a morte e abrindo as portas da Espiritualidade, onde o Pai espera por todos os Seus filhos. Ele me deu o poder de acalmar as ondas revoltas, de curar os enfermos, de ressuscitar os mortos". Ele, o Pai, é Grande, Rei de todas as criaturas por Ele criadas, portanto oremos sempre ao Senhor, como filhos que somos. Assim seja."

o O o

Peço perdão se me faltou condição para narrar tudo o que vi, talvez um dia, quando for mais adulto, eu tenha capacidade de escrever sobre Jesus. Até lá, narrar-lhes-ei um pouco *dos dois mundos tão meus*.

Fui o primeiro a me retirar. As cenas da peregrinação de Jesus carregando a cruz tinham-me tocado profundamente e fui andando devagar, até chegar ao parque das cascatas, onde os pássaros vieram me fazer companhia. Que mundo lindo este em que eu vivo! As águas pareciam uma orquestra, cuja melodia queria me consolar. O perfume das flores fornecia-me uma força interior tão grande que me fazia desejar cada vez mais trabalhar em prol do meu semelhante.

O tempo correu célere e quando busquei o meu grupo encontrei-o numa praça da Universidade. Ninguém me perguntou onde estivera, o que me deixou desconcertado.

— Luiz, vamos trabalhar, convidou-me Olegário.

Sara abraçou-me, perguntando:

— Por que a tristeza?

— Nada, apenas não gosto, jamais gostei da crucificação de Cristo. Hoje fala-se tanto em violência e veja só o que fizeram naquele tempo com Jesus.

No Departamento Nove encontramos Hinah e Lupino.

— Gostou do trabalho? perguntou-me Lupino.

— Gostei, mas confesso que nem tudo pude relatar, os censores foram implacáveis.

— Verdade, Luiz? É que para os encarnados a morte é o fim, muitos nem gostam de falar o seu nome. Mesmo entre os espíritas, muitos a temem, pois significa uma mudança de vida.

— E que mudança!... Esses dias fui visitar Lauro, que graças a Deus está muito bem. Percebi pela nossa conversação que ele ainda sente saudade dos seus cachorros e ainda mais do seu travesseiro. Perguntei-lhe: "mas ele não o acompanhou até aqui?", ao que me respondeu: "mas não é a mesma coisa". Tentei convencê-lo, mas depois desisti.

— É isso mesmo, devemos respeitar nosso próximo. Às vezes ele não está preparado para aceitar as verdades.

— Demora um pouco, completou Hilário.

Ficamos ainda muito tempo conversando, e quando nos retiramos levamos conosco a boa vibração daquele lugar.

— Vamos até Carlota, Luiz? sugeriu-me Karina.

— Não acho prudente irmos lá, Karina. Gostaria é de dar uma chegada até o Bosque das Águas.

— É melhor mesmo, respondeu Sara. Preciso me reequilibrar e nada melhor do que a água para isso.

Assim, buscamos o Bosque. O rio azul, banhado pelo sol, era uma usina magnética. Sentamos às suas margens e oramos ao Senhor, recordando cada irmão, principalmente os necessitados de saúde. Vários bancos enfeitavam a pracinha e, sentado em um deles, Gervásio conversava animadamente com uma jovem muito bonita. Fiquei a observá-los de longe.

— Quem é, Luiz? perguntou-me Sara.

— Gervásio. Antes de me juntar a vocês passei por uma experiência interessante. Em uma de minhas folgas, fui informado por Leandro de que os instrutores queriam me ver. Agradeci-lhe e saí quase correndo, pois há muito não escrevia, isto é, há três meses estava estudando bastante; meus instrutores acharam prudente afastar-me um pouco do plano físico. Desde que terminara "Deixe-me Viver" não fazia outra coisa senão estudar. Por isso às vezes fico muito triste, alguns médiuns iniciantes julgam que as mensagens que recebem são minhas. Sinto dizer que existe alguém usando o meu nome. Prometi a Maria de Nazaré realizar um trabalho de esclarecimento, que iniciei com "O Mundo que Encontrei" e que, graças a Deus, aumenta a cada dia. Para médiuns iniciantes existem espíritos preparados para tal trabalho. No momento, estou na Universidade Maria de Nazaré e, graças a Jesus, trazendo para o plano físico algumas das inúmeras verdades divinas. Continuando minha narrativa, no Departamento Nove encontrei Honorata, Hinah e Lupino. Entrei, meio apressado, pedindo desculpas.

— Boa tarde, Luiz. Seja benvindo, falou-me Lupino. Recebemos seu pedido, através do qual o irmão nos pede permissão para escrever um livro sobre as experiências após o desencarne. Diz o irmão que vem recebendo pedidos dos leitores para narrar a vida de um espírito no plano espiritual. Pensamos em lhe dar permissão para narrar sua história, o que lhe aconteceu após o seu desencarne, mesmo o irmão já tendo escrito "O Mundo que eu Encontrei", além de diversos livros. Alguns irmãos acharam mais prudente a narração da vida de outros espíritos. O que pensa?

— Confesso que estou surpreso — respondi — não pensei em escrever minhas próprias experiências, mas se elas forem de ajuda ao mundo espírita, estou ao inteiro dispor da Universidade. Não sei se na minha vida existem fatos importantes para serem narrados, mas se me for confiada esta tarefa, espero ser fiel a mim mesmo.

— Bravo, Luiz! Temos a certeza de que o irmão vai-nos proporcionar um livro cujo conteúdo irá beneficiar a muitos. Antes, queremos que busque a ala dos psicólogos, onde terá aulas com capacitados terapeutas. Não queremos que sofra qualquer trauma.

— Obrigado, amigos. Quando posso começar o tratamento?

— Amanhã procure Olavo e depois do parecer dele volte aqui.

Despedi-me e saí do Departamento Nove muito triste. "Não sei por que tive a péssima idéia de aceitar a sugestão de um amigo em narrar a vida de um espírito recém-desencarnado, o seu primeiro emprego, a saudade, os novos amigos. Sobrou para mim. Agora terei de reviver algo que irá me machucar muito". Estava pensando assim, quando encontrei Olavo.

— Luiz, fui informado da sua nova tarefa e estou surpreso, pois jamais julguei que teria medo.

— Não é bem medo, é um receio natural, penso eu.

— Não, Luiz, não é receio, é medo de reviver momentos dramáticos da sua vida.

— Olavo, está certo, pedi para escrever um livro contando a luta de um recém-desencarnado, mas por que minha própria vida?

— Porque ninguém melhor do que você para narrar o que viveu, o que teve de fazer e o que fez. Agora, se desejar lhe dou como incapaz e vai escrever a vida de João, de Pedro, de Aline ou de Rejane. Suas lembranças ficarão arquivadas no cofre do medo.

— Olavo, eu o considero muito. Como psicólogo, você me aconselha a escrever este livro?

— Nada aconselho, vou analisar você e, se constatar que pode escrevê-lo, estarei de acordo. Se não, serei o primeiro a desaconselhá-lo.

Olhei-o com imenso amor. Apoiou-se em meus ombros e entramos na clínica onde Olavo procura penetrar na escuridão da alma humana. Fiquei uma semana ali e senti muito o dia em que tive de me separar de toda a equipe de Olavo. Levaram-me até o jardim, desejando-me vitória, e nem olhei para trás; não queria que percebessem que eu chorava de emoção por já possuir capacidade para devassar meu próprio inconsciente. Eu, o Luiz Sérgio, o menino às vezes inconseqüente, dali levava um certificado de aptidão para enfrentar qualquer situação. Já estava bem distante quando deparei com Enoque. Abracei-o com carinho e ele, sorrindo, falou-me:

— Estamos felizes por você, amigo. Ninguém recebe uma tarefa que não tenha condição de realizar. Torcemos por você e sabemos que no final receberá os louros da vitória. Hoje não podemos conversar, depois nos veremos.

Acompanhei-o, com o olhar embevecido de respeito, e voltei ao Departamento Nove. Lupino e Hinah me esperavam sorridentes.

—Irmão Luiz Sérgio, podes iniciar o livro. Tens à tua disposição o chalé azul, onde encontrarás paz para escrever.

Após algumas elucidações, Hinah acompanhou-me até o dito chalé, onde uma escrivaninha me esperava com um belo arranjo de flores, no qual os miosótis eram orvalhados pelo amor da Espiritualidade Maior. Beijei-os, dizendo: "não se esqueçam de mim". Notei que não estava sozinho no chalé. Os irmãos Ana e Leôncio me receberam com respeito. Confesso que fiquei surpreso, mas Ana me esclareceu:

— Estamos aqui para lhe fazer companhia, só apareceremos quando o irmão necessitar.

— Obrigado, amigos. Agora vou descansar um pouco.

Agradeci e eles me acompanharam até o quarto. Uma imensa cama de casal me alojou o corpo trêmulo de emoção e, ouvindo a Sonata número cinco de Beethoven, vi-me projetado no mundo dos sonhos. Ana ajeitou-me melhor na cama. Leôncio orou uma bela prece para que eu tivesse belos sonhos. Quando acordei, percebi em outro cômodo vários computadores para que eu pudesse fazer um bom trabalho. Fiquei ali, apertando botões e brincando, até receber uma advertência: estava invadindo espaço alheio. Como aquele, outros chalés estavam sendo ocupados. Pedi licença e saí para espairecer um pouco. O chalé era todo circundado por jardins floridos, onde as rosas e os miosótis compunham um cenário de real beleza. Acomodei-me numa espreguiçadeira e fiquei a pensar: "por onde vou iniciar? No computador entrei em espaço alheio. Não sei o que está acontecendo comigo".

Depois Ana veio me chamar, pois Leôncio me esperava. Acompanhei-a e, ao chegarmos à sala, Leôncio operava os computadores e estes o informavam com precisão. Não o interrompi, apenas fiquei a observar. Ele gentilmente falou-me:

— Luiz, adiantei nosso trabalho. Já estou com as informações necessárias sobre o irmãozinho que iremos acompanhar.

— Não estou compreendendo de quem fala, Leôncio.

— Não recebeste a incumbência de narrar a trajetória de um espírito? Pois o irmão escolhido é Gervásio Antero de Souza, que poderá desencarnar nos próximos dias

— Mas irmão, não é sobre o meu desencarne que irei escrever?

— Não, Sérgio, tu é que assim pensaste, mas tua tarefa agora chama-se Gervásio.

— Ora, Leôncio, eu já estava me preparando para narrar tudo por que passei logo após a "morte"... Será que não me acham apto para tal trabalho?

— Pelo contrário. Tua capacidade foi tanta que os instrutores do plano maior acharam melhor acompanhares o Gervásio.

— Quando o encontraremos?

— Antes, buscaremos a vida dele nos computadores, só depois é que ficaremos ao seu lado.

Ana percebeu o meu desapontamento e me disse:

— Irmão, desenvolves um belo trabalho, espero que tenhas em mente que foste escolhido para narrar a vida após vida, sem te importares com o nome do espírito, e sim a fidelidade da narração.

— E a minha vida, por que não vou contá-la?

— Todos os leitores já conhecem tua vida, Sérgio, e a de Gervásio não.

Sorri, concordando com ela, e respondi:

— É mesmo, tia Ana, estou dando mancada. Então é por isso que no computador só dava Gervásio...

Leôncio sorriu e começou a operar o computador, através do qual conhecemos Gervásio: vinte e cinco anos, um metro e oitenta de altura, moreno claro, olhos azuis, cor de violeta, empresário, formado em Administração de Empresas. Sua casa era belíssima, piscina, quadra de tênis, de futebol de salão, enfim, um moço rico. Gervásio vivia como qualquer jovem da sua idade, só que a violência era o seu fraco. Na direção de seu carro, não admitia que a velocidade é uma arma terrível contra o motorista. Era o terceiro filho da rica família que iríamos agora conhecer.

No jardim da sua casa, recebia seus amigos para um churrasco. As belas meninas não o deixavam em paz. Uma delas, Violeta, perguntou ao nosso amigo:

— Gervásio, qual a sua religião?

Ele, rindo, respondeu:

— Dinheiro. Ganhar muito dinheiro.

— Mas Gervásio, todos nós precisamos da fé, ela fortalece a alma.

— Virou carola agora, Violeta?

— Não sei por que estou lhe dizendo isso, mas senti uma vontade muito grande de falar de Deus para você.

Continuou a rir e, em tom galhofeiro, chamou os amigos:

— Carlos, Marina, Joice, Leandro, venham cá! Sabem que a Violeta tornou-se espiritualista e está querendo me apresentar Deus?

Todos zombaram dela.

— Não diga, Violeta!

Olhando-os com firmeza, ela respondeu:

— Gervásio tem razão, vou tornar-me espiritualista, pois tenho sonhado com um velhinho que me elucida sobre Jesus de Nazaré. Todas as noites ele me aparece e sempre me narra fatos da vida de Jesus Cristo, que ele chama de Mestre.

Um deles falou:

— Violeta, você, caindo nessa dos fanáticos! O pobre tem de orar para não morrer de fome, agora, nós, temos é de aproveitar os confortos da vida.

Leandro, aproximando-se mais de Violeta, indagou:

— Você acredita em alma do outro mundo?

— Não seja infantil, Leandro. Bem sabe que desconheço qualquer religião; mas que ultimamente estou sonhando com fatos estranhos, isso estou. Em um deles, eu segurava a mão de Gervásio, como se quisesse retê-lo ao meu lado, mas ele se debatia num redemoinho atroz.

— Cruzes, que papo mais cavernoso! Vamos cair na piscina.

Gervásio, agora mais interessado, falou:

— Não, agora não. Quero saber o porquê desse estranho sonho.

Joice comentou:

— Tenho uma tia que entende de espíritos, ela até dá passes.

— Quê? Ela é bruxa?

— Deixe de ser bobo, Carlos, bruxas não existem, ela conversa com as "almas". Se vocês quiserem, vamos até a casa dela para decifrar o sonho.

— Não, não quero, falou Gervásio. Violeta está é ficando doida.

— Tem razão, Gervásio, estou lelé da cuca, falou, pegando um copo de bebida.

Mas Gervásio, sentando-se na espreguiçadeira, meditava: "por que estou tão tenso? Será porque sonhei também que morria e que, no escuro, chamava por minha mãe?"

Carlos aproximou-se:

— O que há, Gervásio? Está com medo das bruxas?

Violeta, alisando os cabelos de Gervásio, disse-lhe:

— Desculpe, gatão, estou ficando doida.

Aquela reunião teve de tudo. Os jovens julgavam estar aproveitando a vida. Gervásio não maltratava seus empregados, apenas os ignorava. Era um jovem bonito e rico, para que se preocupar com o amanhã? Até que, às vezes, dava uma chegada na igreja nos dias de casamento e batizado.

Nesse ponto o computador parou. Leôncio, virando-se para mim, disse:

— Agora tu entras. Vai até a terra e fica ao lado de Gervásio.

— Se eu puder ajudá-lo, posso?

— Sim. Porém acho difícil ele te escutar.

— Eu sou teimoso e tudo farei para que ele não venha para cá, principalmente fora do tempo.

— Como fora do tempo?

— Todos vocês já o estão esperando?

— Não, Sérgio, nós estamos orando para que ele se salve.

— Tenho de descer até Gervásio e tudo fazer por ele, não é isso? Queira Deus eu o consiga.

Acompanhado de Carlos e Joselito, despedi-me de Ana e Leôncio e partimos em busca de Gervásio. Na sua empresa, ele estava sendo protegido por seu mentor espiritual. Oramos, pedindo a Deus que encontrasse a fé e se fortalecesse. Mas, que nada! Ele, o rico e belo Gervásio, organizava uma festa de fim de semana em uma das inúmeras mansões de sua propriedade.

— Será que não há um jeito de fazê-lo criar juízo?

— Sérgio, Gervásio julga dirigir com prudência.

Naquele rico palacete, vários espíritos familiares oravam pela vida encarnada de Gervásio, mas ele parecia obcecado pela velocidade e, naquela noite de sexta-feira, viu-se projetado para fora de seu carro. Nós ali presenciávamos seu desespero. No momento do choque, Gervásio "morreu" por alguns segundos. Dor de cabeça, falta de ar, dormência no corpo, vozes, escuridão, um vácuo... e apagou. Quando voltou a si ainda estava junto ao seu corpo físico, entretanto este não mais vivia. Ele começou a se esforçar para assenhorear-se novamente do corpo, mas este, inerte, o rejeitava. Em desespero, lembrou-se de Deus:

— Meu Deus, ajude-me. Onde estou?

Seu avô aproximou-se e tentou acalmá-lo, dizendo:

— Vamo-nos desprender do corpo carnal, para respirar melhor.

— Não! Saia daqui, quero ficar sozinho! falava, olhando o carro destruído, e o pior, seu corpo físico também fora triturado pela máquina. Seu avô falou:

— Não seja criança, sou seu avô Rufino e vim buscá-lo.

— Mas eu não quero ir. Vocês não dizem que Deus é bom? Por que Ele mata, quando a gente não quer morrer?

— Não foi Deus quem o retirou do corpo físico, foi você mesmo, quando pensava poder dominar até a máquina.

Aquele homem forte encolheu-se, chorando.

— Meu Deus, por que me matou? Por quê?

Os familiares foram-se retirando, enquanto nós continuamos a orar. Gervásio parecia um louco, correndo de um canto para outro, em prantos.

— Deixe-me em paz! gritou, quando dele me aproximei.

Nisso, Leôncio chegou, aplicou-lhe passes e o fez adormecer. Permanecemos em oração, mas ele continuava a delirar. Ao acordar, empurrou Leôncio, abraçando-se ao corpo que estava sendo levado para a capela. Os técnicos do desencarne não conseguiam desembaraçar os fios de seu perispírito, tamanha a perturbação de Gervásio. Eu me aproximei dele:

— Irmão, também já passei por isso. Largue esse corpo de carne e voe para o céu, só assim será livre.

— Quem é você? perguntou, olhando-me com desprezo.

— Sou Luiz Sérgio, um filho de Deus. Estou aqui para ajudá-lo.

— Não me deixe morrer, eu não quero! Ouviu bem?

—Sim, meu irmão, ouvi. Mas nada posso fazer. Você já desencarnou, só precisa conscientizar-se disso.

Nesse momento os técnicos conseguiram desligá-lo e ele se afastou do corpo físico. Sentou-se ao lado do caixão e chorou. Notei que ele admirava seu corpo atlético e sofria por não ter conseguido ficar no corpo carnal. Os enfermeiros espirituais do cemitério o colocaram na maca ao lado do caixão e ali mesmo foi recebendo socorro. Entretanto, aí começou o drama: aqueles que ali compareceram só se referiam ao acidente e ao desespero da família. Ele às vezes ouvia, outras não. Quando Violeta entrou na capela, ele partiu para cima dela, gritando:

— Sua bruxa! Foi você quem previu minha morte, eu a odeio!

Violeta caiu desmaiada ao ver o corpo de Gervásio na urna. Coitado daquele espírito, apenas o padre orou por ele! Era um mundo materialista, despedindo-se de um dos seus adeptos. Cigarro, conversa sobre dinheiro, enfim, os valores daquelas pessoas relacionavam-se apenas aos bens e prazeres materiais, e o pobre do Gervásio sofria com tanta conversa inútil. Nós lhe dávamos assistência, mas como lição de vida foi muito proveitoso presenciar o desencarne de Gervásio. Quão longe ainda está a sociedade de Cristo! Nisso, adentrou o recinto um espírito que ainda conservava a pele preta. E me esclareceram:

— É a babá de Gervásio, ela o criou, pois sua mãe tinha muitos compromissos sociais.

Aquele espírito — que soube depois chamar-se Minéia — irradiava luz e seu perfume era inebriante.

— Gervásio deve ter alguma coisa de bom dentro dele, se teve por companhia espírito de tal escol, comentei com Leôncio.

Ela segurou a mão de Gervásio e iniciou uma coletânea de preces:

— "Cessou a tormenta. As ondas entram em repouso. As nuvens se dispersam e fulgem as estrelas. O barco descansa sobre o mar sereno". Gervásio, busquemos o Senhor, pois só Ele salva, só Ele conhece o caminho até Deus. Tenhamos fé no Senhor Jesus, só Ele serena o mar, o mar da vida. Não se entregue à ociosidade. Peçamos ao Senhor que Ele o faça levantar e caminhar em direção à luz da verdade...

Quando se calou, o ambiente espiritual era outro, quase não ouvíamos mais as conversas desequilibradas daquela sociedade sem fé. Assim foi o desencarne de Gervásio. Conseguimos levá-lo para uma Casa Transitória, onde fiquei ao seu lado por alguns dias, até que fui informado de que poderia freqüentar as aulas da Universidade e lá fui eu ao seu encontro. Notei que meu trabalho estava ficando diferente. Fui buscar informação e soube que outros irmãos se juntariam a mim. Fiquei feliz quando os reencontrei. Era uma nova tarefa que se iniciava, mas sempre queria rever Gervásio e não podia. Só agora, no Bosque das Águas, apresentou-se a oportunidade.

— Bem, eis a história de Gervásio, conclui.

Agora, com imenso carinho eu olhava para ele. Como sempre, galanteador. Quando me viu, gritou, contente:

— Você? Não me diga que é você!

Pediu licença para a garota e correu para me abraçar.

— Como vai, amigo? perguntei.

Ele respondeu, sorrindo:

— Agora ótimo, mas sofri muito, inconformado, e você bem sabe disso. Não entendi por que você quase não foi-me visitar.

— É que temos uma dívida um para com o outro de vidas pretéritas e, graças ao Senhor, pude ajudá-lo.

— Verdade? Por isso eu gosto tanto de você!...

Abraçamo-nos como dois irmãos que se reencontram depois de muito tempo separados. Estava louco para conhecer a nova vida de Gervásio, mas ele era só alegria, até que perguntei da sua babá e ele me respondeu:

— Luiz, se não fosse ela eu teria sofrido muito. Sentia-me enrolado em fios elétricos, que me asfixiavam à medida que eu desejava voltar ao corpo físico. Era uma sensação muito dolorosa, eu não sabia como livrar-me dela. Quando Minéia iniciou a oração, meu perispírito foi ganhando energia. Antes ele estava dormente e eu não conseguia locomover-me. Meu corpo perispiritual voltou a ter vida, eu me livrei do corpo físico que tanto admirava e comecei a chorar. Isso tudo você sabe, pois também muito me ajudou. Depois fui levado para uma casa de recuperação, chamada transitória, e lá recebi os primeiros-socorros. Mas vivia sofrendo, porque minha família, que não acreditava em nada, começou a correr atrás de médiuns e, infelizmente, muitos deles entregavam mensagens apócrifas que tornavam meu pai ainda mais materialista. E eu sofria, correndo para casa tentando me fazer visível. Até que um dia fui levado a Enoque, o Raio de Sol de Jesus, que me recebeu com amor, ensinando-me a calçar as alpargatas da humildade. Não está sendo fácil. Às vezes sinto saudade dos carrões, das garotas e gostaria de namorar. Então me recordo das zonas trevosas, onde o homem não grita, uiva; onde não se alimenta, não se veste, enfim, não vive, vegeta, e me contenho. Trabalhar com Rayto é difícil, ainda mais que só o faço nos umbrais. Ainda não vou ao plano físico. Sabe, não é? O papai aqui continua lembrado pelas meninas... Enoque é uma estrela de Cristo e quem trabalha com ele muito tem a aprender.

— E você, Luiz, o que faz? perguntou, olhando Sara e Karina com aquele olhar de artista de novela.

— Estas são Karina e Sara, duas discípulas de Jesus, falei.

Ele me compreendeu e respeitosamente cumprimentou as duas. Ainda conversamos muito e fiquei feliz pelo meu amigo, que hoje já busca servir ao seu semelhante. Na despedida, ele me pediu:

— Quando for trabalhar no plano físico você me leva? Prometo me comportar direitinho.

A promessa me fez rir. E, assim, deixamos Gervásio no Bosque das Águas.

— Quem foi ele em sua vida? perguntou-me Karina.

— Um dia eu conto. Até lá, vamos caminhando pelas estradas floridas de Jesus, porque só Ele conduz ao Pai.

— Por falar em Jesus, por que você relutou em falar sobre a crucificação?

— Por nada, apenas gosto do meu Cristo, leve, diáfano, belo, dizendo a toda a Humanidade: "levanta-te e anda, Eu espero por todos". É tão bom saber que Jesus ama o pobre, o rico, o feio, o belo, o pecador, o justo; que onde estiverem duas ou três pessoas orando, Ele estará presente. O meu Jesus vive em caridade, não está preso na letra nem armado de chicotes, ferindo os que não pensam como Ele. Não O vejo defendendo religião alguma ou apontando erros e desmoralizando, em nome da Sua Doutrina. O Cristo que conheço, que aprendi a amar, é justo, é bom, é infinitamente caridoso, porque perdoa. Ele é digno de Deus, por isso recebeu a Terra para transformá-la, assim como a todos nós, espíritos ainda tão endividados. O Cristo que amo ensina-me a respeitar meu trabalho, ainda mais o do meu próximo, não grita acusações duras sobre quem não O ama, ao contrário, dia após dia Ele chama Seus irmãos para se tornarem operários do Pai. Feliz daquele que O escuta, pois Cristo é o maior dos Mestres. É por isso, Karina, que eu amo tanto Jesus, porque Ele é o irmão, é o amigo que posso abraçar e sentir em meu coração, porque o Seu perfume chega até as pessoas que me rodeiam.

— Ah, Luiz, como seria bom se todos pensassem assim na Doutrina do Cristo!... Quantas contendas seriam evitadas...

— Mas Ele é maior do que todos os que têm tempo para brigar. Se os espíritas não se conscientizarem de que vieram para pregar o amor, e não o ódio, logo teremos a Doutrina dividida, e isso é muito triste, porque Kardec a codificou por ser ela o Consolador. A Doutrina é um lago cujo barco — as Casas espíritas — deve estar repleto de bons cristãos, para que estes pesquem almas pecadoras e sofridas. Agora, bater no peito e brigar com os próprios confrades é não conhecer Cristo e fermentar a discussão entre os seres, e infeliz daquele que usar a Doutrina para seus ataques. Volto a dizer: o espírita tem de se tornar um operário de Cristo e nem todos os operários possuem cultura suficiente; no entanto, qualquer operário tem por dever possuir caráter. Por isso, não podemos exigir de um operário humilde o mesmo conhecimento que julgamos possuir.

— Luiz, mas você é contra defender a Doutrina? perguntou Sara.

— Não, ao contrário. Entristece-me por demais algumas Casas espíritas não adotarem uma posição definida: ou são espíritas ou não são. Muitos julgam que os orientais com quem trabalho usam turbantes. Estão muito enganados. Eles são mais cristãos do que muitos que dizem acompanhar o Cristo. Os lanceiros são emissários de Maria. Dizer-se espírita e colocar turbante nos lanceiros é falta de conhecimento. Creio, Sara, que cada seita deve ser honrada, e não se desejar abraçar a todas, porque assim não se ama a nenhuma. Quanto a defender a Doutrina, eu só posso dizer que adoro Cristo e Kardec, e quem desejar conhecer a grande alma que foi Kardec, é só ler o que nos revela *O que é o Espiritismo*, escrito pelo Codificador.

— Bem, chega de reclamação e vamos trabalhar, falou Olegário, que chegara com Hilário.

— Onde vamos, chefe?

— Até o instrutor.

Quando lá chegamos, entregamos o livro e Rufino falou-me:

— Luiz, não sei se tens conhecimento de que muitos dos teus leitores não gostam das aulas do teatro vivo.

— Sei, irmão, mas não me importo, um dia eles irão compreender melhor as Escrituras.

— Devo acrescentar, Luiz, que quem estuda a Doutrina tem por obrigação buscar as verdades nas Escrituras e nelas a Doutrina se encontra real e linda! Como se pode compreender que quem se diz espírita nada conheça do livro sagrado? A Bíblia deve ser respeitada, se nela existem erros, não somos nós, espíritas, que iremos adulterá-la. O que precisamos é, no caso de sermos acusados de falsos profetas, nela buscarmos a revelação espírita. Se a estudarmos com carinho, teremos como dialogar com os acusadores. Ser contra a Bíblia é uma demonstração de medo, e só tememos aquilo que não conhecemos. Por isso neste livro estudamos mais uma vez o Antigo Testamento e veja bem quanto descobrimos de verdades espíritas. Gosto muito desta passagem dos *Provérbios*, Cap. XXV, versículo 8:

O que teus olhos viram não o descubram precipitação numa contenda, para que não aconteça mais tarde não possas reparar, depois de teres difamado o teu amigo.

Encontramos também na Epístola aos Romanos, Cap. XII, versículo 20, o amor e o respeito ao próximo. Gosto também quando Paulo diz que quando beneficiamos um inimigo estamos tentando despertar-lhe o remorso, levando-o ao arrependimento e ao reconhecimento, e Jesus, Luiz Sérgio, apresenta como razão do amor para com os homens o fato de que todos são filhos de Deus. Quem se dispõe a brigar por religião não conhece e não ama a sua. Aqueles que fogem das Escrituras não desejam conhecer a verdade espírita, porque no Antigo Testamento se encontra o alicerce da Doutrina Espírita.

— É verdade, Rufino. Muitos leitores não gostam dos meus relatos bíblicos. Um dia eles verão o erro em que estão incorrendo. Irmão, qual a passagem do Antigo Testamento que mais gosta de ler e meditar, e onde pode ser encaixada a Doutrina Espírita?

— Em muitas e muitas passagens do Antigo e do Novo Testamentos. Ficaríamos longo tempo comentando sobre elas, porém aprecio o *Salmo* CXII (CXIII):

Louvai, servos do Senhor, louvai o nome do Senhor. Bendito seja o nome do Senhor agora e sempre. Do nascer do sol ao seu ocaso, louvado seja o nome do Senhor.

Excelso sobre todas as gentes é o Senhor; acima dos céus eleva-se a sua glória. Quem há como o Senhor, nosso Deus, que habita nas alturas e baixa os seus olhares para o céu e a terra?

Ele levanta do pó o desvalido, e do lixo eleva o indigente, para colocá-lo com os príncipes, com os príncipes do seu povo; e faz que a estéril viva em sua casa, mãe alegre de filhos.

— Nele, Luiz, se encontra a reencarnação. Só os apegados à letra dão outro sentido a esses lindos versículos.

Karina despediu-se:

— Obrigada, amigo, e que Deus o abençoe.

Fui o último a me despedir e quando o fiz abracei-o bem forte e as lágrimas deram brilho aos meus olhos.

— Na próxima semana apareça aqui, novos trabalhos nos esperam, até lá não deixe de estudar.

— Obrigado, amigo. Que Jesus lhe guie os passos, falei, retirando-me.

Os outros me esperavam no jardim, isto é, Sara e Karina, porque Hilário e Olegário ficaram lá dentro com Rufino.

— Queridas, vamos mergulhar no mar do descanso, para voltar com força total.

— É isso, Luiz, mais um passo para a frente.

— Um beijão em vocês duas e até outra vez.

Abracei-as e fui saindo bem devagar, assobiando "Cabelos Brancos", que fiz para vovó. Com que saudade eu estava, não via a hora de abraçá-la! E para minha casa corri. Quando entrei, vovó Margarida bateu palmas, feliz.

— Luiz Sérgio, você chegou! Que bom! Não agüentava mais de saudade. Sabe, Luiz, tia Ana tem vindo sempre aqui, plantou até uma roseira, que dei o nome de Zilda.

— Por que Zilda, vovó?

— Porque ela é minha filha e foi muito boa para mim, ela e o Júlio cuidaram de mim. Agora você sabe o que...

— Eu sei, vovó, e gosto que o seu coração, repleto de amor, só agradeça a todos, porque ninguém foi mais amada do que a senhora.

— É mesmo, falou, sorrindo. Tenho saudades, muitas saudades, de todos. Trouxe notícias de ...?

— Vovó, estou de volta para a gente matar as saudades, falei, pegando-a no colo.

Ela dava gostosas gargalhadas e eu me senti a mais feliz das criaturas por ter encontrado dois mundos lindos e tão meus.

o O o

O Servidor de Javé. Canto de triunfo (*Isaías*, Cap. XLII).

Eis aqui o meu servo, eu o ampararei: o meu escolhido, nele pôs a minha alma a sua complacência. Sobre ele derramei o meu espírito, ele promulgará a justiça às nações. Não clamará, nem fará acepção de pessoas, nem a sua voz se ouvirá fora. Não quebrará a cana rachada, nem apagará a torcida que ainda fumega: fará justiça conforme a verdade. Não será triste, nem turbulento, até que estabeleça na terra a justiça. E as ilhas esperarão a sua lei.

Eis aqui o que diz o Senhor Deus que criou os céus, e que os estendeu: O que firma a terra e as plantas que dela brotam: o que dá o fôlego ao povo que está sobre ela, e o espírito aos que a pisam. Eu sou o Senhor, que te chamou em justiça, e te tomei pela mão, e te conservei. E te pus para ser a reconciliação do povo, para luz das gentes: para abrires os olhos dos cegos, e para tirares da cadeia o preso, da casa do cárcere os que estavam sentados nas trevas. Eu sou o Senhor, este é o meu nome: eu não darei a outrem a minha glória nem consentirei que se tribute aos ídolos o louvor que só a mim pertence. Aquelas predições que foram as primeiras que vos fiz, vede como elas já se cumpriram: também eu agora anuncio outras de novo: vo-las farei ouvir, antes que sucedam.

Cantai ao Senhor um cântico novo, ressoe o seu louvor desde as extremidades da terra; vós os que desceis ao mar, e a sua plenitude, vós, ilhas, e seus habitantes.

Levante-se o deserto, e as suas cidades: Quedar habitará em casas. Louvai-o, habitantes das rochas, eles clamarão desde o alto dos montes.

Darão glória ao Senhor, e anunciarão na ilha o seu louvor.

O Senhor, como valente que é, sairá a campo; como varão guerreiro, suscitará o seu zelo; vozeará, e gritará: sobre seus inimigos se esforçará.

Tenho-me sempre calado, estive posto em silêncio, fui sofrido, falarei como a que está com dores do parto: destruirei, e devorarei tudo a um mesmo tempo.

Farei desertos os montes, e os outeiros, e secarei toda a sua verdura: e tornarei os rios em ilhas, e esgotarei os tanques.

E encaminharei os cegos para a estrada, que não sabem, e fá-los-ei andar por veredas, que sempre ignoraram: mudarei as trevas diante deles em luz, e os caminhos torcidos em direitos: Estas maravilhas fiz a favor deles, e não os desamparei.

Voltaram para trás: confundidos sejam com extraordinária confusão os que põem a sua confiança em imagens de escultura, os que dizem às estátuas de fundição: Vós sois os nossos deuses.

Surdos, ouvi, e vós, cegos, abri os olhos para ver. Quem é o cego, senão o meu servo? E o surdo, senão aquele a quem eu enviei os meus profetas? Quem é o cego, senão o servo do Senhor? Tu, que vês tantas coisas, não as observarás? Tu, que tens os ouvidos abertos, não ouvirás? E o Senhor lhe mostrou boa vontade para o santificar, e engrandecer, e exaltar a sua lei. E este mesmo povo foi saqueado, e devastado: todos foram os laços para os mancebos, que têm sido metidos a bom recado nas casas dos cárceres: eles foram postos em presa, sem haver quem os livre: expostos ao saque, sem que ninguém diga: Repõe para ali. Quem há entre vós que ouça isto, que atenda e escute as coisas futuras? Quem entregou Jacó, e Israel por presa aos devastadores? Acaso não foi o mesmo Senhor, contra o qual pecamos? E eles não quiseram andar nos seus caminhos nem obedeceram à sua lei. E derramou sobre eles a indignação do seu furor, e uma forte guerra, e queimou-os em circuito, e eles não o conheceram: e incendiou-os e eles não o entenderam.

o O o

Aqui, leitor, termino mais um livro, talvez não tão bonito quanto você gostaria que fosse, mas para mim ele é um pedaço do meu coração, um filho querido, que coloco em suas mãos para que possa conhecer um pouco do mundo onde vivo.

Aceite um abraço irmão do

Luiz Sérgio

OBRAS DO AUTOR ESPIRITUAL

O mundo que eu encontrei — Psicografado por Alaíde de Assunção e Silva
Novas mensagens — Psicografado por Alaíde de Assunção e Silva
Intercâmbio — Psicografado por Alaíde de Assunção e Silva e Lúcia M.S. Pinto
Na esperança de uma nova vida — Psicografado por Irene Pacheco Machado
Ninguém está sozinho — Psicografado por Irene Pacheco Machado
Os miosótis voltam a florir — Psicografado por Irene Pacheco Machado
O Vôo mais alto — Psicografado por Irene Pacheco Machado
Um jardim de esperanças — Psicografado por Irene Pacheco Machado
Mãos estendidas — Psicografado por Irene Pacheco Machado
Consciência — Psicografado por Irene Pacheco Machado
Chama eterna — Psicografado por Irene Pacheco Machado
Lírios colhidos — Psicografado por Irene Pacheco Machado
Driblando a dor — Psicografado por Irene Pacheco Machado
Deixe-me viver — Psicografado por Irene Pacheco Machado
Dois mundos tão meus — Psicografado por Irene Pacheco Machado
Cascata de luz — Psicografado por Irene Pacheco Machado
Na hora do adeus — Psicografado por Irene Pacheco Machado
Universo de amor — Psicografado por Irene Pacheco Machado
Louvando a natureza — CD com músicas Psicografadas por Irene P. Machado

OUTRAS OBRAS PSICOGRAFADAS POR IRENE PACHECO MACHADO

Diálogo com Jesus — Pelo espírito Francisca Theresa
Reflexões de Jacó — Pelo espírito Jacó
Nós amamos você — Por espíritos diversos
Reflexões de Jacó II — Pelo espírito Jacó
Por que as lágrimas? — Por espíritos diversos
Alicerce da fé — Pelos espíritos Lázaro José e João Batista
Sonhos & Realidades — Pelo espírito Jacó
Uma rosa em meu caminho — Pelo espírito Rosália
Corações amigos — Por espíritos diversos
Cântico de paz — Pelo espírito Jacó
As flores também choram — Pelo espírito Jacó

Impressão e Acabamento:

LINHA GRÁFICA EDITORA

SETOR DE INDÚSTRIAS GRÁFICAS - QUADRA 02 - Nº 460 - CEP 70.610-400
BRASÍLIA-DF - FONES (061) 343-1300 / 343-1706 / 343-1778 - FAX: (061) 343-1495